| 20인의 소명 이야기 |

# 소명
## 내가 여기 있나이다 나를 보내소서!

| 엮은이 · **박기호** · **마원석** |
| Ed. by Timothy Kiho Park and Wonsuk Ma |

*Calling*
*Here I Am, Send Me, Lord!*

쿰란출판사

| 서문 |

**하나님의** 일은 자원봉사자들에 의하여 되는 것이 아니다. 부름받은 사람들에 의하여 된다. 주님께서는 자원봉사자들을 사용하지 않으셨다(눅 9:57-58). 자신의 부름에 응답하여 순종한 사람들을 사용하셨다(마 4:19). 자원봉사자들은 실패한다. 그러나 하나님의 뜻대로 부르심을 받고 순종하는 사람들은 반드시 사역의 열매를 맺는다. 주님께서 말씀하셨다. "너희가 나를 택한 것이 아니요 내가 너희를 택하여 세웠나니 이는 너희로 가서 열매를 맺게 하고 또 너희 열매가 항상 있게 하여 내 이름으로 아버지께 무엇을 구하든지 다 받게 하려 함이라"(요 15:16).

모세는 애굽의 말과 학술을 다 배워 말과 행사가 능하였고, 왕자의 신분이었다. 그가 부름을 받지 않은 상태에서 이스라엘을 구원해 보려는 노력을 하였지만 실패하였다(출 2:11-12; 행 7:22-29). 그러나 그가 하나님의 부르심에 응답하여 사역에 임하였을 때 이스라엘을 애굽에서 건져낼 수 있었다(출 3:7-12).

오늘날 목회 현장과 선교 현장에 수많은 사역자들이 있다. 그러나 모두가 부름받은 사람들이라고 말할 수 없고 자원봉사자들도 적지 않을 것이다. 하나님은 사람을 부르시면 반드시 부르신 뜻을 이룰 수 있도록 은사를 주신다. 그러므로 부름받은 사람은 다른 걱정을 할 필요가 없다. 하나님을 힘있게 의지하고 순종하면 되는 것이다. 소명, 곧 하나님의 부르심에 대한 확신은 성공적인 사명 감당을 위하여 매우 중요하다.

하나님의 일을 감당함에 있어서 많은 장애물들과 어려움들이 있을 수 있지만 분명한 소명 의식이 있으면 아무리 어려운 일을 당하더라도 넉넉히 이겨낸다. "아버지께서 내게 하라고 주신 일을 내가 이루어 아버지를 이 세상에서 영화롭게 하였사오니"(요 17:4)라는 말씀과 "다 이루었다"(요 19:30)는 말씀은 소명을 받은 주님께서 사명을 다 이루셨음을 보여주는 말씀이다. 바울도 자신이 사도 된 것이 하나님의 뜻에 따른 것이라는 분명한 소명 의식이 있었다. 그러기에 그는 소명에 부응하여 사명을 다 완수하였다. 그는 고백하였다. "나는 선한 싸움을 싸우고 나의 달려갈 길을 마치고 믿음을 지켰으니 이제 후로는 나를 위하여 의의 면류관이 예비되었으므로 주 곧 의로우신 재판장이 그 날에 내게 주실 것이며 내게만 아니라 주의 나타나심을 사모하는 모든 자에게니라"(딤후 4:7-8). 소명에 대한 확신이 있는 선교 사역자들은 자신이 선교사의 삶을 사는 데 대하여 결코 후회함이 없다.

오늘날 한국교회에 수많은 선교 헌신자들이 있고, 또 앞으로도 많은 선교 헌신자들이 일어날 것이다. 선교 후보생들은 자신이 자원봉

| 서문 |

사자로 나서는 것인지, 부름을 받고 부름에 응답하는 것인지를 확인해야 한다. 선교 헌신자들의 소명을 확인하는 일을 돕기 위하여 선교사로서 탁월한 삶을 살고, 탁월한 지도력을 발휘하며, 세계 선교운동에 독특한 기여를 한 한국교회 선교 지도자 20분에게 소명에 대한 글을 부탁드렸다. 이분들 외에도 훌륭한 분들이 많이 있지만 지면 관계상 더 많은 분들의 글을 싣지 못함을 아쉽게 생각한다. 그리고 이 책에 그분들의 글을 다 싣지 못해서 죄송한 마음이다. 그러나 앞으로 현지언어 습득과 문화 습득, 선교지 교회개척과 성장, 현지인 지도자 선발 및 개발 등 다양한 분야에 탁월한 지도력을 발휘한 분들의 글을 실은 책들을 발간할 때 그분들의 글들을 포함시킬 수 있기를 희망한다.

본서 집필을 위하여 원고 청탁을 부탁받으신 모든 분들이 자신의 소명에 대한 원고를 보내 주셨다. 방지일, 최찬영, 조동진, 전재옥, 박광자, 로봉린, 서정운, 이은무, 김활영, 강승삼, 박기호, 김창환, 마원석, 이재환, 김병윤, 정민영, 정제순, 조용중, 김철수, 그리고 김요한 선교사가 그 분들이다. 옥고를 보내 주신 분들은 선교사역에 오래 종사하였을 뿐 아니라, 선교 현장에서와 밖에서 탁월한 지도력을 발휘하고, 타인의 인정을 받았으며, 그 영향력이 한국교회뿐 아니라 다른 민족에게까지 미친 각 분야를 대표하는 분들이시다.

본서 《소명: 내가 여기 있나이다 나를 보내소서!》는 시기적으로 선교사역을 먼저 시작하신 분들부터 순서적으로 엮었다. 한국 선교의 산 증인이시자 말씀의 사람이신 전 중국 산둥성 주재 선교사 방지일 목사, 미국 성서공회 아시아 태평양 지역 총무로 성경을 아시아 태평양 지역에 널리 보급하신 독립 후 최초의 선교사 최찬영 목사, 그리고 다른 사람보다 4반세기를 앞서 보시고, 앞서 가시며, 비서구 교회의 선교운동을 주도하신 조동진 박사의 글을 먼저 실었다.

독립 후 최초의 한국교회 여성 선교사로서 이슬람교국 파키스탄에서 모범적인 사역을 하신 전재옥 박사, 재일교포 3세로서 태어나기 전부터 선교사로 바쳐진 전 브라질 주재 선교사로 OC International의 동원사역 책임자로 일하신 박광자 박사, 그리고 OMF 소속 선교사로서 아시아의 신학 발전과 아시아 교회 지도자 개발에 지대한 기여를 하신 로봉린 박사의 글과 인도네시아에서 문맹퇴치 사역을 하신 후 장신대 총장과 교수로 수많은 선교 지도자들을 길러 내신 서정운 박사의 글을 그 다음에 실었다.

그 뒤에 인도네시아, 싱가포르 등지에서 사역하시고 아시아 선교협의회 사무총장으로 아시아 선교 발전에 크게 이바지해 오시는 이은무 선교사, 필리핀에서 한국 선교사들의 협력 사역을 이끌었고 말레이시아에서 아시아인 선교사들을 훈련하는 사역을 하고 계시는 김활영 박사, 그리고 전 SIM 소속 나이지리아 주재 선교사, GMS 선교국장, 총신대 선교대학원 원장직을 거쳐 KWMA 사무총장으로 한국교회 선교 발전에 기여하시는 강승삼 박사의 글을 실었다.

풀러 신학교 선교대학원 아시아 선교학 교수 박기호 박사는 아시아 선교연구소와 동서선교연구개발원의 책임을 맡아 아시아 선교 발전을 위하여 힘쓰고 있다. 영국 옥스포드 선교연구소 소장으로 일하고 있는 마원석 박사는 제삼세계 선교 지도자 개발에 독특한 영향력

| 서문 |

을 끼치고 있다. 전 인도주재 선교사 김창훈 박사는 영국 케임브리지 대학에서 교수 사역을 하였고, 현재 영국 요크 대학교에서 교수 사역을 하고 있다. 컴 미션 대표 이재환 선교사는 감비아에서의 성공적인 사역 후 현재 미접촉 족속 복음화를 위하여 힘쓰고 있다. 국제 SIL 부총재 정민영 선교사는 평신도 선교사로서 국제 사회에서 탁월한 지도력을 발휘하고 있다.

필리핀 아시아 침례회 신학대학원 교수 김병윤 박사는 필리핀 그리스도인들을 포함하여 아시아인들을 훈련하고, 선교사역에 동원하고 있다. 이슬람학의 전문가 김철수 박사는 케냐 나이로비 복음주의 신학대학원 박사프로그램 책임자로서 아프리카 교회 최고 지도자 개발에 힘쓰고 있다. 파푸아 뉴기니 메께오 부족들을 위한 신약성경을 번역한 정제순 박사는 SIL 아시아 지역 대표로 현재 한동대학에서 교수 사역을 하고 있다. GP 국제대표를 역임한 조용중 박사는 제삼세계 선교협의회 사무총장과 동서선교연구개발원 공동원장으로 제삼세계 선교발전을 위해 힘쓰고 있다. OMF 소속 인도네시아 주재 평신도 선교사 김요한 박사는 창의적 접근지역 복음화를 위하여 내부자 운동을 주도하고 있다.

본서의 공동 편집자로 봉사하는 마원석 박사와 나는 한국교회의 선교발전에 기여하는 방법 중 하나가 좋은 선교서적들을 출판하여 읽히는 것으로 믿고 《한국교회와 세계선교》에 이어 이번에 《소명》에 관한 글들을 모아 책들을 출판하기로 마음을 모았다. 마원석 박사는 이 책의 주제를 정하는 일부터 글을 쓸 분들을 정하는 일, 그리고 책의 내용을 점검하는 일 등을 함께 의논하여 결정하였다.

　이 책을 읽음으로 독자들은 하나님께서 어떻게 한국교회의 선교지도자를 부르시고 사용해 오셨는가를 이해하게 될 것이다. 그리고 자신들의 소명을 확인하는 데 도움을 받게 될 것이다. 하나님께서 개인들을 부르시는 방법은 다양하지만 반드시 부르심에 대한 확신이 있어야 한다. 바쁜 일정 중에 시간을 내어 후배들을 위하여 자신의 소명에 대한 귀한 글을 써 보내 주신 모든 분들께 감사드린다. 그리고 이책이 나올 수 있도록 자신의 시간과 재능과 정성을 쏟아 산파 역할을 해주신 차남준 선교사에게 깊은 감사를 드린다.

2010년 2월 1일

패서디나에서

박기호 · 마원석

| 차례 |

02    서문

11    총회가 정하고 가라는 그 길을 가기로
       방지일

21    주님이 나를 부르신다면 내 어찌 순종하지 않을 수 있을
       것인가?
       최찬영

39    나의 소명, 나의 선교행전
       조동진

61    그곳으로 가라!
       전재옥

75    너희 몸을 하나님이 기뻐하시는 거룩한 산 제물로 드리라!
       박광자

85    선교사로 부름받은 축복
       로봉린

99   주 예수보다 더 귀한 것은 없네
     서정운

121  후회 없는 나의 선교사의 삶
     이은무

135  주는 것이 받는 것보다 복이 있다
     김활영

149  너를 하나님께 바쳤다
     강승삼

173  "내가 네게 보여줄 땅으로 가라"(창 12:1)
     박기호

193  삶을 나눔으로써의 선교
     김창환

211  너는 나의 종이 되라!
     이재환

| 차례

225 선교의 부르심이요? 글쎄요, 딱히 뭐라고……
  마원석

243 하나님의 사랑을 모든 언어로
  정민영

257 주님의 영광으로 가득할 아시아를 꿈꾸며
  김병윤

279 지금은 순종하라―변화와 조정 속에 사는 자
  정제순

301 모든 민족이 너와 너의 자손을 통하여 복을 받을지니라
  조용중

327 하나님의 사랑과 부르심, 그리고 나의 응답
  김철수

347 그러므로 너는 가서 D-종족을 제자로 삼아……
  김요한

## 총회가 정하고 가라는
## 그 길을 가기로

방지일

나는 대한 예수교 장로회 총회의 파송을 받아 1937년부터 1957년까지 산둥성 주재 선교사로 사역하였다. 1958년부터 1978년까지는 영등포교회 담임목사로 사역하였고, 은퇴 후에는 세계 각국을 다니면서 한인교회들과 한인 선교단체들, 그리고 한인 선교사들에게 말씀을 전하고, 강의와 상담을 통하여 선교교육을 하면서 한인 선교발전을 위하여 노력하고 있다. 지금까지 내 영혼의 모두는 하나님 앞에 열납되며, 제물이 된 이 몸은 도구가 되어 주님의 신에 사로잡혀 다닌다. 닳아져 없어질지언정 가만히 있어 녹슬지 않겠다.

HERE I AM, SEND ME, LORD!

# 총회가 정하고 가라는 그 길을 가기로

방지일

 나는 대한 예수교 장로회 총회의 파송을 받아 1937년부터 1957년까지 산둥성 주재 선교사로 사역하였다. 1958년부터 1978년까지는 영등포교회 담임목사로 사역하였고, 은퇴 후에는 세계 각국을 다니면서 한인교회들과 한인 선교단체들, 그리고 한인 선교사들에게 말씀을 전하고, 강의와 상담을 통하여 선교교육을 하면서 한인 선교발전을 위하여 노력하고 있다. 지금까지 내 영혼의 모두는 하나님 앞에 열납되며, 제물이 된 이 몸은 도구가 되어 주님의 신에 사로잡혀 다닌다. 닳아져 없어질지언정 가만히 있어 녹슬지 않겠다.

### 출생과 성장

나는 1911년 5월 21일 평안북도 선천 천북동에서 부친 방효원 목사의 장남으로 태어났다. 나의 부친은 중국 산둥성 주재 선교사로 나가셨고, 모친은 부친께서 철산 영동교회를 목회하실 때 소천하셨다. 그래서 나는 조부 방만준 장로의 맏손자로서 중학교를 졸업하고 대학에 갈 때까지 조부모의 보호 아래 자랐다. 나는 조부에게서 가정예배, 주일 성수, 십일조, 기도생활, 다독성경, 근면, 강인함 등을 다 그대로 물려받았다. 하나님께서 내게 주신 은혜 중 첫 손에 꼽을 은혜는 이런 조부모님을 내가 모시게 됐다는 것이다.

## 학력과 경력

나는 선천 신성학교(1929), 평양 숭실대학(1937), 그리고 평양신학교(1937)에서 교육을 받았다. 중학 때에 수학을 좀 잘하여 모두 만점을 받았다. 중학교를 졸업하고 상급 학교에 진학할 때 내가 숭실대로 지망하겠다고 말하니 숙부들이 모두 놀랐다. 내 숙부들은 나를 의대로 보내려고 했기 때문이다. 그러나 내가 진로를 정하자 숙부들은 아무 말이 없으셨다.

나는 숭실대 영문과에 입학했고, 4년 후에 신학교에 입학했다. 숭실대 재학 시에는 약 20여 리 떨어진 정백동에 매일 밤 나가서 야학으로 미취학 아동을 모아 가르쳤다. 몇 해 동안 전도하여 약 200명이 모였다. 집을 얻어 예배를 드리다가 교회당까지 짓고 장로도 세웠다. 그리고 1929년에 평양 대동강변 정오리교회를 개척하여 1932년까지 목회를 하였으며, 1933년부터 1936년까지는 장대현교회에서 사역하였다. 신학교에 입학하면서 개척하여 조직교회까지 된 정오리교회는 황은균 전도사에게 넘겨주었고 장대현교회의 초청을 받아 그곳에서 사역하게 된 것이다. 장대현교회에서 사역을 시작할 때는 신학교를 한 해 쉬면서 전도사의 일에 전무하였다. 장대현교회는 실천신학의 연마장으로서 그 교회에서 많은 것을 배웠다. 1937년부터 1957년까지는 중국에 가서 산둥성 주재 선교사로 사역하였다. 그리고 1958년부터 1978년까지는 영등포교회에서 담임목사로 사역하였다.

### 선교사로의 부르심과 헌신

평양에 있을 때에 신앙 동우 윤병식, 김진홍, 박윤선 등 몇 명의 기도 동지들과 기도 모임을 하고 있었다. 우리가 할 일은 전도라는 것을 절감하고 열심히 전도하였다. 총회 선교부에서 대학을 졸업하고 신학을 공부한 젊은 목사 가운데 한 사람을 중국 선교사로 선택하려고 할 때 나는 박윤선, 김진홍 목사와 함께 미국 웨스트민스터 신학교 유학을 준비하고 있었다. 그런데 그때 총회 선교부원이었던 의주 김석항 목사가 아버지의 대를 이어 중국 선교사로 가면 좋겠으니 속히 결정하여 전보로 알려달라고 연락을 했다. 나는 가족과 협의하고 나서 한 주 후에 유학길을 포기하고 선교사로 가기로 헌신하였다. 어차피 유학을 갔다 와서 할 일은 전도하는 일인데 총회가 정하고 가라는 그 길을 가기로 결정하였다.

### 파송, 정착 및 언어 공부

1937년 4월 14일 밤, 장대현교회 예배당에서 증경 총회장 이자익 목사, 선교부 김석항 목사, 이영희 목사, 김재석 목사, 그리고 안식년 차 귀국한 김순호 선교사가 참석한 가운데 만주 선교사 최혁주 목사와 함께 선교사 파송식을 가졌다. 4월 28일 나는 가족과 함께 평양신학교 교장 나부열 박사와 여러 교우들의 송별을 받아 중국으로 출발하였다. 장로교 총회의 파송을 받아 산둥성 선교사로 가게 된 것이다. 평양을 떠나 선천, 신의주, 압록강을 건너 대련까지 가서 거기서 배 타고 청도에 도착하여 5월 7일 임지인 래양에 도착하였다. 일곱 살, 다섯 살, 세 살 난 아이들을 데리고, 또 조부모님도 모시고 갔다.

임지에 도착한 나는 가정교사를 두고 매일 시간을 정하여 서양 선교사들이 편집한 교과서를 가지고 중국어 공부를 하였다. 한 달 남짓 중국어를 배우는 중에 7월 7일에 일어난 77사변, 중일사변, 노구교 사건 등으로 나날이 불안한 생활을 하다가 아내와 두 딸은 귀국시키고 조부모님과 아들과 함께 하나님의 뜻을 기다리며 선교지에 남았다. 나는 중국에서 21년 동안 선교사로 사명을 감당했다. 중국에서 더 이상 선교사역을 계속할 수 없게 되어 평양을 떠나 1957년 9월 22일 부산항에 도착할 때까지 21년간 대한 예수교 장로회 총회 파송 산둥성 주재 선교사로 봉직하였다. 내가 공식적으로 선교사 직 사표를 제출한 때가 1963년인 것을 감안하면 26년간 선교사의 신분으로 일한 것이다. 나는 결과적으로 아버지의 대를 이어서 선교 사명을 감당했다. 이것이 내게 큰 축복이다.

## 신앙의 스승과 선배들

내가 21년간 선교사로서 가져야 할 자세로 나름대로 후회 없는 사역을 할 수 있었던 것은 훌륭한 멘토들이 있었기 때문이다. 그들은 나로 하여금 확고한 선교 방향을 가지고 사역할 수 있도록 잘 지도해 주었다.

심인곤 선생-분명하신 분
연세대 재직시 채플에는 만원

김인서 장로(후에 목사가 됨)는 내가 선교지로 떠날 때 정거장에 나와 "중국 사람이 되라"는 글이 쓰여 있는 긴 현수막을 펴고는 "가서 곤륜산에 묻히고 돌아오지 말라!"고 외치셨다. 그리고 "하나님의 사명을 위하여, 중국 사람의 영혼을 위하여 중국 사람이 되라. 중국 사람과 함께 울고 중국 사람과 함께 웃는 중국 사람이 되라"고 말씀해 주셨다. 모교 신성학교 은사인 심인곤 선생님은 파송 전 내가 인사차 방문하였을 때 나의 손을 잡으시며 "이런 감격이 어디 있소. 전에는 논어, 맹자를 저들에게 배웠더니 이제 생명의 말씀을 가지고 가게 됐소. 방 목사는 가서 성경만 가르치시오. 그것이 방 목사가 할 일이오"라고 말씀해 주셔서 말씀사역을 충실히 할 수 있도록 해주셨다. 선배 박윤선 목사는 미국에 있으면서 "너는 선교사로 가서 그들의 어떤 단점도 보지 말고 장점만 봐라. 본국에 보고할 사진은 그들이 싫어하고, 원하지 않는 것들은 절대로 찍지 않아야 한다. 나는 미국에 와서 우리 본국에서 보지 못하던 사진도 많이 보았다. 너는 절대로 그런 일 하지 말아라. 언제나 피선교지인이 보더라도 쾌한 기록, 기뻐할 사진을 찍는 것이 선교사의 일인 줄 알아라"는 권면을 해주었다. 나는 이상의 격려와 권면을 나의 21년 선교 역사 동안 잊지 않았다. 이 스승과 선배들의 말씀은 내가 선교사역을 하는 동안 줄곧 선교사로서 바른 자세를 가지고 말씀사역에 전념케 해주었다.

### 선교사역

언어 공부를 마친 나는 중화 기독교에 속하여 중국 총회 산하 산동대회에 속한 교동노회의 일원으로 청도시로 가서 그곳에서 개척교회를 설립하는 일을 시작하였다. 우선 동서남북 4,000가구가 살고 있는 중가와라는 지역 빈민촌을 택하여 옥외집회를 시작하여 셋집을 얻어 예배를 드리고 후에 자립으로 예배당을 짓게 되었다. 대부분의 성도들이 빈민이었지만 나는 그들에게 헌금하도록 가르쳤고, 예배당을 짓는데도 다소를 불문하고 헌금하고, 몸으로 봉사하게 하였다. 나중에는 교인수가 300여 명에 이르게 되어 중국인 남녀 전도사를 초빙하여 일하게 하였다.

그 다음으로는 소촌장, 우가촌, 태평진, 그리고 추평로에 교회를 개척하여 생각 밖의 성과를 거두었다. 나는 중국에 갈 때 교적을 중국으로 이명해 가지고 와서 중국교회 목사 자격으로 사역하였다. 나는 교회개척 사역뿐 아니라 글을 모르는 부녀자들을 위해 여전도사를 채용하여 도리반을 개설하여 문맹퇴치 사역을 하였다. 이 도리반 운영은 개척 전도에 큰 효과가 있었다. 나는 교회개척 사역을 할 때 교역자 중심 교회가 아니라 온 성도가 다 동원되어 교회가 살아 움직이는 동적인 교회를 세웠다.

그러나 나의 사역은 주로 말씀을 가르치는 사역이었다. 나의 선교사역 21년을 말하라면 중국 형제자매들과 성경을 같이 맛보는 데 있었다고 단언할 수도 있을 것이다. 선교 21년만이 아니다. 내 목회 전 생애가 성경의 맛을 같이 보는 데 있다. 영등포교회를 시무할 때에도 성경을 신구약 차례로 강론하였다. 새벽예배를 비롯하여 매번 예배 때마다 성경중심이었다.

나는 중국 사람들과 쉽게 친해져 피차에 격이 없이 일하고 사랑을 받으며 사역하였다. 몸을 아끼지 아니하고 밤낮 할 것 없이 빈민들을 도왔다. 21년 동안의 사역 기간에 일하면서 단 한 번도 안식년을 갖지 못하였다.

### 귀국 후의 사역

1949년 10월 1일은 중국이 공산화되어 중화인민공화국이 선포된 날이다. 중국이 공산화 된 이후 모든 선교사들은 귀국하였으나 나는 어려움에 처한 교인들을 두고 떠나올 수가 없어서 역경 가운데 그들을 돌보는 사역을 하다가 일본과 미국의 이중간첩으로 몰려 1957년 8월 19일 홍콩으로 가라는 추방령을 받았다. 8월 23일 청도역을 떠나 홍콩을 거쳐, 9월 20일 배로 대만을 경유하여, 일본을 거쳐 9월 22일 귀국하였다. 나는 귀국 후 영등포교회를 담임하면서도 중국 동역자들과 중국의 형제자매들을 생각하면 심히 마음이 아파서 임시목사로 4년을 사역하다가 1963년에야 총회에 선교사직 사표서를 제출하고, 위임목사가 되었다. 목회하는 교회를 소홀히 할 수는 없었던 것이다. 힘껏 최선을 다해서 봉사하였다.

목회는 강단을 성실히 지키고, 양 무리들을 부지런히 돌아보고, 행정은 법대로 할 뿐이었다. 그렇게 시간이 흐르면 중국 교회가 멀어질 줄 알았는데 그렇지 않았다.

### 나의 선교관

나는 선교를 구원의 복음을 땅 끝까지 전하는 데 있다고 본다. 하향식 선교, 가르치는 선교, 주는 선교가 아니라 내가 믿는 예수를 현지인들이 갖게 하는 데 있는 것이라고 믿는다. 그리고 선교 사역을 할 때 일방적으로 사랑을 주는 것이 아니라 그리스도의 사랑을 나눠 주면서 나도 사랑을 받아야 한다고 믿는다. 사랑을 주기만 하고 받을 줄 모르면 예속적 사랑이 되고 말기 때문이다. 선교 사역을 할 때 사랑을 주기만 하면 예수를 사랑 준 사람의 예수로만 받아 자기 예수로 받지 못하다가 그 사랑 주는 이(선교사)가 가면 그는 '내가 언제 믿었던가?' 하게 된다는 것이다.

나는 21년 선교 사역의 결산을 말하라고 할 때 그리스도의 사랑을 저들과 같이 깊고 넓고 길고 높게 맛보았다고 언제나 대답할 것이다. 줄 뿐만 아니라 받기도 해야 한다. 이를 '주고받는 선교'라고 부른다. 무엇이든 주면서 살면 주는 자의 흐뭇함이 있다. 주기만 하면 하향식이라고 할 수 있지만 주고받는 것은 병행식 혹 균등식이라고 할 수 있을 듯하다. 주면서 사는 데에 주는 자의 흐뭇함이 있듯, 받는 자도 그와 같은 흐뭇함을 갖게 하는 것이 피차에 흐뭇하다. 지구촌에 사는 우리는 함께 사는 이들에게서 배우면서 예수를 저들에게 전해 주어야 한다. 요컨대 가르치는 선교에서 가르치며 배우는 선교, 더 나아가서는 배우면서 하는 선교를 해야 한다. 그들에게 배우고자 하는 심정만이 아니라 실제로 배워야 한다. 만일 누군가가 나에게 선교 사역에 어떤 성과가 있었는가를 묻는다면 "그리스도의 사랑을 저들과 같이 깊고 넓고 길고 높게 맛보았다"라고 대답할 것이다.

# 주님이 나를 부르신다면 내 어찌 순종하지 않을 수 있을 것인가?

최찬영

나는 요즘 자주 지난날들을 돌아본다. 선교사로 평생을 살아온 날들을 돌아보며 고백한다. "내 잔이 넘치나이다." 나는 1955년 대한 예수교 장로회 총회에서 태국선교사로 임명받고, 1956년에 파송받은 이후 1971년까지 태국에서 사역하였다. 처음엔 태국 성서공회 총무로 사역하였고, 후에 아시아 태평양 지역 총무로 필리핀과 홍콩에서 사역하였다. 또 1992년 1월 말 은퇴하고, 그해 미국에 와서 풀러선교대학원에서 한국학부를 설립하는 일을 5년간 하였다. 현재는 GEDA Internation의 국제총재로 사역하고 있다.

# 주님이 나를 부르신다면 내 어찌 순종하지 않을 수 있을 것인가?

최찬영

나는 요즘 자주 지난 날들을 돌아본다. 선교사로 평생을 살아온 날들을 돌아보며 고백한다. "내 잔이 넘치나이다."

나는 1955년 대한 예수교 장로회 총회에서 태국선교사로 임명받고, 1956년에 파송받은 이후 1971년까지 태국에서 사역하였다. 처음엔 태국 성서공회 총무로 사역하였고, 후에 아시아 태평양 지역 총무로 필리핀과 홍콩에서 사역하였다.

또 1992년 1월 말 은퇴하고, 그해 미국에 와서 풀러선교대학원에서 한국학부를 설립하는 일을 5년간 하였다. 현재는 GEDA International의 국제총재로 사역하고 있다.

### 나의 어린 시절

나는 1926년 9월 16일 어머님의 고향인 평양에서 출생했다. 그런데 두 살 때 아버님이 만주 안동시로 이사하여, 어린 시절을 중국에서 보냈다. 나는 중국 소화보통학교에 들어가서 공부했다. 그리고 열세 살이 되던 해부터는 연길에 가서 살았다. 당시 연길은 '간도'라 하여 조선 사람들을 위한 학교들이 많았다. 나는 그곳에서 사범학교를 다녔다. 그런데 졸업하던 해에 해방이 되었다. 그래서 나는 2월 졸업식을 앞두고 고국으로 돌아왔다. 1946년 1월 중순이었다. 나는 무작정 서울에 왔다. 당시 서울에는 아무 연고가 없었다.

나는 믿는 가정에서 자랐다. 우리 가정에서는 할머니께서 처음으로 예수를 믿으셨다. 할머니는 믿음을 지키기 위하여 주변의 핍박을 많이 받았다. 자녀들 가운데 둘째 아들인 아버님만 그 믿음을 이어받아 장로가 되셨다. 어머님은 부모님이 초대 신자로 믿는 가정에서 나고 자라신 분이시다. 무엇보다 교회를 잘 섬기며, 여러 해 동안 권사로 시무하셨다. 또 새벽기도에 빠지는 법이 없으셨다. 어머님은 이른 나이인 39세에 혼자가 되셨다. 큰아들을 선교사로 보내고, 홀로 양계를 하셨다. 새벽기도에 갔다 오시면 제일 먼저 닭장에 들어가셔서 달걀을 거두는 것이 일과이셨다. 달걀을 거두면서 가장 크고 좋은 알을 구별하여 교회에 드리는 분이셨다.

### 주님을 만나기 전의 삶

나는 평범한 신앙 가정에서 자랐다. 아버님은 장로, 어머님은 권사로 두 분 모두 교회생활에 열심이셨다. 우리 가정에서는 매일 가정예배를 드렸다. 온 가족이 모여 매일 성경을 읽고 찬송하고 기도했다. 이것은 우리 가정의 전통으로 온 가족이 빠짐 없이 모여 예배를 드렸다. 나는 어렸을 적부터 교회 안에서 성장하였다. 그러나 주님을 개인적으로 영접한 경험은 없었다.

### 개종과 삶의 변화

나에게도 주님을 만나고 주님의 제자가 되는 감격이 있었다. 이성봉 목사께서 인도하시는 집회에서였다. 이성봉 목사께서 연길 중앙장로교회에 오셔서 집회를 인도하셨다. 눈이 너무 많이 와서 무릎까지 쌓인 겨울이었다. 새벽 4시 30분, 새벽 집회 시간에 이성봉 목사께서 세 번 예수를 부인한 베드로에 대한 말씀을 전하는데 성령의 감동이 있었다. 말씀 한 마디 한 마디가 나를 향해 하시는 말씀같았다. 무엇보다 나의 죄가 드러났다. 내가 얼마나 큰 죄인지 깨달아 자리를 뜰 수 없었다. 온종일 울었다. 수많은 죄가 떠올랐다. 나는 생각나는 모든 죄를 하루 종일 고백했다. 그리고 주님을 마음속에 영접하였다. 진정으로 물과 성령으로 거듭난 순간이었다.

### 사역자로의 헌신과 준비

1946년 1월 해방된 조국, 서울에 홀몸으로 왔다. 그해 겨울은 추웠다. 아는 사람이 아무도 없고 일자리도 없었다. 피난민들이 서울로 몰리고, 모두가 어려운 때였다. 직장 문제로 고심하는 나에게 사범학교 동창인 현용무가 찾아왔다. 1946년 3월이었다. 그는 지금 국립육아원 부속 초등학교에서 교사로 일하고 있는데, 군정청에서 교사 한 사람을 더 채용하려고 한다며 함께 가자고 했다. 그는 지프차를 타고 왔다. 당시 나는 이사가려고 이삿짐을 챙기고 있던 차라 따라 나섰다. 그리고 육군사관학교가 있는 태능에 가서 초등학교 교사로 일하기 시작했다. 첫해에 6학년 학생들을 맡았다. 당시엔 고아원 아이들을 중학교에 진학시킨 적이 없었다. 그런데 내가 담임을 맡은 첫 해에 6명을 중학교 시험을 칠 기회라도 주자고 군정청에 요청하여 허락을 받았다. 다행히 아이들이 시험에 모두 다 합격하여 고아원이 설립된 이후 처음으로 아이들이 중학교에 진학하게 되었다. 그런데 내 마음속에는 신학공부를 하고 싶은 마음이 굴뚝같았다.

그해 9월, 냉천동에 있는 감리교 신학교에 입학했다. 어머님께서 이북에서 서울로 찾아오셨는데 빚이 있다고 하셨다. 경제적으로 어머님을 도와야 했다. 당시 신학교 학생들이 소요산으로 소풍을 갔는데, 거기서 무슨 장사할 물품이 없나 생각하다가 북어, 오징어가 산더미처럼 쌓여 있는 걸 보고 오징어를 잔뜩 사서 서울에 가서 팔면 이윤이 있을 것 같았다. 당장 북어, 오징어를 사서 팔아 보니 30% 이윤이 났다. 다음 날도 가서 힘에 겹도록 오징어를 사서 등에 지고 왔다. 이윤이 좋았다. 어느 날 저녁, 늦게 도착하니 눈 때문에 전차가 끊겼다. 그래서 밤늦게 청량리부터 중앙청까지 오징어를 등에 지고 걸었다. 온몸이 파김치가 되고 어깨가 저려왔다. 그래서인지 60년이 지난 지금까지도 어깨가 아프다.

박형룡 박사께서 남산에서 신학교를 시작한다는 기쁜 소식이 들려왔다. 나는 장로교 신학교 본과로 전학을 하였다. 원래 장로교인이기 때문에 자연스러운 일이었다. 1951년 2월에 장로교 신학교를 졸업하였다.

1950년 6월 25일 주일 아침, 포탄이 동두천 집 옆에 마구 떨어졌다. 충격이었다. 외출하셨던 어머님께서 국군이 북으로 이동한다며 급히 들어오셨다. 고무신을 끌고 옷도 챙기지 못하고 뛰쳐나와 어머님과 피신하였다. 고랑을 따라 허리를 숙이고 걸었다. 포탄이 사방에 떨어졌다. 우리가 살던 동네에는 성한 집이 한 채도 없었다고 한다. 하루 24시간을 종일 걸어서 서울로 내려왔다. 다음 날 신학교에 갔다. 동료들이 함께 기도해 주고 정성을 모아 도와주었다.

나는 6·25 전쟁 중에도 부산으로 옮겨 신학공부를 계속했다. 신학교를 마친 후, 미군부대에서 통역관으로 일하였다. 국가를 위해 봉사하고 싶었기 때문이다. 보조군목 1기로 군목이 되었다. 11월에는 목사 안수를 받고 보조군목에서 정식군목이 되었다. 그리고 태국 선교사로 떠나기 전까지 군목으로 사역하였다. 당시 군목은 직책이 자유로웠다. 시간을 내서 생명의말씀사 초대 총무가 되어 책을 몇 권 발간하기도 하였다.

1954년 9월이었다. 친구들 가운데 노총각인 나를 결혼시켜야 한다고 나선 이가 있었다. 홍동근 목사였다. 그는 당시 교사와 결혼하여 5년이 지났는데, 최형 결혼을 시켜야겠다며 사람을 소개했다. 순교자이신 김예진 목사님의 딸 김광명이었다. 당시 그녀는 장기려 박사와 함께 의사로 일을 하고 있었다. 토요일에 처음 만나 점심을 함께 먹었다. 다음 날인 주일, 모친들 두 분이 상견례를 하였다. 그 다음 날인 월요일에 약혼을 하고 결혼을 하게 되었다. 초스피드로 이루어진 결혼 결정이었다. 하나님의 인도하심이 아니었다면 할 수 없는 일이었다. 우선 결혼은 했지만 살 집이 없었다. 장모님께서 후암동에 있는 집에 단칸방을 내주어 신혼생활을 시작했다.

## 선교사로의 부르심

나는 1955년 4월 24일, 서울 영락교회에서 열린 대한 예수교 장로회 총회에서 선교사로 임명을 받았다. 이 소식을 전해 들은 미 장로교 총회에서는 사람을 보냈다. 어떻게 하여 독립된 지 얼마 지나지 않고 전쟁의 상처도 채 아물지 않은 한국의 장로교회가 총회 선교사를 파송하게 되었는지를 세계에 소개하기를 원한 것이다. 그래서 나의 삶을 소개하는 영화 '최고의 소명(This High Calling)'을 촬영하기 위해 사람들을 한국에 보낸 것이다. 이 영화 가운데, 마지막 부분에 이르러 이런 질문을 하는 장면이 나온다.

"어떻게 해서 선교사로 헌신하게 되셨습니까?"

"사실 저는 6·25 전쟁에서 죽었습니다. 전쟁의 포화 속에서 몇 번 죽음의 고비를 넘기면서 나의 생명은 나의 것이 아님을 깊이 깨달았습니다. 그리고 이 생명은 주님이 주신 것이라는 확신을 갖게 되었습니다. 하나님께서 덤으로 주신 이 생명을 온전히 주님을 위하여 드리기 원합니다."

나는 그 마음으로 평생을 산다. '나의 생명은 이제 덤으로 사는 것이다. 온전히 주님께 드리자!' 이런 생각으로 나는 선교사 생활을 하였다.

6·25 전쟁이 끝나고 난 1954년, 나는 유학을 준비하고 있었다.

미국에 있는 풀러 신학교에서 장학생으로 공부를 할 수 있는 기회를 갖게 되었다. 행운이었다. 생활비도 학교에서 지원해 준다는 좋은 조건이었다. 당시 의사였던 내 아내를 위해서는 로스앤젤레스에 있는 카이저 기념 병원에서 수련의를 할 수 있도록 만반의 준비를 했다. 미군에서 통역관으로, 군대에서는 군목으로 일하던 나와 병원에서 장기려 박사와 함께 의사로 일하던 아내에게 이제 곧 미국으로 유학을 떠나게 된다는 사실은 너무나도 마음 설레는 일이었다. 그때 풀러 신학교 총장이신 오켕가 박사에게서 편지가 왔다. 아내는 풀러 신학교에서 가까운 패서디나의 헌팅톤 기념병원에서 일을 할 수 있도록 결정이 되었다는 것이다. 당시 천국처럼 생각하던 미국에 가서 유학을 하는 것만 해도 감사할 일인데, 장학금에다 생활비까지, 그리고 아내의 병원 일자리까지 학교 가까운 데 얻었다는 사실은 꿈만 같았다.

이렇게 미국 유학을 준비하는 우리의 신혼 단칸방에 어느 날 안광국 목사님이 찾아 오셨다. 총회의 부탁으로 찾아오신 것이다. 그리고 다음과 같은 말씀을 들려주었다. "최찬영 목사님! 지금 총회 선교부에서 해방 후에 처음으로 선교사를 파송하려고 합니다. 더 이상 산둥성 선교는 계속할 수가 없어서 새로운 선교지를 선정하여 선교사를 보내려고 합니다. 그래서 여러 사람들과 상의를 해 보았습니다. 많은 사람들이 최 목사님 부부를 보내는 것이 좋을 것 같다고 하여 이렇게 찾아왔습니다. 사실은 내일 저녁에 총회 선교부 모임이 있습니다. 잘 생각해 보시고 선교사로 갈 생각이 있으시면 내일 저녁 모임에 참석해 주시를 바랍니다."

전혀 예상치 않았던, 청천벽력 같은 너무나 놀라운 얘기였다. "지금껏 우리는 미국 유학 준비를 하고 있었는데……." 다음 날 저녁 모임 시간까지는 약 30시간 정도가 남아 있었다. 우리 부부는 서로 마주 보았다. 그리고 함께 손을 잡고 기도하면서 온 밤을 지새울 수밖에 없었다. 선교사의 생활이 어떠한지는 다 짐작할 수 없었다. 분명한 것은 고생길이 열릴 것만은 확실하였다. 당시 미국은 천국과 같은 곳이라고 생각했다. 총회의 초청을 수락하고 선교사로 파송받아 간다는 것은, 우리가 지금껏 준비해 온 미국 가는 계획과 보장된 미래를 모두 포기한다는 것을 의미한다는 생각에 이르자 인간적인 갈등과 고민에 휩싸였다. 아내와 나는 함께 기도하는 가운데 새벽녘에 이르러서야 생각을 정리할 수 있게 되었다.

"하나님께서 부르시는 선교의 길은 주님이 원하시는 길이다. 공부하는 길은 다시 열릴 수 있지만 주님이 부르시는 선교사의 길은 다시 돌이킬 수 없는 길이 아닌가? 나의 생명이 덤으로 사는 것이고 주님이 나를 부르신다면 내 어찌 순종하지 않을 수 있을 것인가?"

그 밤에 우리 부부는 결정했다. 총회의 부름에 응하고 미국 유학을 포기하기로 말이다. 그렇게 결정을 하였지만 무언가 내가 손해를 보는 것이 아닌가 하는 인간적인 생각도 떠나지 않았다. 하지만 선교사로 부르시는 주님의 길을 따르기로 하였다. 그렇게 결정을 하자 주님께서는 우리 부부에게 놀라운 평안으로 둘러주셨다.

### 선교사역을 위한 준비

선교사역을 위한 준비는 하지 못했다. 어떻게 준비해야 하는지도 몰랐다. 내가 선교사역을 위한 특별한 준비를 한 것은 없었어도 하나님께서는 나를 준비시키신 것 같다. 만주에서 초등학교부터 사범학교까지 다니게 하셨고, 미군부대 통역으로 일하게 하시고, 군목으로 일하게 하셨으며, 성경구락부에서 성경을 가르치는 일을 하게 하시고, 신학을 공부하고 또 목사가 되게 하신 모든 것이 하나님께서 나를 선교사로 쓰시기 위해 준비시킨 과정이었다.

### 선교지 선택

선교지는 내가 선택한 것이 아니라 총회에서 이미 태국으로 결정하였다. 태국 교회에서 초청장을 보내왔다. 태국에서 온 편지에는 선교사라는 명칭도 없었다. 이름도 생소한 'fraternal worker(우호적인 동역자)'로 초청한다는 것이었다. 나는 무조건 하나님과 총회, 그리고 태국 교회의 부름에 순종했다.

### 태국에서의 사역

태국은 전혀 새로운 미지의 세계였다. 한국에서 홍콩으로 비행기를 타고 갔고, 홍콩에서 배를 타고 여러 날을 항해하여 1956년 6월 4일 방콕 항구에 도착하였다. 태국 총회에서 여러 분이 마중나와 나와 아내를 정중하게 맞아 주었다. 쪼룬 회계와 중국인 교회인 황교교회에서 우리를 환영해 주었다. 태국교회에서는 내가 중국에서 어린 시절을 지냈다는 정보를 듣고, 우리가 중국 사람들을 위해 사역을 할 수 있을 것으로 생각했던 것 같다. 그리고 중국인 교회 내에 작은 방을 마련해 주었다. 황교교회에는 큰 종탑이 세워져 있었다. 종탑을 높이 세우기 위해 3층 정도의 작은 건물을 세웠고, 그 위에 종이 달려 있었다. 그래도 안에서 칠 수 있는 모기장까지 준비해 놓고 우리를 맞았다. 우리가 처음 그 방으로 들어설 때 열대 도마뱀들이 천장과 벽을 마구 기어다녔다. 내심 소스라치게 놀랐다. 그리고 더운 밤에 잠을 자다가 섬뜩하여 깨보면 도마뱀이 천장에 기어다니다가 벗은 몸 위로 떨어지곤 했다.

종탑에서의 생활이 계속되는 가운데, 임신한 아내의 몸은 점점 무거워졌다. 그리고 우리에게는 곤란한 일이 계속되었다. 임산부는 자주 화장실에 가야 한다. 하지만 화장실은 너무나 멀었다. 우리가 사는 종탑 3층에서 내려와 어두컴컴한 길을 따라 교회 구석진 곳에까지 가야만 했다. 어느 때에는 비온 뒤에 큰 뱀이 나왔던 곳을 지나야 했다. 임신한 아내는 밤에 혼자 그 침침한 길을 가는 것이 무섭다고 했다. 그래서 매일 일과처럼 저녁마다 서너 번씩 우리는 손을 잡고, 그 어두운 밤길을 함께 걸어야 했다. 더운 열대기후의 날씨에다가 밤에 잠을 제대로 자지 못해 힘들고 어려웠다. 매일 서너 번씩 몸이 무거운 아내를 부축하며 손잡고 걸어가는 밤길을 환한 달님이 비춰 줄 때면 두고 온 고향 달을 보는 것 같아 외롭지 않았다.

나는 우선 선교사들을 위한 태국어 학교를 다녔다. 나는 공부하라고 해서 열심히 공부했다. 사실 누가 학비를 내주는지도 모르고 1년 동안 어학을 공부했다. 열심히 해서 조금씩 어학에 자신감을 갖게 되었다.

## 현지 목회사역

방콕에 있는 중국교회는 우리가 그들과 함께 사역하기를 원했다. 그런데 어학과정이 끝나자 새로운 제안이 들어왔다. 아내는 방콕 기독병원에서 의사로 일하고, 나는 병원 원목과 태국 제2교회 목회를 해달라는 요청이었다. 당시 제2교회는 태국인 교회로서는 제일 큰 교회였다. 당시 현지 지도자들이 내가 태국어를 잘하는 편이라고 판단하고 중국어보다는 태국어로 선교하기를 요청하여 그렇게 된 것이다.

3년 동안 큰 교회를 맡아 현지 목회를 하였다. 동시에 태국 총회 안에 있는 30여 개의 중고등학교를 순회하며 집회를 가졌다. 학교를 순방하며 부흥회를 인도해달라고 총회장이 부탁하여 초청을 수락한 것이다. 선교가 어려운 지역, 수십 년 동안 전도가 되지 않던 지역에서도 학교 사역은 열매가 풍성했다. 한 학교에서는 집회를 통해 100여 명이 개종하는 일도 있었다. 감격적인 순간들이었다. 나는 태국에서 1기 사역을 마치고 미국으로 유학길에 올랐다.

### 성서공회 사역과 애덕기금회

미국에서 교육학으로 석사과정을 마쳤다. 그리고 다시 선교지로 돌아가기 위해 준비하던 1962년 3월, 미국 성서공회 총무인 레이턴 홈그렌(Laton Holmgren) 박사가 만나자고 했다. 당시 피츠버그에는 미국인 장로교회가 많이 있었고, 내가 그 부근에 있는 유일한 한국인 장로교 목사였기에 이곳저곳에서 집회 인도 요청을 많이 받고 있었다. 그래서 집회를 부탁하려나 보다고 생각했다.

약속 장소에 나가니 키가 크고 머리가 벗겨진 한 미국인이 나를 기다리고 있었다. 서로 간단한 인사를 나누고 나서 그는 자기가 하는 일과 성서공회가 세계적으로 어떤 일을 하고 있는가에 대한 설명을 장황하게 늘어놓았다. 그를 통해서 성서공회라는 단체가 어떤 단체이고 무엇을 하는지를 어렴풋하게나마 처음으로 알게 되었다. 그는 나에게 물었다.

"지금까지 태국 성서공회 총무로 미국인이 있었습니다. 그러나 이제 태국 사람 중에서 뽑으려고 생각을 합니다. 그런데 태국 현지인 가운데는 마땅한 사람이 없어서 어떻게 하는 것이 좋을까 오랫동안 생각을 하였습니다. 그래서 태국에 있는 아시아 선교사들 가운데 누구를 택하는 것이 좋겠다고 결정을 하였습니다. 지금 우리는 아시아 선교사들 가운데 태국 성서공회 총무 일을 맡아 줄 사람을 찾고 있습니다. 혹시 아시는 분 가운데 추천을 해 주실 분이 있으신 지요?"

"예, 필리핀에서 오신 선교사 한 분과 일본에서 온 선교사 한 분, 그분들이 좋겠습니다. 두 분 다 좋은 사람들입니다. 일본에서 오신 고야마 선교사는 프린스턴 신학교에서 신학박사 학위를 받은 사람으로 신학교 교수이시고, 필리핀에서 오신 쏠리스 선교사는 커뮤니케이션 전공을 하신 아주 유능한 선교사이시지요."

그는 나를 바라보며 빙긋 웃었다. "제가 그 두 분 선교사님들을 만나 보았습니다. 제가 보기엔 그분들은 아마도 지금 하시는 일이 본인들의 성격이나 모든 면에서 어울리는 것 같습니다. 제 생각에는 최 선교사님이 태국 성서공회 총무로 가장 적임자인 것 같은데 어떻게 생각하십니까?" 전혀 예기치 못했던 말이었다. 그때까지 나는 문서 선교에 대한 선이해가 전혀 없었다.

"저는 아닙니다. 저는 태국에 전도하러 간 것이지, 사무실에서 사무나 보기 위해서 간 것이 아닙니다. 앉아서 편지나 쓰고 서류나 정리하는 일에는 전혀 관심이 없습니다. 사무실에 앉아만 있는 것은 정말 싫어요." 가벼운 미소를 지으며 그는 정중하고 차분하게 말했다. "사실 오늘 최 선교사님이 총무직을 맡겠다고 나섰다면, 저는 좀 실망을 했을 겁니다. 그 까닭은 잘 아시는 대로 먼저 하나님 앞에서 기도해 보아야 할 일이니까 말입이다. 결정을 하시더라도 최 선교사님은 혼자가 아니시고 결혼을 하신 분이니 집에 돌아가셔서 사모님하고 서로 의논도 해 보아야 하지 않겠습니까?" 실로 주도면밀하고 생각이 깊은 사람이구나 하는 생각이 들었다.

그 후 한 달 반 정도 지난 뒤에 당시 총회 선교부 부장으로 책임을 맡고 계시던 한경직 목사님의 편지를 받았다. "최찬영 선교사님께 주님의 은총이 늘 함께 하시기를 빕니다. 저희 선교부에 성서공회로부터 부탁이 들어 왔습니다. 성서공회에서 최 선교사님이 태국 성서공회 총무로 일을 해주었으면 하는 청원입니다. 저희도 이 일에 대하여 많이 생각을 해 보았습니다. 이번 일에 대하여 다른 사람들과 의논도 해 보았습니다. 직접 전도하는 일도 선교적으로 중요하지만, 문서전도도 중요한 선교가 되고, 세계적인 선교기관과 유대를 갖고 일을 하는 것도 좋을 것 같습니다. 우리 생각에는 맡는 것이 아주 좋은 일인 줄로 압니다." 선교부장인 한경직 목사님의 편지를 받은 후 아내가 말했다. "당신의 얘기를 들어보고 기도하면서 생각해 보니 당신이 그 일을 맡아도 아주 잘할 것 같다는 생각이 듭니다."

하나님께서 새로운 사역으로 나를 부르시는 것이 아닌가? 이것이 하나님께서 나에게 새로 맡기신 일이라면 순종해야 하지 않겠는가? 이렇게 주위 사람들에게 밀려서(?), 나는 태국 성서공회 총무가 되어 1992년 1월에 은퇴할 때까지 성서공회와 함께 사역했다.

성서공회 총무로 일하면서 다양한 사역들을 많이 하였다. 방송선교와 불교 나라인 태국 사원에 성경을 비치하는 사역을 하였다. 또 만화성경을 만들기도 했다. 당시로는 획기적인 일이었다. 1962년 내가 태국 성서공회에 부임할 당시, 약 40만 부 정도의 쪽복음이 태국 전역에 전도용으로 사용되고 있었다. 약 9년 동안 태국 성서공회 총무 일을 맡는 동안에 250만 권을 배포하는 정도로 활성화시켰다. 이런 문서 선교를 하면서 늘 마음에 두었던 곳은 태국 불교 사찰들이었다. 2만 5,000개가 넘는 사찰과 40만 명의 스님들에게 어떻게 하면 말씀을 읽을 수 있도록 할 것인가를 늘 생각했다. 그리하여 스님 중에서 제일 권위 있는 정종 스님을 찾아가 성경을 전하고 선교를 시작한 결과 좋은 반응을 얻었다. 그 후 전국 방방곡곡에 있는 사찰들에 성경을 전달할 수 있는 기회를 갖기도 하였다. 후임총무로는 태국 현지인을 세우고, 나는 아태지역 사역을 시작하였다.

아태지역 총무가 된 후, 중국교회와 협력하여 애덕인쇄소를 설립하였다. 의미 있는 일이었다. 2008년 보고를 보면 애덕인쇄소에서 지금까지 5,900만 권의 성경을 찍었다. 그중에 4,500만 권은 중국에서 사용하는 것이고, 1,400만 권은 세계 여러 곳에 수출하였다. 2008년 한 해 동안에만 성경 900만 권을 찍는, 세계에서 성경을 가장 많이 찍는 공장이 되었다. 아태지역 총무를 마지막으로, 1992년 1월 말에 은퇴하고 아이들이 있는 미국으로 왔다.

### 풀러 선교대학원에서의 사역

아태지역 사무실이 있는 홍콩을 떠나기 2주일 전, 풀러 선교대학원 피어슨 박사에게서 연락이 왔다. 풀러 선교대학원에 와서 한국학부(Korean Studies)를 설립하는 일을 해달라는 초청이었다. 피어슨 박사의 초청으로 1955년 입학허가를 받고 유학 오려고 계획했던 풀러 신학교에 오게 되었다. 한국학부 일을 시작하면서 김세윤, 엄예선, 박기호 교수를 초청하여 함께 사역하였다. 5년 후, 가정 사정으로 북가주로 이사하게 되어 한국학부 원장직을 사임하였다.

그동안에 OMF, KAM을 창설하여 이사장을 하였고, 그 후 GEDA 라는 NGO를 설립하였다. 2007년 7월 GEDA는 GEDA International 이라는 국제 선교단체가 되고, 지금 총재 역할을 맡고 있다.

## 나의 소망

내가 한국 선교사로 파송받아 나갔을 적 이야기는 이제 역사가 되었다. 50여 년 전에 시작한 한국 선교는 놀랍게 발전하고 있다. 무엇보다 감사한 것은, 하나님께서 하나님의 백성이요, 세계 선교 마무리를 위해 준비하고 선택한 민족이 한국인, 한민족 교회라는 것이다. 미미하게 시작한 한국 선교가 세계의 주목을 받고 있다. 한국 선교사의 숫자는 지금 2만 명에 이른다. 집계되지 않은 선교사까지 합하면 2만 5,000명에 이른다고 한다.

이제 나의 경험을 통해 가능한 한 후배 선교사들을 돕고 싶다. 그들을 직접 방문하여 격려하고 위로하고 싶다. 현장의 어려움을 듣고 문제를 풀어주고 싶다. 본국과의 관계, 국제 선교회 간의 문제들을 해결해 주는 역할을 하고 싶다. 지금도 나는 OMF 자문사역, GEDA International 총재 사역, 또감사교회의 선교목사로 사역하고 있다. 또감사교회의 열정적인 선교운동에 가담하여 많은 선교사들을 방문하고, 다양한 선교전략 모임에 참석하며, 현장 선교사들을 도울 수 있는 기회를 갖고 있다. 이런 사역이 더욱 확대되기를 바란다. 지금은 남미, 동아시아 지역을 중심으로 사역하고 있는데, 앞으로 전 세계 다른 지역들도 돌아보아 세계 선교에서 한국 선교가 양적, 질적으로 성장하여 핵심적 역할을 감당하는 것을 보고 싶다.

지금까지 평생 선교사로 살아온 날들을 돌아보면서 확신한다. 나는 내가 원하는 삶을 살지 않았다. 주님께서 부르시고 인도하신 삶을 살았다. 내가 계획했던 길을 가지 않았다. 주님께서 인도해 주시는 길을 걸었다. 그리고 그 길이 더 행복한 길임을 깨달았다. 나는 오늘도 그분께서 인도해 주시는 길을 걸으며 고백한다. "주여! 내 잔이 넘치나이다!"

# 나의 소명, 나의 선교행전

조동진

그리스도와 복음을 위한 나의 삶과 사역에 있어서 여러 차례의 부르심이 있었다. 첫 번째는 해방 후 이북 토고교회의 부흥회에서 사역자로의 부르심이요, 두 번째는 무교회 면의 개척 전도사로의 부름이었다. 세 번째 부르심은 동족상잔의 현장 지리산 빨치산(파르티잔) 소굴로 가라는 부르심이었으며, 네 번째 부르심은 세계 선교를 위하여 전도와 선교를 공부하라는 것이었다. 그리고 다섯 번째 부르심은 서구 선교단체들과의 동반자 관계 형성을 위한 노력을 하라는 것이었고, 여섯 번째 부르심은 아시아 선교단체 간의 네트워크를 통한 동서선교 협력을 위해 노력하라는 것이었다. 또 일곱 번째 부르심은 국제적 선교학 교수로 사역하도록 하는 부르심이었다.

HERE I AM. SEND ME, LORD!

# 나의 소명, 나의 선교행전

조동진

**그리스도**와 복음을 위한 나의 삶과 사역에 있어서 여러 차례의 부르심이 있었다. 첫 번째는 해방 후 이북 토고교회의 부흥회에서 사역자로의 부르심이요, 두 번째는 무교회 면의 개척 전도사로의 부름이었다. 세 번째 부르심은 동족상잔의 현장 지리산 빨치산(파르티잔) 소굴로 가라는 부르심이었으며, 네 번째 부르심은 세계 선교를 위하여 전도와 선교를 공부하라는 것이었다. 그리고 다섯 번째 부르심은 서구 선교단체들과의 동반자 관계 형성을 위한 노력을 하라는 것이었고, 여섯 번째 부르심은 아시아 선교단체 간의 네트워크를 통한 동서선교 협력을 위해 노력하라는 것이었다. 일곱 번째 부르심은 국제적 선교학 교수로 사역하도록 하는 부르심이었다. 나의 여덟 번째 부르심은 민족통일을 위한 '평화와 화해'의 선교 활동을 하라는 것이었다. 그리고 나의 마지막 부르심이라고 할 수 있는 아홉 번째 부르심은 선교 현장에 나가 러시아의 수도 모스크바에 러시아 기독교 지도력 개발원을 설립하고 신학교육을 받지 못한 러시아 목회자들을 3년 동안 교육하는 일을 비롯하여, 동서선교 연구개발원 출신 젊은 신학자들과 함께 조동진 선교학연구소를 설립하고, 21세기 새 시대를 위한 선교운동을 돕는 것이다.

### 사형수가 된 독립운동가의 아들로 태어나다

나는 1924년 12월 29일 중국 대륙과 한반도의 접경지대를 가로질러 흐르는 압록강변에 위치한 평안북도 용천군 양광면 충렬동에서 태어났다. 나의 아버지는 1905년 우리나라를 빼앗은 군국주의 일본 제국에 맞서 1910년 19세의 어린 나이에 신민회 105인 사건 때부터 항일투쟁에 나서 감옥생활을 하셨다. 아버지께서는 1914년 중국 상하이에 망명하여 독립군 군관학교 설립을 위한 군자금을 모금하고 군사장비를 러시아 연해주 블라디보스톡으로 가는 배에 선적하다가 일본 관헌에게 체포되어 일본 나가사키로 압송되었다. 아버지께서는 일본 제국주의 재판소에서 사형구형과 무기징역 언도를 받았다.

나는 이렇게 나라를 위해 사시던 독립운동가의 맏아들로 태어났다. 아버지는 열 살의 어린 나이에 예수를 그리스도로 영접한 한국 교회 초기 그리스도인 중 한 사람이었다. 또 어머니는 나면서부터 그리스도인이었다.

감옥에서 죽을 병에 걸린 아버지를 일제는 투옥 7년 만인 1923년에 가석방으로 감옥에서 내보냈다. 아버지는 죽지 않고 고향 평안북도로 돌아왔다. 다시 살아난 아버지는 다음 해 어머니와 결혼하여 그 다음 해 12월 19일에 내가 태어났다. 일제는 아버지를 고향에 두지 않고 남쪽 끝으로 유배를 보내고 일본인의 감시 아래 두었다. 내가 태어난 지 한 달 만이었다.

나는 부모님의 신앙으로 아버지의 유배지였던 전라북도 산골짝 고창 촌락 하오산교회에서 생후 100일 만에 서국태(徐國泰, Donald A. Swicord)라는 미국 남장로교 선교사에게 유아세례를 받고 어려서부터 그리스도인으로 성장하였다. 어린 시절부터 10대 소년 시절 후반까지는 일제의 요시찰 인물로 일제 경찰의 감호를 받는 아버지의 아들로, 초등학교만도 전라남도의 이곳저곳으로 옮겨 다녀야 했던 불우한 교육 환경 아래에 있었다. 일제가 신사참배를 교회에 강요하고 있을 때 내가 다니던 전라남도 광주의 숭일학교는 결국 폐교되고 말았다. 이때부터 신앙생활은 흔들리기 시작했다.

이른바 대동아전쟁이라고 불리던 일제의 동아시아 침략전쟁이 태평양전쟁으로 확대되면서, 아버지는 일제의 감시를 피해 여수 앞바다 금오도와 함경도 청진, 그리고 충청남도 아산의 선장(仙掌)이라는 금광촌으로 숨어 다니게 되어 일제 밑에서의 나의 학교생활은 열일곱 살에 끝나고 말았다. 나는 고향 평안북도에서 시골교회 전도사로 계시던 어머니께 돌아가서야 겨우 어린 시절의 신앙생활을 되찾게 되었다. 생후 100일 만에 유아세례를 받았던 나는 열일곱 살에 고향에 돌아가서야 평안북도 용천군 동산면 용상교회에서 민족독립운동가였던 김예진 목사의 입교예식을 통하여 공식적인 신앙고백과 교회봉사 생활을 할 수 있게 되었다.

나는 이 무렵 고향 피현에 있던 중원학교라는 교회학교 교사가 되었다. 교사자격증이 없던 나는 총독부가 시행하는 '국민학교 훈도 자격시험'을 거쳐 공식 훈도(당시에는 교사를 훈도라고 하였다)가 되었다. 다음 해에 의주군 고관면 고관국민학교 교사로 전임되었다. 이때부터 나는 고관면 토교교회 집사가 되어 유년부장과 제직서기와 회계, 그리고 성가대장이라는 교회의 중요한 직분들을 모두 걸머진 집사가 되어 담임목사 김태주 목사님의 총애를 받았다. 내가 봉사하던 토교교회는 신사참배를 거부하다가 투옥되어 순교한 박의흠 전도사가 시무하던 순교 교회로 이름난 교회였다. 나는 이 교회 집사인 것을 자랑스럽게 생각했지만 한 번도 목사가 되려는 뜻을 품은 적은 없었다.

## 부르심의 시작

제2차 세계대전이 끝난 1945년 12월 크리스마스 직전, 하나님께서 나를 당신의 종으로 부르셨다. 내가 집사로 봉사하던 의주군 고관면 토교동에 있는 토교교회에서 최한기 전도사를 강사로 초청한 해방 후 첫 부흥회에서였다. 최한기 전도사는 1938년 우리 민족교회에 일제가 강요하던 신사참배를 거부하다가 투옥되어 해방되던 해에 7년 만에 출옥한 '출옥성도' 중 한 분이었다.

어머니는 부흥회를 준비하면서 이 부흥회를 통하여 나를 하나님의 종으로 바치겠다는 서원기도를 올렸다. 나는 어머니의 서원기도에 대하여 강하게 거부하는 마음이 들었다. 그러나 부흥회 셋째날 밤, 성령께서 나를 거꾸러뜨리셨다. 강사 최한기 전도사의 설교가 시작되는 순간, 나는 성령의 뜨거운 불길에 휩싸여 그 자리에 거꾸러졌으며 어린 시절부터 지은 부끄러운 죄가 눈앞에 활동사진처럼 나타나는 순간 땅바닥을 치며 통곡하고 회개하며 기도했다. 통곡하고 애통하는 나의 기도는 삼일 심야 부흥회가 끝나는 마지막 날까지 계속되었다. 부흥회 마지막 날 어머니는 나의 곁에서 머리 숙여 기도하시고, 부흥강사 최한기 전도사와 담임목사 김태주 목사는 내 머리에 손을 얹고 안수기도를 해주셨다. 나는 이 기도와 함께 나의 생애를 바쳐 복음을 전하는 그리스도의 증인으로 살 것을 서약하였다. 나는 토교교회가 속해 있던 의산노회에서 목사후보생 시취를 받고 목사후보생이 되었다.

### 두 번째 부르심: 무교회 면 개척전도사

1946년 2월, 소련군과 공산당을 피하여 고향인 평안도를 떠나 서울로 피난하였다. 나는 조선신학교에 입학하였다가 조선신학교에서 쫓겨난 51인 정통수호 신앙동지회에 가담하여 만주에서 귀국한 박형룡 박사를 따라 부산의 고려신학교로 옮기고, 또다시 그를 따라 서울에 새로 설립한 장로회신학교로 옮기는 등 세 학교를 통하여 3년간 신학교육을 받고 1949년 6월에 우등생으로 졸업했다.

신학교 시절 학생회 총무였던 나는 졸업 학년인 3학년 첫 학기가 되자 매년 개최하는 학생 부흥회 강사로 여수 애양원 나환자교회 목사였던 손양원 목사님을 초빙하기 위해 나환자 병원인 애양원에 가서 손양원 목사님을 모셔왔다. 그때가 1948년 10월 중순이었다. 그해 8월 15일에 대한민국 정부가 수립되었지만 4월 초에 있었던 제주사건의 여파가 계속되던 때였다.

손양원 목사를 모신 신학교 학생부흥회에서는 성령의 역사가 크게 나타났다. 그러나 부흥회가 끝날 무렵, 여수에서 제주도로 파견하려던 국군 14연대가 반란을 일으키면서 여수순천사건으로 번진 것이 양민학살로 이어졌고, 결국 순천에서 중학교와 고등학교에 다니던 손양원 목사의 동인, 동신 두 아들이 공산주의 학생들에게 피살되는 엄청난 참사가 있었다. 부흥회를 마친 손양원 목사와 함께 나는 순천으로 내려갔다. 그리고 그의 두 아들 동인과 동신 군의 장례식이 거행되는 여수 애양원까지 쫓아갔다. 성령께서는 이 일을 통해 나로 하여금 다음 해 신학교 졸업과 동시에 여수 지역 무교회 면인 쌍봉면이라는 무교회 면 개척전도사로 부르시는 계기로 만들어 주셨다.

1949년 6월 졸업과 함께 동기동창이던 아내 나신복과 결혼한 나는 손양원 목사의 두 아들의 죽음을 마음에 안고 여수행 완행열차에 몸을 실었다. 아무도 생활을 책임지는 사람이 없는 여수군의 무교회 면 개척 전도생활을 위해 기차역도 없는 쌍봉면으로 향했다. 그런데 신학 우등생이었던 나는 전도에 대해서는 아무것도 배운 것이 없었다. 신학에는 우등생이었지만 전도에는 낙제생이었던 것이다. 나는 개척전도사 생활에 실패하면서 전도와 선교에 대해 공부하기로 결심하게 되었다.

### 세 번째 부르심: 동족상잔의 현장인 지리산 빨치산 소굴로

여수 쌍봉면 개척전도사로서 전도 낙제생이었던 나에게 도움을 주신 분은 여수읍교회(지금의 여수제일교회) 김상두 목사였다. 김 목사께서는 자기 교회 개척전도사로의 생활비를 약속하고 무교회 면인 쌍봉면 전도의 후원교회가 되어 주었다. 그리고 1년 후인 1950년 3월 순천노회에서 강도사 인허를 받고, 6월 14일에는 여수읍교회 개척교회 담당 동사목사로 안수를 받게 해주셨다.

그러나 목사로 안수를 받은 열흘 후에 6·25 전쟁이 발발하였다.

7월 중순에는 북한 인민군에게 여수까지 함락되었다가 석 달 만에 다시 수복되었다. 나는 얼마 동안 부산까지 피난을 갔다가 여수로 돌아왔다. 여수교회는 인민군 점령 하에서 두 명의 순교자를 냈다. 가까운 섬으로 피난했던 윤 전도사와 폐병으로 피난길에 오르지 못했던 함경도 출신 김은기 집사를 현지 공산당원들이 인민재판으로 '예수쟁이'라는 죄목을 씌워 처형했다. 피난길에서 돌아온 김상두 목사와 나는 그들의 때늦은 장례식을 추도식과 겸하여 거행했다. 그런데 이 추도장례식에 참석했던 구례읍교회 이선용 목사와 순교자 김은기 집사의 매부로 국회위원이었던 이판열 집사가 구례로 돌아가는 길에 순천과 구례 사이 소련재 고개에서 경찰을 가장한 빨치산(파르티잔)에게 죽임을 당하는 또 다른 참사가 일어났다.

구례군에는 여덟 면이 있었고, 여덟 면에 각각 교회가 하나씩 있었다. 그 여덟 교회의 담임전도사들은 전쟁중 모두 인민군에게 총살을 당하고 교역자가 없는 안타까운 형편이었는데 피난해 살아남았던 단 한 사람의 교역자였던 구례읍교회 이선용 목사마저 빨치산에게 희생된 것이다. 그 지역 순천노회는 긴급히 임시노회를 소집하고 구례의 여덟 교회의 수습과 재건을 위해 누구를 파송할지를 논의했다. 노회원 중 단 한 사람도 가겠다는 지원자가 없었다. 나는 노회원 중 가장 젊은 스물여섯 살의 젊은 목사였다. 한숨을 쉬며 기도하던 나에게 "네가 가야 한다"라고 강하게 부르시는 성령의 소리가 들려왔다. 나는 노회석상에서 손을 들고 일어나 "성령께서 나를 보내시기를 원하십니다"라고 소리쳤다. 나는 이렇게 세 번째 성령의 부르심을 받고 지리산 화엄사 아래 산골 구례군의 목자 없는 여덟 교회의 당회장과 구례읍교회의 담임목사로서 빨치산 소굴에 들어갔다.

낮에는 대한민국, 밤에는 조선인민공화국이던 지리산 아래 구례

군에서 나는 1953년까지 3년 동안 빨치산과 공비토벌군 속에서 함께 살았다. 저녁 해지기 전 오후 다섯 시만 되면 빨치산들이 쏘는 박격포 소리가 '퉁' 하고 폭음을 냈다. 그때부터 토벌군과 빨치산의 콩 볶는 듯한 총소리가 멀리서 시작하여 점점 가까워진다. 밤이 더 깊어지면 구례읍내에서 빨치산들의 발자국 소리와 '따꿍따꿍' 하는 소련제 장총소리를 들으면서 밤을 새우곤 했다. 총알이 날아가는 불빛이 창문에 불꽃놀이처럼 계속되는 사택에서 새벽을 기다리다가 새벽 5시 청각장애인이어서 아무 총소리도 듣지 못하던 교회 사찰이 종을 울리면 빨치산들은 날이 밝는 것을 깨닫고 발소리 요란하게 산속으로 뛰어 달아났다. 나는 새벽기도를 인도하기 위해 길에 나섰다가 빨치산의 시체에 발이 걸려 넘어지기도 하고 시체의 물컹한 배를 밟기도 한 일이 여러 번 있었다.

통비부락이라고 불리는 지리산 중턱에 산다는 이유만으로 빨치산으로 몰려 토벌군에게 끌려가는 수많은 양민들을 구해내는 것도 내 전도와 목회사역의 중요한 일과 중 하나였다. 국군 토벌군에게 잡혀온 양민들 중에는 신도들과 신도의 가족들도 섞여 있어서 나는 그들을 구해내고 빨치산을 위해 밥을 지어 주었다는 이유만으로 빨갱이로 몰려 끌려온 양민들을 구해내는 일에도 열심을 다했다.

내 아내는 이러한 동족상잔의 가장 슬픈 현장인 지리산 밑 구례에서 1951년 8월 12일 새벽 맏아들 웅천을 낳았다. 나는 총알이 방까지 날아들어 부엌 바닥에 가마니를 깔고 산모와 어린 핏덩이인 맏아들을 보호해야 하는 슬픔을 이겨내야 했다. 나는 "산에 나는 까마귀야 시체 보고 울지 말라"는 빨치산들의 척기가와 "전우의 시체를 넘고 넘어"라는 토벌군들의 군가를 번갈아 들으며 3년 동안 목자 없는 여덟 교회를 지켜내야 했다.

드디어 1953년 7월 휴전협정이 이루어지면서 지리산의 빨치산 토벌이 끝났다. 나는 지리산 아래 구례읍 여덟 교회를 떠나 부산으로 나와 〈기독공보〉사 편집국장이 되었다. 부산에서의 편집국장 시절 나는 휴전과 함께 몰려온 미국 선교사들과의 인터뷰 기사를 〈기독공보〉에 실으면서 나를 전도자로 부르시어 무교회 면으로 보내시고 또다시 지리산 밑 동족상잔의 최전방에 보내셨던 성령의 뜻을 되새기기 시작했다.

전도의 낙제생이던 나는 이제 전도의 현장 실습을 끝내고 전도 원리와 이론을 본격적으로 연구할 기회를 찾아야겠다고 결심했다. 부산에서 만난 미국 팀(TEAM) 선교회의 '생명의 말씀사'를 한국에 개척하기 위해 한국에 온 윌리엄 가필드(William Garfield)와 한국에 복음방송국을 설립하겠다고 찾아온 톰 와트슨(Tom Watson) 선교사를 만나서 인터뷰를 하던 중 그들을 도와야겠다는 마음이 들었다. 그래서 정부의 문화공보처에 생명의 말씀사 출판사 등록을 도와주고, 복음방송국을 세우려는 와트슨을 데리고 이승만 박사를 만나서 HLKX 방송국 설립허가를 받게 도와주었다. 이 일은 세계 선교와 복음전도가 둘이 아니고 하나라는 것을 깨닫게 만들었다.

가필드 선교사는 나에게 선교와 전도를 위한 연구의 길을 강력히 권고했다. 그는 미국 풀러 신학교 출신이었다. 나는 이렇게 윌리엄 가필드를 사용하신 하나님의 세계 선교에의 부르심을 받게 된다.

### 네 번째 부르심: 세계 선교를 위한 공부

1956년 8월 전도와 선교를 공부하기 위하여 미국으로 건너갔다. 제일 먼저 간 곳은 로드아일랜드 주의 프로비던스에 있는 바링턴대학(Barrington College)이었다. 그리고 이어서 간 곳은 펜실베니아 주 포트워싱턴에 있는 WEC 선교부의 선교사훈련원이었다. 나는 또다시 미네소타 주 미네아폴리스 외곽에 있는 베다니 선교대학에 들어갔다. 내가 선교사 훈련과 선교연구의 방향을 잡은 곳이 베다니 선교대학이었다.

베다니 선교대학의 또 다른 이름은 베다니 선교사 훈련센터(Bethany Missionary Training Center)이다. 헤거 박사(Dr. Hegar)가 학장인 이 선교대학의 선교사 훈련프로그램은 세계 선교 운동을 '선교사 만들기' 부터 시작하게 하는 동기를 부여했다. 오전 네 시간은 학과 공부, 그리고 오후 네 시간은 선교에 필요한 기술 훈련으로 계속되는 선교사 훈련방법은 훗날 '바울의 집'을 선교사 훈련센터로 운영하는 기초가 되었다.

나는 이곳에서 한 해 동안 세계 선교 교육의 기초공부를 마치고 보다 높은 수준의 선교 이론과 전도학을 연구하기 위해 선교교육을 하는 대학원 과정을 찾아 나섰지만 1950년대 말까지만 해도 미국 신학교에는 선교학으로 대학원 과정을 운영하는 신학교가 없었다. 그러던 중 켄터키 주 애즈베리 신학교에서 선교와 전도학의 대학원 과정을 시작한 것을 알게 되었다. 그래서 나는 계속해서 켄터키 주의 아주 작은 도시 윌모어에 있는 애즈베리 신학교 대학원에서 전도와 선교학을 연구했다.

나는 콜만(Robert E. Coleman) 교수 밑에서 전도학을, 시맨드(J. T. Seamand) 교수 밑에서 선교학을 연구했다. 그리고 매바이스(Maivise) 교수 밑에서 교회행정학을 연구하고 선교역사학자 쉽스(Ships) 교수 밑에서 선교역사를 연구했다. 그리고 선교학 전공 신학석사(Th. M. in Mission) 학위 과정을 마쳤다.

그 후 1960년부터 1978년까지 서울의 후암장로교회 담임목사로 시무하면서 그 교회를 한국의 세계 선교를 위한 중심 교회로 발전시켰다. 후암교회는 해방 후 1946년에 북한에서 월남한 피난민들이 모여 살던 후암동 피난민 수용소에서 시작되었다. 창립 당시 담임목사는 같은 피난민 수용소에 있던 김예진 목사님이었다.

나는 1960년 유학이 끝날 무렵 후암교회의 목사로 청빙을 받았다. 부임하자마자 나는 후암교회의 창립목사가 내가 열일곱 살 되던 1941년에 입교식을 해주신 김예진 목사님이었다는 사실을 알고 나를 이 교회로 보내신 성령님의 부르심에 놀랐다. 김예진 목사님은 6·25 전쟁 중에도 피난을 가지 않고 끝까지 후암교회를 지키다가 인민군에게 총살을 당하셨다. 그분은 진정한 의미의 순교자였다.

교회는 불타버린 적산가옥을 임시로 뜯어고쳐 지은 허름한 가건물이었다. 지붕은 널판지로 덮고 그 위에 콜타르를 뿌려 비가 새지 않도록 했는데 비만 오면 이곳저곳에서 사정없이 비가 쏟아지던 허름한 교회당이었다. 그것도 적산가옥 임대료를 몇 해나 내지 못해서 거주권과 사용권이 없어진 가난한 교회였다. 교회 빚이 당시로서는 매우 큰 돈인 300만 원이 넘었고, 나에게 약속된 생활비는 8만 원이었는데 그것도 주일마다 모아지는 대로 얼마씩 주곤 하는 질서 없는 교회였다.

나는 이 교회를 '전도하는 교회', '선교하는 교회', '하나님의 복음의 청지기로서 충성스러운 교회'로 만들기로 결심하고 열심히 교회 갱신과 발전의 계획을 세웠다. 예배 참석 교인이 100여 명, 총 교인수가 150명 정도이던 작은 교회가 3년 후에는 350명의 교회로 성장했다. 그리고 밀렸던 교회 임대료를 완납하고, 정부에서 불하를 받아 교회의 기본 재산을 확보했다. 그리고 교회대지와 주변 땅 500

여 평을 사들여 교회 터를 넓혀나갔다.

부임한 지 2년 반만인 1963년 3월, 성전 건축을 시작했다. 교회 건축 기획은 나와 서울대학교 공대 건축과 출신의 건축 전문가 김정철(권사의 아들로 당시 학습교인이었고 교회 건축 후 집사로, 그리고 몇 년 후 장로로 장립을 받고 대한민국 대표적 건축가로 코트라와 코엑스, 인천공항 건설의 주역이 된 인물)이 함께 여러 달 동안 교회 건축 이론과 건물 구조를 연구하여 세웠다. 당시로서는 한국 최초의 성전다운 아름다운 교회를 착공한 지 9개월 만에 완공하였다.

이 새로운 성전으로 신도들이 모여들어 단번에 1,000여 명이 넘는 장년 신도들을 가진 교회로 급성장하였다. 나는 이 교회를 '모든 민족에게 전도하는 교회'로 만들라는 성령의 강권적인 부르심을 또 한 번 받고, 1964년 3월 '국제선교연구원'이라는 아시아 최초의 선교대학원을 설립하여 신학교 출신 10여 명을 첫 학생으로 받아들였다. 교회 부임 7년이 되는 1966년부터 1967년 말까지 한 해 동안 미국으로 선교학 연구를 위한 두 번째 유학을 떠났다. 나는 1년 동안 모교인 애즈베리 신학교 대학원과 버지니아의 아메리칸 대학교 교회행정연구소에서 선교학과 교회행정학 연구를 계속하고 귀국하였다.

나는 이어서 1968년 국제선교협력기구(Korea Evangelistic Inter-Mission Alliance/KEIMA)라는 선교단체를 조직하였다. 이 국제선교협력기구는 미국 선교지도자들의 제안으로 1970년부터 영어 이름 'Korea International Mission/KIM'으로 간단하게 부르게 되었다. 이것이 한국교회 최초의 초교파 신앙선교단체였다. 나는 1968년 이후 후암교회뿐만 아니라 선교운동에 동참하게 된 서울의 여러 교회에서 '세계선교부흥회'를 해마다 개최하도록 만들었다.

나는 후암교회에 부임한 다음 해인 1961년에 장로회총회신학교에서 선교학을 정규 필수과목으로 설치케 하고 이어서 감리교신학교와 성결교회의 서울신학교에서도 전도학과 선교학을 강의함으로써 한국 신학교에서의 선교학 교육의 창도자가 되었다.

나는 이어서 1964년 설립한 국제선교연구원(International School of Mission)을 1973년부터 동서선교연구개발원(East-West Center for Missions Research & Development)으로 확대 개편하여 비서구 세계 최초의 선교사 훈련과 연구기관으로 만들었다. 이 연구원은 1999년까지 1,500여 명의 아시아 선교지도자들을 배출하였다.

나의 선교학 연구는 캘리포니아 주 패서디나에 있는 윌리엄케리대학교로 이어졌다. 나는 그곳에서 랄프 D. 윈터 박사와 데일 W. 키츠맨 박사 밑에서 세계 선교 역사와 선교전략을 연구하고 국제개발학 철학박사(Ph. D. in International Development) 학위를 수여받았다.

### 다섯 번째 부르심: 서구 선교단체들과의 동반자 관계 형성을 위한 노력

나는 새롭게 일어나는 아시아 선교단체들의 지도력 개발을 위하여 서구 선교단체들과 동반자 관계 형성을 위한 꿈을 실현하려고 노력하였다. 이를 위한 나의 첫 번째 시도는 1968년 11월 5일부터 13일까지 싱가포르에서 개최된 '아시아태평양전도회의'에서였다. 나는 싱가포르에 있는 OMF 국제본부를 방문하여 국제본부 대표인 데니스 레인을 비롯한 간부들을 만나 한국 선교단체들의 선교사 훈련에 협력하여 줄 것을 제안하였다. 그러나 나의 이러한 제안은 잠깐 동안의 아주 짧은 대화 끝에 냉담하게 거절당하고 말았다. 그러나 낙심하지 않고 계속 아시아에서 선교하는 서구 선교단체들을 접촉하여 새로 일어나는 아시아 선교단체들과 협력할 것을 애원하였다.

나는 미국으로 건너갔다. 먼저 뉴욕에 있는 C&MA 선교본부를 찾아가 총무 루이스 킹을 만나 아시아에서 C&MA 중심 선교국인 베트남에 새로 들어가기 시작한 한국 선교사들과 C&MA 선교회와의 협력선교를 제안하였다. 루이스 킹 총무와 간부들은 나를 정중하게 영접하고 대화하기는 하였지만, 한 달 후에 돌아온 회답은 "우리는 아직 아시아 선교단체들과 동반자 관계의 협력을 고려하지 않고 있다"는 것이었다. 나는 계속해서 델라웨어 주의 월밍턴에 있는 세계장로회선교회 본부를 찾아가 선교 동반자 관계를 제안하였지만, 역시 그들도 받아들이지 않았다.

나는 일리노이 주 휘튼으로 가서 TEAM 선교회 본부를 찾았다. 나는 앞에 언급한 것처럼 TEAM 선교회가 1953년 한국에서 문서선교와 방송선교를 시작하려 하였을 때 그들의 생명의 말씀사 개설을 위한 한국 정부의 문화공보부 등록과 HLKX 방송국 개설의 정부 허가를 위하여 큰 도움을 주었었다. 그래서 TEAM 선교회만은 나의 동반자 관계 제안을 수용하리라고 믿었다. 그러나 나의 기대는 크게 빗나가고 말았다. 1968년부터 1969년까지 한 해가 넘는 오랜 기간의 노력은 실패로 돌아가고 말았다.

### 다섯 번째 부르심: 아시아 선교단체 간의 네트워크를 통한 동서 선교협력 노력의 성공

결국 나는 범아시아 선교단체 간의 네트워크를 먼저 형성하고 나서 서구 선교단체들과의 접촉을 계속하기로 결정하였다. 그리하여 1970년 아시아 12개국을 찾아가서 각 나라마다 선교지도자들을 만나기 위한 특별 순방여행을 시작하였다.

나는 먼저 일본으로 가서 핫도리 아키라 박사를 만났다. 그리고 홍콩으로 가서 디모디 자오 박사와 필립 탱 박사를, 대만에서 데이비드 랴오 박사를, 태국에서 윗첸 와따끼 차로엔 목사를, 싱가포르에서 찬두레이 감독을, 말레이시아에서 G. D. 제임스 박사를, 필리핀에서 그레그 팅슨 목사를 만났다. 그리고 나서 베트남으로 가서 돈반미엔 목사를, 인도에 가서 사무엘 카말레슨 박사와 데오도르 윌리엄스 목사를, 파키스탄에서 바지르 지완 감독을, 방글라데시에서 사부하스 생마 목사를 만났다. 이 사람들은 1960년대 아시아 선교운동의 중요 지도자들이었다.

이들은 모두가 한결같이 아시아 선교단체들의 네트워크 조성에 동참할 것과 상호간의 동반자 선교관계를 맺는 데 이구동성으로 찬성하였다. 우리는 마침내 1973년 8월에 한국 서울에서 '범아시아 선교지도자 컨설테이션'을 소집하자는 합의에 도달하였다. 나는 이 합의를 가지고 1971년 9월 미국 UFMA와 EFMA가 함께 그린레이크에서 개최한 하기선교대회에 참석하였다. 나는 그곳에서 1973년 8월 한국 서울에서 '범아시아 선교지도자 컨설테이션'을 개최한다고 광고하였다. 그리고 이 모임에 서구 선교단체 지도자들을 특별 객원 참가자로 초청한다는 공개 초청을 발표하였다. 다음과 같은 선교학 교수들과 IFMA, EFMA, 그리고 WEF 간부들 여덟 사람이 이 공개초청에 호응하였다.

풀러신학교 선교대학원 아더 글라서 박사, 랄프 D. 윈터 박사, 피터 와그너 박사, 달라스신학교 선교학 교수 조지 피터스 박사, IFMA 총무 에드윈 L. 잭 프리젠 박사, EFMA 총무 글라이드 W. 테일러 박사, WEF 국제총무 왈드렌 스캇 박사, WEC 미국본부의 아시아 총무

호레이스 S. 윌리엄슨 목사. 나는 이 여덟 서구 선교학자와 지도자들을 '범아시아 선교지도자 컨설테이션'에 특별 객원 참가자로 정식 초청하였다. 서구 선교지도자 고위층에 대한 초청으로 말미암아 아시아 선교지도력 개발을 위한 나의 동서(east-west) 간의 협력을 위한 노력이 크게 성공적으로 발전할 수 있게 되었다.

나는 1973년 8월 27일부터 9월 1일까지 한국 서울에서 개최한 '범아시아 선교지도자 컨설테이션'을 소집하고 그 회의를 주도하였다. 아시아 13개국으로부터 26명의 선교지도자들과 특별히 초청받은 네 사람의 서구 선교학자들과 IFMA, EFMA, WEF의 세 총무단, 그리고 WEC 선교회와 위클리프 성경번역선교회의 간부가 참석하였고, 한국에서 사역하는 서구 선교단체 대표 12명도 옵저버로 참석하였다. 컨설테이션은 '계속위원회'를 조직하고 다음과 같은 과업을 추진하도록 위촉하였다.

- 1974년 말까지 최소 200명의 새로운 아시아 선교사를 더 파송하도록 격려할 것.
- 아시아의 모든 나라마다 '선교단체협의회'를 조직하도록 격려할 것.
- 한국에 '동서선교연구개발원' 설립을 추진할 것.

계속위원회는 인도네이사 칼리만탄 섬과 태국 동북지역을 200명 선교사를 집중 파송할 대상 지역으로 선정하고, 1970년대 말까지 200명의 새 선교사를 파송하는 일을 포함하여 부과된 모든 과업을 성공적으로 달성하였다. 그리고 1974년 말까지 일본, 한국, 홍콩, 인도, 그리고 인도네시아 각 나라마다 '선교단체협의회'를 조직하였다.

나의 동서선교연구개발원 설립은 1973년 컨설테이션 직후 컨설테이션에 참석했던 네 사람의 선교학자들을 강사로 모시고 제1회 하기선교대학원을 개강함으로 시작되었다. 하기선교대학원에는 홍콩, 인도네시아, 인도, 필리핀, 말레이시아 등 5개국의 선교사 후보생들과 한국 선교사들을 합하여 67명의 학생들이 등록하였다.

나는 계속위원회의 총무로 아시아선교협의회(AMA) 창립총회 소집을 주도하여 1975년 8월 28일부터 9월 1일까지 서울의 아카데미 하우스에서 개최하였다. 아시아선교협의회 창립총회에는 방글라데시, 자유중국, 홍콩, 인도, 인도네시아, 일본, 한국, 말레이시아, 파키스탄, 필리핀, 싱가포르, 태국, 베트남 등 아시아 13개국 대표들과 네덜란드, 영국, 독일, 미국 등 서구 4개국 대표들이 협동대표로 참석하였다.

AMA 창립총회는 총회 마지막 날 순복음중앙교회에서 선교대회를 열고 '기독교 선교에 관한 서울선언' 을 1만 여 명의 신도들 앞에서 선포하였다. 이 '서울선언' 은 1966년 미국 교회의 '휘튼선언' 과 1970년 독일 신학자들의 '프랑크푸르트선언' 과 짝을 이룬 기독교 역사상 최초의 아시아인들의 '선교선언' 이었다. 범아시아 선교 네트워크로서의 AMA는 1975년 이래 신속하게, 그리고 아주 폭넓게 아시아를 넘어 아프리카와 라틴아메리카에 영향을 끼쳤다.

1978년 싱가포르에서 개최한 제2회 AMA대회에 초청받은 아프리카 나이지리아 복음선교회 총무 판야 바바 목사는 AMA대회에서 돌아가 그

다음 해에 즉시 나이지리아 복음주의 선교협의회를 조직하였다. 1982년 서울에서 개최한 제3회 AMA대회에 초청받았던 브라질 안디옥선교회 회장 조나단 산토스 목사는 귀국 즉시 브라질 외국선교단체협의회 창립을 서둘러 1983년에 창립총회를 소집하였다. 1986년 제4회 AMA대회는 태평양을 건너 미국 캘리포니아 주 패서디나에서 개최하면서 아프리카와 라틴아메리카 대표 수십 명을 초청하고 '제삼세계선언'을 발표하였다. 그리고 1989년 5월 미국 오레곤 주 포틀랜드에서 제삼세계 선교협의회를 창립하였다. 이 조직은 AMA가 주도하여 이루어낸 아시아, 아프리카, 라틴아메리카 세 대륙 간의 '세계선교 네트워크'이다.

이와 같은 나의 세계선교 네트워크에 대한 대모험에 많은 서구 선교지도자들이 크게 주의를 기울이기 시작했다. 나는 빌리 그레이엄에게서 미국 조지아 주 애틀랜타에서 모이는 스위스 로잔에서 개최할 '세계복음화를 위한 국제대회' 준비회의에 참석해 달라는 초청을 받았다. 뿐만 아니라 이 로잔대회 준비위원회 셋째날 의장으로 선출되는 영광을 누리기까지 했다.

1974년 나는 로잔 세계복음화대회 전체회의에서 선교전략에 관한 강사로 지명되었다. 나는 이 대회에서 '새로운 세계를 위한 선교구조의 갱신'이라는 주제의 강연을 하였다. 이 강연에서 나는 "서구 세계의 선교만으로의 일방적 선교에서 동과 서가 함께하는 쌍방선교로 돌아서야 한다"고 강조하였다. 또 "세계의 동과 서에는 쌍방이 모두 선교자원과 선교의 필요가 함께 있다"고 강조하였다. 또 "선교인력의 생성과 투입을 극대화하기 위하여 동과 서가 함께 손을 잡고 선교의 가용자원과 선교가 필요한 지역을 연구하고 분석해야 한다"고 강조했다. 그리고 "이 길만이 동과 서, 세계의 양쪽으로부터의

'선교의 새 세력'의 생산과 훈련의 창출을 극대화시킬 수 있는 길" 이라고 강조했다.

1974년에 계속하여 스위스 샤도데이에서 모인 세계복음주의협의회(WEF) 총회는 새로운 국제선교위원회를 조직하기 위한 〈3인 준비위원회〉를 구성하면서 나를 유일하게 제삼세계를 대표하는 위원으로 선정하여 선출하였다. 나는 1975년 8월 WEF 선교위원회 창립 회의를 서울에서 모일 수 있도록 주도하였다.

### 일곱 번째 부르심: 국제적 선교학 교수 사역

1979년부터 미국 캘리포니아 주 패서디나에 있는 윌리엄케리 국제대학교의 교수로, 오레곤 주 포틀랜드의 웨스턴 신학교 교수로, 또한 풀러신학교 선교대학원 방문교수로 봉사하였다. 그리고 1988년 5월 '제삼세계 선교지도자 컨설테이션'을 미국 오레곤 주 포틀랜드에 소집했다. 그 결과로 다음 해인 1989년 5월 제삼세계선교협의회(TWMA)가 창립되었다. 나는 창립회장으로 선출되어 1995년까지 회장으로서, 제삼세계 선교네트워크를 발전시켰다. 또 1988년부터 4년마다 미국 일리노이 주 휘튼 대학에서 개최하는 '한인세계선교대회' 주제강사로 계속 초청되었다. 그리고 1976년 이후 휘튼 대학 대학원, 무디성경학교, 트리니티 신학교 선교대학원, 웨스터민스터 신학교, 달라스 신학교, 리폼

드 신학교 등 미국에 있는 여러 신학교와 선교대학원의 초빙강사로 활동했다.

## 일곱 번째 부르심: 민족통일을 위한 '평화와 화해' 선교활동

1989년부터 2000년까지, 나는 24회에 걸쳐 북한을 내왕하며 민족화해와 평화통일선교, 그리고 북한 땅에 그리스도의 교회사역의 길이 열리도록 활동을 전개했다. 1992년 4월부터 1994년까지 조선인민공화국 주석 김일성은 세 번이나 그의 주석궁에 나를 초청하여 미국과의 화해의 길을 위한 대화를 하였다. 그 결과로 나는 1991년 6월 북한의 전 UN대사 한시해 등 일행을 미국으로 초청하여 지미 카터 대통령을 만나게 하고, 김일성 주석의 초청을 전달하게 하였으며, 빌리 그레이엄 목사를 접촉하도록 하였다. 마침내 1993년, 빌리 그레이엄과 지미 카터 대통령은 평양을 방문하여 김일성 주석과 회담하게 되었다.

김일성 주석은 김일성종합대학교에 종교학과를 신설하고 나를 방문교수로 임명하였다. 나는 기독교신학, 성경주석, 기독교 역사 등 각종 기독교 서적 2,570권을 김일성종합대학교 도서관에 정식으로 기증하고, 120명의 대학교수들 앞에서 도서기증식 기념강연으로 '민족과 교회'라는 주제로 발표했다. 그리고 평양 봉수교회와 칠골교회에서 1989년부터 1999년까지 한 해에 두 번씩 설교했으며, 평양신학원 방문교수로 봄과 가을에 강의를 했다.

## 2000년 이후의 부르심

2000년부터 2003년까지 나는 러시아의 수도 모스크바에 러시아 기독교지도력개발원을 설립하고 신학교육을 받지 못한 러시아 목회자들을 3년 동안 교육하였다. 나는 이 개발원 출신 목사들을 중심으로 '러시아 기독교 모스크바대회(synod)'를 조직하여 정부에 등록하게 하였다. 2003년 9월 제8회 AMA대회를 모스크바에서 개최하여 구 소련연방에 속하였던 CIS 15개국의 교회지도자 100여 명이 참석하게 하였다. 또 이 대회에서 아시아선교학회(ASM)가 조직되었고 풀러선교대학원 박기호 교수가 회장으로 선출되었다. 2006년 11월에는 제9회 AMA대회를 소아시아 에베소에서 개최하였다. 2004년 6명의 동서선교연구개발원 출신 젊은 신학자들이 서울에 모여 조동진선교학연구소 설립을 결의하고 '세계선교역사박물관' 건립준비위원회를 구성하였다. 또한 1973년 설립되어 1999년에 활동이 중단된 동서선교연구개발원을 다시 개원할 수 있도록 하기 위하여 박기호 박사를 제2대 원장으로 선출하였다. 1945년 12월 내가 부르심을 받은 지 반 세기를 훌쩍 넘어선 2000년 이후에 전개한 이 모든 새로운 사역은 아시아의 선교운동이 초기 기독교 선교시대와 그 뒤를 이은 전통적 서구 선교의 시대를 넘어, 성경적 선교원리를 회복 계승한 선교운동이다. 또 사도적 선교방법으로 돌아가기 위한 운동으로 발전되기를 바라는 나의 후학들에 의하여 계승된 21세기 새 시대를 위한 선교운동이다.

# 그곳으로 가라!

전재옥

나는 1961년 10월 31일부터 1977년까지 두 번의 안식년을 포함하여 16년간 이화여자대학교 파송 파키스탄 주재 선교사로 사역하였다. 파키스탄의 피곳여자고등학교에서 영어와 성경을 가르치고, 주일학교 교사반에서 아이들을 가르쳤다. 또 소그룹 성경공부를 인도하였으며, 교회 평신도들을 양육하였다. 그리고 United Bible Training Center에서 교수사역을 하였고, 카라치 신학원에서 평신도들을 육성하였으며, 파키스탄 복음주의 기독교 학생회 사역을 하였다.

귀국 후에는 이화여자대학교에서 기독교학과 교수로 봉직하면서 이슬람 연구소를 세워 이슬람권 선교연구를 해왔다. 현재 횃불 트리니티 신학대학원 대학교(TTGST) 부설 한국이슬람연구소(TTCIS) 소장 및 한반도국제대학원대학교(KUIS)의 석좌교수로 사역하고 있다.

# 그곳으로 가라!

전재옥

나는 1961년 10월 31일부터 1977년까지 두 번의 안식년을 포함하여 16년간 이화여자대학교 파송 파키스탄 주재 선교사로 사역하였다. 파키스탄의 피곳여자고등학교에서 영어와 성경을 가르치고, 주일학교 교사반에서 아이들을 가르쳤다. 또 소그룹 성경공부를 인도하였으며, 교회 평신도들을 양육하였다. 그리고 United Bible Training Center에서 교수사역을 하였고, 카라치 신학원에서 평신도들을 육성하였으며, 파키스탄 복음주의 기독교 학생회 사역을 하였다. 귀국 후에는 이화여자대학교에서 기독교학과 교수로 봉직하면서 이슬람 연구소를 세워 이슬람권 선교연구를 해왔다. 현재 횃불 트리니티 신학대학원 대학교(TTGST) 부설 한국이슬람연구소(TTCIS) 소장 및 한반도국제대학원대학교(KUIS)의 석좌교수로 사역하고 있다.

### 출생과 성장

나는 1938년 10월 31일 강원도 횡성군 공근의 한 불교 집안에서 3남 4녀의 막내로 태어났다. 위로 오빠가 세 명, 언니가 세 명 있다. 아버지는 공근공립초등학교의 교장으로 근무하셨다. 나는 공근초등학교의 교정을 아버지와 함께 걷기도 하였고, 학교 교정에서 자전거를 탄 기억도 난다. 아버지는 나에게 서예도 가르쳐 주셨고, 《사서오경》도 문갑에서 꺼내어 읽어 주시곤 하셨다. 그리고 아침이면 머리를 빗겨 주시고 연필을 깎아 주신 인자한 아버지셨다. 종종 온 가족이 냇가에 나가 고기를 잡고, 매운탕도 끓여먹던 즐거운 모습이 여섯 살까지 공근에서의 삶이다. 8·15 해방 직전, 그러니까 내가 여섯 살이 되었을 때, 우리 가족은 강릉으로 이사를 하게 되었다. 아버지께서는 강릉의 옥천초등학교, 강릉공립초등학교에서 교장으로 계시다가 한국전쟁이 발발한 해인 1950년에 위질환으로 돌아가셨다. 아버지는 교회에 다니지 않으셨지만, 평양 신학교에서 신학을 공부하시고 감리교 교회 목사가 되신 고모가 신학교에 다니도록 도와주셨다.

어머니는 마흔두 살에 막내딸인 나를 낳으시고, 나에게 특별한 사랑과 관심을 쏟으셨다. 그런데 어머니는 아버지보다 일찍 1946년에 내가 아홉 살 때 둘째 오빠의 결혼 준비로 바쁘게 일하시다가 갑자기 뇌출혈로 돌아가셨다. 어머니는 할아버지께 물려받은 자산을 관리하고 운영하는 능력을 가지셨던 분이다. 나는 어머니의 모습부터 행동거지, 일 처리 방식까지 형제 중에서 어머니를 가장 많이 닮았다고 하는데 어머니에 대한 기억이 별로 없다.

부모님이 돌아가신 후 나는 성장기의 대부분의 시간을 언니들의 보살핌을 받고 자랐다. 아버지는 자녀 모두를 동등하게 대해 줬으며, 남아 선호 사상 같은 것은 없었다. 학교 교육, 식탁, 언어 등에서 남녀 차별이 전혀 없었다. 그리스도인은 아니셨지만 조용하고 엄한 부모님과 형제 자매들 속에서 나는 정신적으로나 육체적으로 건강하게 성장할 수 있었다. 하지만 고등학교를 졸업하던 열아홉 살 때까지 복음을 듣거나 성경을 읽을 기회는 없었다. 그러나 성장기에 부모님에게서 받은 가르침과 사랑은 나의 삶을 지탱해 주는 보이지 않는 힘이 되었다.

### 학력과 경력

나는 숙명여자고등학교를 나와(1953-1956), 이화여자대학교 인문대 영어영문학과를 졸업하였으며(1956-1960), 이화여자대학교 기독교학과 대학원에서 공부하였다(1960-1961). 선교지 파키스탄에 도착하여 1961년부터 1965년까지 파키스탄 머리 언어학교(Murree Language School)에서 파키스탄 국어인 우르드언어를 공부하였으며, 1965년부터 1966년까지 영국 All Nations Christian College(전 Mount Hermon College)에서 공부하였다. 그리고 1966년부터 1969년까지는 London Bible College와 University of London에서 신학공부를 하였다. 안식년 기간인 1974년부터 1975년까지는 미국 패서디나 소재 풀러 신학교 선교대학원에서 신학석사 과정을 공부하였고, 1975년부터 1977년까지 동대학원에서 선교학 박사 학위 과정을 공부하였다. 그리고 2003년 런던 Brunel University에서 명예 신학 박사 학위를 받았다.

1961년부터 1974년까지 이화여자대학교 파송 파키스탄 주재 선교사로 봉직하였고, 1970년 9월부터 1971년 8월까지 이화여자대학교 기독교학과에서 시간 강사로 가르쳤다. 1977년 3월부터 1978년 2월까지 동대학에서 기독교학과 전임강사로 가르쳤고, 1978년 3월부터 1983년 2월까지 기독교학과 조교수로 학생들을 가르치는 일을 하였다. 1978년 3월부터 1981년 2월까지 해외학생 지도교수실장으로 봉직하였고, 1978년 3월부터 1981년 2월까지는 학생지도위원회 위원으로 학생들의 생활지도연구소 운영위원회 위원으로 사역하였다. 1981년 3월부터 1982년 8월까지는 기독교학과 과장으로, 1981년 9월부터 1984년 8월까지는 국제하기대학 담당교수로 봉사하였다. 그리고 1983년 3월부터 1988년 2월까지 기독교학과 부교수로, 1984년 9월부터 1988년 8월까지 기독교학과 과장으로 섬겼다. 1988년 3월부터 1990년 2월까지 이화여자대학교 교육대학원 학사 지도교수로, 1988년 9월부터 2004년 2월까지 기독교학과 교수로, 1990년 3월부터 1992년 2월까지 교육대학원 학사지도교수를 다시 하게 되었다. 또 1989년 3월부터 1993년 8월까지 기독교학과 과장으로, 1995년 3월부터 1996년 2월까지 학생지도 연구소 상담교수로, 1996년 3월부터 1997년 2월까지 신학대학원 설립준비위원회 위원으로 섬겼다. 그리고 1996년 8월부터 현재까지 다락방전도협회 사무총장으로 섬기고 있고, 2000년 2월부터 2004년 2월까지 신학대학원 원장으로, 2002년에 전국 신학대학원 협의회 목사안수위원회로부터 목사 안수를 받았다. 2004년 2월부터는 이화여자대학교 명예교수로 봉사하고 있다.

국내활동으로는 1980년부터 다락방전도협회 이사로, 1980년부터 1997년까지 OMF(Overseas Missionary Fellowship) 이사로 봉직하였다. 1980년부터 1999년까지는 KEF(Korea Evangelical Fellowship) 중앙위원으로 봉사하였으며, 1986년부터 현재까지 KIVCF(Korean Intervarcity Christian Fellowship) 이사로 섬기고 있다. 또 1986년부터 현재까지 GMTC(Global Missionary Tranining Center) 실행이사로 섬기고 있다. 1989년부터 1991년까지는 한국복음주의선교학회 회장으로 섬겼고, 1990년부터 현재까지 한국 LCWE 위원으로, 1991년부터 1992년까지 KAATS(Korea Accredited Association of Theological Seminaries) 회장으로 섬겼다. 그리고 1991년부터 현재 횃불 재단 이사로, 1992년 9월부터 2004년 1월까지 한국이슬람연구소 이사장으로 섬겼다. 또 1994년부터 1997년까지 한국선교신학회 회장으로 섬겼으며, 1995년부터 현재까지 한국인터서브선교회 자문위원으로 봉사하고 있다.

2006부터 현재까지 이화여자대학교·다락방전도협회 사무총장으로, 1997년부터 현재까지 횃불트리니티 신학대학원 이사와 SIM (Society of International Mission) 고문으로, 2002년부터 현재까지 전국신학대학교협의회 소속 목사로, 2002년부터 2004년까지 KWMA (Korea World Mission Association) 부회장으로, 2004년부터 현재까지 KWMA 공동회장으로, 2004년부터 2007년까지 한국이슬람연구소 소장으로 섬겼다. 2006년부터 현재까지 한반도국제대학원 대학교 석좌교수로 일하고 있고, 2007년부터 현재까지 토취-트리니티 신학대학원대학교 한국이슬람연구소 소장으로 섬기고 있다.

국제활동으로는 세계 복음주의 연맹 선교분과위원회 총무로 (1976-1979), 세계 복음주의 연맹 중앙위원으로(1979-1989), 로잔 세계복음화위원회 국제중앙위원으로(1979-1986), 에든버러 대학교 선교연구소 연구교수로(1988-1989), 다시 로잔 세계복음화위원회 국제중앙위원으로(1990-1996), 국제 선교연구협회 회장으로(1996-2000), 국제 복음주의 학생회 실행위원으로(1996-2003), 국제 복음주의 학생회 부회장으로(2003- ), 예일대학교 신학대학 연구교수로(2004), OMSC 초빙교수로(2004), 그리고 Midwest Theological Seminary 초빙교수로(2005) 섬겼다.

### 개종과 헌신

나는 1956년 이화여자대학교 영문과 입학을 계기로 그리스도인이 되었고, 선교사로 부르심을 받았다. 채플에 참석하고, 성경을 접하면서 대학 1학년 재학 중이던 1956년에 직계 가족 가운데 처음으로 세례를 받았다. 그 이후 대학에서 드리는 정기적인 대학 채플과 '기독교와 문화' 과목과 신앙 강조 기간 등에 참석해 들은 강연들을 통해 그리스도인으로 살 것을 결심하고 주님을 따르는 데 결정적인 변화들을 경험하였다. 당시 이화여자대학교에 신앙부흥운동이 크게 일어나 나와 함께 세례를 받은 학생수가 무려 527명이다.

### 선교사로의 부르심

이화여자대학교 김활란 총장은 '여성과 직업'이라는 수요 특강을 통해서 이화의 여성들이 받은 교육과 복음에 대한 책임의식과 선교를 위한 특별한 사명을 부여받았다는 확신을 심어주었다. 나는 진로에 대하여 깊은 생각에 잠기던 중 4학년 1학기 말 대강당 채플에서 총장 김활란 박사로부터 삶의 진로를 결정짓는 한 얘기를 듣게 되었다. 그 내용은 김 총장이 제네바에서 개최한 IMC(International Missionary Conference)에서 파키스탄의 카라치 교구의 찬두레이 주교를 만났는데 이화여자대학교에서 일어난 놀라운 신앙운동을 말했더니 그가 "신앙부흥의 증거가 뭐요? 그런 일꾼이 파키스탄에 나와서 선교활동을 해주십시오"라고 요청해왔다는 것이다. 그 설교를 듣는 순간 나는 "그곳으로 가라"는 소명으로 받아들였다. 파키스탄의 상황이 나 자신을 필요로 한다거나 또는 내가 무엇을 이루겠다는 치밀한 준비에서 그곳으로 가겠다고 한 것이 아니라 알지 못하는 곳으로 가라고 하는 강한 의식이 있었고 마음속에서 일어난 어떤 움직임에 대해 순종했을 뿐이다.

파키스탄은 '파크(거룩한)'라는 말과 '스탄(땅)'이라는 말의 합성어로 '거룩한 땅'을 의미한다. 당시 파키스탄은 서파키스탄과 동파키스탄(지금의 방글라데시)으로 나뉘어 있었다. 파키스탄은 1947년까지 인도 땅이었는데 힌두교국인 인도에서 이슬람 공화국이 독립하여 새 국가를 세운 것이다. 당시 파키스탄에 거주하고 있던 서양 선교사들은 270명 가량 되었는데 아시아 선교사로서는 나와 이화여자대학 친구들인 조성자, 김은자 선교사밖에 없었다. 뿐만 아니라 당시엔 한국과 국교관계가 형성되지 못한 시절이라 한국인으로 체류증을 받은 것도 처음이었다. 당시 파키스탄 전 인구의 1.5%였던 그리스도인들은 그들의 모슬렘 이웃을 어려워했고 심지어 목회자들까지도 모슬렘들이 기독교로 개종하는 것을 생각하지 않는 듯하였다. 서로 옆집에 살면서도 기독교와 모슬렘은 종교적으로, 문화적으로 넘을 수 없는 담을 가운데 두고 살았다.

### 선교사로 나가기 전의 훈련

1959년 당시 한국의 현실은 다른 나라로 선교사를 보낸다는 것은 상상할 수 없었던 일이었다. 나는 대학을 졸업한 후, 이화여자대학교 대학원에서 신학을 공부하면서 도서관에서 파키스탄에 대한 정보를 찾아보고 우르두어를 읽는 법을 배우면서 선교사의 길을 준비하였다. 또한 '금란 전도대'를 이끄셨던 김활란 총장을 따라 도시와 농어촌의 가난한 사람들을 섬기는 것을 배우며 헌신, 위탁, 충성심과 같은 사역자로서의 삶과 가치관에 대한 깊은 변화들을 경험하였다. 선교사로 나가기 전의 훈련은 대학을 졸업한 후 이화여자대학교 대학원에서 3학기 신학을 수학하고, 도서관에서 파키스탄에 관한 정보를 찾아 알아두는 것이 전부였다.

### 파송과 후원

김활란 총장의 배려로 파키스탄 연합교회에서 초청장을 받았다. 그리고 1961년 10월 31일 생일에 이화여자대학교와 한국 감리교를 통해 한국 최초의 해외 파송 여성선교사가 되어 파키스탄으로 떠났다. 김활란 총장의 배려로 우선 감리교단의 공식선교사로 그리고 이화여자대학교의 전적인 후원으로 파송을 받았다.

처음 파송 당시 해외여행을 할 때 가지고 나갈 수 있는 금액이 20불이었는데 선교비로 30불을 받았으며 이는 당시 파키스탄 사역자들이 받는 액수와 같았다. 함께 사역하던 서양 선교사들의 선교비와는 비교가 되지 않았으나 감사하였다. 하나님의 일은 하나님이 하신다는 김활란 총장의 영향으로 재정에 대한 염려는 하지 않았다. 선교비 후원 방법은 한국과 파키스탄이 국교가 수립되지 않았으므로 직접 선교비 송금을 받을 수 없어서 미국으로 보냈다가 파키스탄 연합교회의 감독 레이 목사의 통장으로 입금시키는 방법을 사용하였다. 교회로부터의 후원은 전혀 없었고 이화여자대학교로부터 전적인 재정 후원을 받았다.

### 언어와 문화습득

나는 언어습득과 현지문화에 대한 적응에 있어서 배우려는 자세를 계속해서 견지하였다. 언어습득은 곧 그들의 풍습을 함께 습득하는 것이며, 이는 선교지 사람들을 마음으로 받아들이고 그들과 같은 생활을 할 때 배울 수 있다고 보았다. 또한 언어를 배우는 것은 그 언어를 쓰는 현지인들을 좋아하고 그 문화를 존중하는 것이라고 생각했다. 나의 주요 사역은 가르치는 일이었기 때문에 선교 초기부터 우르두어를 배우는 데 집중하였고, 한국어를 사용을 기회가 거의 없었다. 이로 인해 선교사로서의 현지 적응과 사역을 자유롭게 할 수 있는 기반을 만들 수 있었다.

나는 우르두어를 열심히 배우고 현지 고등학교에서 교사로 일해서 약 5년 동안 한국어를 거의 사용하지 않았을 뿐 아니라 사용할 기회도 없었다. 이국에서의 생활이 처음에는 매우 힘들기도 하였지만 실제로는 계속하여 선교사로서 사역하는 데 아주 좋은 시작이었음을 살아가면서 깨달았다. 오히려 조금 힘들고 어려운 과정들을 잘 이겨낸 기쁨이나 보람 때문에 선교지에서의 삶이 나름대로 다 승화된 것 같다. 현지인들을 해롭게 하지 않고 그들을 향한 깊은 사랑과 진심 어린 삶이 많은 부분을 자유롭게 하였으며, 그런 생활의 자세들이 많은 유익을 주었다. 서구 선교사들이 1년에 한 번씩 모여서 우르두어 시험을 치렀는데 2년차를 단 한 번에 치르고 1등을 차지하여 잘 알려지지 않은 나라 한국에서 온 선교사가 우수한 언어 실력을 보였다며 많은 격려와 위로가 있기도 하였다.

### 선교사로서의 사역

나의 일행은 1961년 10월 31일 파키스탄의 카라치 국제공항에 도착했다. 그곳에 마중 나온 사람은 카라치 교구의 주교인 찬두레이 박사였다. 처음 나의 사역은 한국과 한국교회에 대해서 소개하는 일이었다. 첫 사역지는 싸카 세인트 세이비어 학교의 교사로 사역하는 것이었다. 그곳은 우르두어를 사용하는 지역으로서 기독교 학교가 세워졌으나 그리스도인 교사가 부족하여 운영이 어려운 곳이었다. 그곳에서 조성자 선교사는 유치원 아이들을 지도했고, 김은자 선교사와 나는 영어반에서 가르쳤다. 그곳에서 우리의 일과는 우르두어를 배우고 하루 3시간은 여자고등학교 학생들의 영어반에서 가르치는 일이었다. 나는 몇 달 후 하이드라바드로 옮겨가게 되었다. 그곳 주교가 현지 총무 역할을 해주어서 우리는 그의 지도를 받았다.

앞에서 언급한 것처럼 나는 1961년부터 1964년까지 고등학교에서 영어를 가르치고, 교회에서 그곳 피콧여자고등학교의 여교사들과 함께 주일학교를 만들고 그 지역 사람들과 교류하면서 소그룹으로 성경공부를 인도하였다. 그러나 언어습득 외에 아무것도 이루지 못한 것을 걱정하면서 기도하던 나는 1965년 안식년을 얻어 영국의 All Nation Christian College와 London School of Theology(전 LBC)에서 공부한 후 1965년 다시 파키스탄으로 돌아왔다. 2차 사역으로 주로 한 일은 현지인 교회 내의 평신도 양육이었다. 푼잡 지역 구즈란왈라의 유일한 여성 신학기관인 United Bible Training Center에서 6개월간 교사 사역을 하다가 찬두레이 주교의 요청으로 씬드 지역에 있는 카라치 교구에서 신학원을 세우게 되었다. 1970년 안식년을 얻어 이화여자대학교에 돌아와 1년간 기독교학과에서 강의하다가 세 번째 선교지로 돌아가 교회 평신도들을 육성하는 시스템으로 카라치 신학원(Karachi Institute of Theology)을 설립하여 서양 선교사와 현지인 사역자와 함께 팀 사역을 하였다. 계속적인 사역을 위하여 이화여자대학교에 사역자를 보내달라고 요청하였으나 그것이 현실로 열매를 보이지 않았다. 1977년에 한국으로 돌아와 이화여자대학교 기독교학과 교수로 봉직하면서 이슬람 연구소 소장으로서 계속 이슬람권 선교사 후보생들을 육성하고 있다.

### 선교방법 및 선교관

흔히들 모슬렘 선교를 어렵게만 생각하는 경우가 있는데 나는 특별히 어렵다거나 힘들지 않았다. 파키스탄에 도착할 당시 현지 선교사들과 현지인들의 환영 속에서 안정감과 주님의 부르심에 대한 내적 확신을 깊이 가졌다. 선교사역은 내가 가장 하고 싶어서 하는 것이었고, 나에게 가장 맞는 길이요, 기쁜 길이라고 생각하였다. 또한 그리스도의 일꾼으로 내적 환영을 받는다는 것은 곧 선교하는 자가 만나는 사람은 누구든지 환영할 수 있는 근거를 가진다고 확신하였다. 내가 모슬렘 선교를 어렵게 여기지 않은 또 다른 이유는 내가 현지인들에게 배우는 자세로 임하였기 때문이다. 나는 파송 당시부터 계속 학생들을 가르치는 사역을 하면서 배우는 것과 가르치는 것을 같이 했다. 무엇보다 성육신적인 자세로 그들과 함께 생활하며 삶을 나누었으며 그곳 사람들에게 거북스런 사람이 되지 않고 친근한 이웃이 되었다.

파키스탄 선교를 하기 위해서는 선교사로서 수준이 높은 사람이야 하고, 섬기는 교회가 인정을 하고, 그를 가르친 교수나 그를 인도

한 지도자가 인정을 하는 사람이어야 한다고 생각한다. 몸과 마음이 건강한 사람, 날마다 기도와 말씀 묵상을 통해 경건 훈련을 하고, 날마다 하나님께 묻고 생활하는 사람이어야 한다고 생각한다. 또한 파송받기 전에 선교 공동체 경험을 하는 것이 중요하다. 선교사는 한국에 머무는 준비 기간 동안 자신이 무슨 사역을 할 것인지 자신이 할 일을 분명히 아는 사람이어야 한다고 본다. 그리고 효과적인 선교 사역을 위해서 선교단체의 지도자는 최소한 10년 이상 선교지로부터 좋은 평가를 받으며 사역하고 돌아온 선교 유경험자들이어야 한다고 생각한다.

# 너희 몸을 하나님이 기뻐하시는 거룩한 산 제물로 드리라!

박광자

"나의 갈 길 다가도록 예수 인도하시니 그의 사랑 어찌 큰지 말로 할 수 없도다!"
나는 재일교포로서 전 중국 산둥성 주재 고 김순호 선교사의 일본에서의 첫 번째 안식년의 열매 중 하나이다. 고 김순호 선교사는 최초 한인 독신 여성 선교사이셨고 순교자이시다. 그녀는 안식년 기간에 나고야에 오셔서 재일교포들을 위한 전도집회를 인도하셨다. 나의 모친은 그의 크고 분명한 음성과 우아한 품위, 그리고 뜨겁고 간절한 '오직 예수!' 메시지에 은혜와 감동을 받았다. 그와 작별하면서 모친은 딸을 주시면 그를 김순호 선교사와 같은 선교사로 양육하여 바치기로 나고야 기차역에서 하나님께 서원하셨다.

HERE I AM, SEND ME, LORD!

# 너희 몸을 하나님이 기뻐하시는 거룩한 산 제물로 드리라!

박광자

"나의 갈 길 다가도록 예수 인도하시니 그의 사랑 어찌 큰지 말로 할 수 없도다!"

나는 재일교포로서 전 중국 산둥성 주재 고 김순호 선교사의 일본에서의 첫 번째 안식년의 열매 중 하나이다. 고 김순호 선교사는 최초 한인 독신 여성 선교사이셨고 순교자이시다. 그녀는 안식년 기간에 나고야에 오셔서 재일교포들을 위한 전도집회를 인도하셨다. 나의 모친은 그의 크고 분명한 음성과 우아한 품위, 그리고 뜨겁고 간절한 '오직 예수!' 메시지에 은혜와 감동을 받았다. 그와 작별하면서 모친은 딸을 주시면 그를 김순호 선교사와 같은 선교사로 양육하여 바치기로 나고야 기차역에서 하나님께 서원하셨다.

그 기차역에서 서원한 지 4년 후 내가 태어나자 부모님은 모친의 서원대로 이름을 광자(먼저는 빛의 자녀 되고 다음으로는 복음의 빛의 사자 되거라!)라고 지었다. 태어나기 전부터 나는 모태 신앙인이요, 모태 선교사였다. 우리나라 독립 후 어릴 때 나는 부모를 따라 한국에 가서 초·중·고와 신학 공부를 마쳤다. 도미 유학 후 20대 후반에 나는 인디애나 주 소재 선교기관 산하 남미 브라질 북부 적도 부근 아마존 강 유역에서 사역하는 선교사가 되었다. 현지 선교사로서의 두 번째 안식년 후 나는 나성 영락교회의 교육부와 선교부 전담 교역자로 16년간 이민교회에서 목회하였다.

풀러신학교 선교대학원에서 선교학 박사 학위를 취득한 후 나는 동대학원의 객원교수로 선교 지도자들을 교육하는 사역과, 국제선교기관 오씨 인터내셔널의 국제사역팀원의 일원으로서 국제 사역과 북미주 한인교회 선교 동원 사역을 하였다. 선교사를 보내는 1세 교회와 교계지도자들을 위한 선교교육과 선교사로 나가는 2세 선교사들을 위한 헌신자 발굴, 양성, 파송과정을 돕는 선교 동원사역이었다. 그리고 아시아인 선교학회(Asian Society of Missiology) 임원으로서 동료 아시안인 선교학자들과 함께 연구, 출판, 컨설팅, 선교교육 사역 등 다채로운 선교사역을 하였다.

이제 나는 나의 여생을 내가 출생하였고 어린 시절을 보낸 일본을 위하여 헌신하고 있다. 일본을 위한 나의 선교 전략은 이곳 남가주 캠퍼스에서 유학중인 일본인 유학생 복음화이며 제자도 훈련이다. 일본으로 귀국한 그들을 통해서 일본 전역에 교회를 세우는 것이 목적이다.

### 출생과 성장

나는 제2차 세계 대전이 진행중이던 1940년 11월 26일 일본 나고야에서 부친 박웅이와 모친 최상례의 2남 1녀 중 둘째로 태어났다. 일본인 장로교단 목사 도이다 도요하루 목사에게서 유아세례를 받았고, 나고야 히가시구 장로교회에서 자랐다. 부모님은 후에 교회의 기둥 같은 장로와 권사로 주님을 섬기셨다. 오빠 박웅헌은 현재 교회 집사로, 그리고 동생 박웅기는 목사로 사역하고 있다.

어릴 때 부모님과 함께 한국 독립 후 귀국을 희망하는 그리스도인 재일교포들과 함께 미군이 마련해 준 배편으로 시모노세키를 떠나 부산항구에 도착했다. 귀국 이후 한국에서의 삶은 가난했고 어려웠다. 그러나 영적으로는 부요한 가정이었다. 교회 중심의 신앙생활은 물론 매일 가정예배를 드렸고, 항상 하나님의 말씀과 찬송과 기도와 감사, 그리고 기쁨의 생활이 끊이지 않았다. 부친의 손에서는 성경책이 떠나지 않았고, 성경 암송을 많이 하셨다. 부친은 사랑이 넘치는 자비한 분이셨다. 반면 모친은 자녀들을 엄격하게 키웠다. 그들의 영적 유산을 풍부히 받은 나도 어릴 때부터 성경 말씀을 좋아하며 항상 미소와 감사가 넘쳤고, 늘 주님을 의지하며 말씀에 순종하는 경건한 삶을 추구해왔다.

### 선교사로의 소명과 헌신

가정(부모)과 교회와 학교(기독교 사립학교 : 미션스쿨), 이 세 곳이 오늘의 나, 선교사로서의 소명감과 헌신을 가지도록 도와주었다. 부모님의 서원과 소원, 그리고 그들의 기도와 적극적인 지원이 내게는 가장 축복된 도움이 되었다. 중·고등학교(광주 수피아) 시절에 만난 독신 여선교사님들의 생애와 사역 때문에 나의 헌신도는 날로 깊어만 갔다. 잊을 수 없는 채플 시간이 있었다. 유화례 교장의 부친의 추모예배였다. 미국에서 장례식이 있었는데 장례에 참예하지 못하신 분이 오히려 "내 주 되신 주를 참 사랑하고…… 이전보다 더욱 사랑합니다!"라고 피아노를 치면서 주님께 사랑의 고백을 드릴 때 나는 눈물을 흘리면서 기도했다. 교장 선생님 같은 선교사가 되게 해달라고 주님께 아뢰었다.

훗날 1974년 11월 15일 현지에서 사역중인 나는 그 기도의 응답을 받았다. 나의 부친의 고별예배는 서울 영락교회 선교회관에서 당시 박조준 목사님의 주례로, 하관예배는 영락동산에서 고 김종섭 목사님의 인도하에 드렸다. 현지에서 선교 사역 중인 나에게 비보를 알리지 말라는 부친의 유언 때문에 나는 모친의 편지를 통해서 장례식 한 달 후에 알게 되었다. 아마존 정글에서 나는 유화례 교장 선생님처럼 "내 구주 예수를 더욱 사랑!" 하며 찬송하고 기도했다.

소명은 어느 한 사건이나 체험이라기보다는 과정이라고 본다. 나를 향하신 하나님의 사랑과 은혜, 그리고 주님을 향한 깊은 감사가 나를 헌신의 길로 이끌었다. 나의 경우 소명감에서 사명감으로의 순서는 나의 순종과 헌신에서 시작했다. 어릴 때부터 부친과 함께 새벽기도회를 꼭 나갔고, 성경 말씀을 항상 읽고 묵상하였다. 로마서 12장 1-2절 말씀을 묵상하던 어느 날, 나는 하나님께서 내 이름을 부르시며 나에게 개별적으로 말씀하신 것으로 그 본문 말씀을 받아들였다. "그러므로 형제들아(광자야!) 내가 하나님의 모든 자비하심으로 너희를 권하노니 너희 몸을 하나님이 기뻐하시는 거룩한 산 제물로 드리라 이는 너희가 드릴 영적 예배니라 너희는 이 세대를 본받지 말고 오직 마음을 새롭게 함으로 변화를 받아 하나님의 선하시고 기뻐하시고 온전하신 뜻이 무엇인지 분별하도록 하라." 어렸지만 나는 이 말씀에 '예!' 했고 그 '예!' 가 나로 하여금 오늘까지 선교사의 길을 걷게 한 첫 걸음마였다.

## 교육배경

내가 남산 공원 위에 있는 대한 예수교 장로회 총회 신학교 예과 재학중 장로교의 분열(합동/통합)로 총회신학교(현 총신 대학교) 예과를 거쳐 1963년에 본과에서 신학사 학위를 받았다. 졸업 직후 나로서는 불가능한 도미 유학의 문을 주님께서 열어주셨다. 한국대학생 선교회 김준곤 박사님의 소개로 알라바마 버밍햄 소재 사우스이스턴 성경대학에 유학하여 1965년 문학사 학위를 받았다. 당시 주한 미 공군 대령 고 웨인 더만 부부의 도움으로 여권을 받았고, 재정보증인 마가렛 프래이저 부인의 도움으로 도미 유학생 비자를 받았다. 졸업 전 총장 허먼 호이트 박사와의 만남 때문에 나는 인디애나 위노나 레이크 소재 그레이스 신학대학원에서 1968년 종교교육 석사 학위를 취득했다.

두 텀의 정글 선교사역을 마치고 다시 미국에 돌아와 1978년에 웨스턴 신학대학원에서 교육행정학을 전공하여 철학 박사 학위를 받았다. 그리고 1986년에 풀러 신학교 신학대학원에서 목회학 석사 학위를 받았고, 1988년에 동대학원에서 선교학 전공 문학 석사 학위를 받은 후 1992년 동대학원에서 선교학 박사 학위를 취득하였다. 나는 풀러에서 받은 교육을 통해서 학문의 통합이 이루어졌다고 말할 수 있다. 기독교 교육과 선교학은 둘이 아닌 하나요, 교회 교육과 교회 선교도 둘이 아닌 하나이며, 선교와 예배 역시 둘이 아닌 하나임을 알았다. 나의 삶과 사역의 오직 한 가지 궁극적인 목적은 예배이다.

### 사역배경

1968년부터 시작된 40여 년간의 사역은 크게 세 가지로 나눌 수 있다. 첫째는 인디애나 주 소재 미국 선교기관하 남미 브라질 북부 아마존 강 유역에서 1968년도부터 8년간의 현지 선교사 사역이다. 둘째는 1980년도부터 16년간의 나성영락교회에서의 교육전담 교역자와 선교전담 교역자로서의 이민목회이다. 셋째는 1997년부터 현재까지 콜로라도 주 콜로라도 스프링스 소재 오씨 인터내셔널 선교기관의 국제사역 팀원으로서 국제 선교 사역과 북미주 한인교회 선교 동원 사역과 일본선교이다.

나는 여생을 일본선교에 헌신하고 있다. 새롭게 일본어 습득과 문화 적응, 관계형성, 네트워크와 동반자 사역이 시작되었다. 특히 일본인 도미 유학생 복음화와 제자도 훈련, 멘토링, 전략적 연결 등의 동원 사역을 통해서 일본 전역에 교회를 세우는 것이 내 선교 사역의 목표이다.

## 선교사로서의 공헌

나의 선교사로서의 공헌은 다음과 같다. 첫째, 브라질 복음화와 현지 교회를 위한 공헌이다. 나는 복음전파와 제자도 훈련사역과 목회 지도자 양성 사역을 통하여 브라질 교회 개척과 성장을 도왔다. 여성 사역과 가정 사역을 통해서 그리스도인 가정을 세워주고 어린이 사역과 청소년 사역을 통해서 교계 지도자들이 될 인재 양성에 힘썼다. 또 교회 학교를 통한 교회 교육과 교회음악 사역을 하였다. 나는 이러한 다양한 사역을 하면서도 "이 복음은 모든 믿는 자에게 구원을 주시는 하나님의 능력이 됨이라!"(롬 1:16)는 말씀을 기억하여 복음 전파를 나의 최우선 순위에 두었다.

나의 둘째 공헌은 나성영락교회의 교육부와 선교부 전담 교역자로서 북미주 한인교회의 교육부와 선교부의 향방을 제시한 것이다. 지역교회 성장과 교육, 선교를 통해서 나성영락교회가 세계를 품는 그리스도인들의 공동체가 되도록 도왔다. 나성영락교회의 선교정책을 수립하고 선교대회를 주도하였으며, 연령별 선교 교육을 실시하며 선교 기도운동을 일으켰다. 장기, 단기 선교사는 물론 평신도 선교사들을 발굴, 훈련, 파송하는 일을 도왔다. 지역교회와 선교 기관과의 관계를 맺어 동반자 사역을 시도하기도 했다. 셋째 공헌은 선교 동원가로서 북미주 한인 교회선교 운동을 도운 일이다. 선교

연구원으로서 북미주 한인교회 선교현황 파악을 위한 자료들을 수집하고 분석하였다. 나는 얼바나 대학생 선교대회와 한인세계선교대회 등을 통해서 선교에 헌신한 2세 지망자와 헌신자들을 세상으로 내보내기 위해 2세 목회자들과의 만남과 자문과 통역을 하였다. 1세 교회로 하여금 2세 선교 헌신자를 기도와 재정적 지원을 통해서 파송하도록 입양운동을 일으켰으며, 2세 헌신자들을 만남, 발굴, 훈련, 양성, 파송의 과정을 도왔다. 각종 선교 세미나, 수련회, 선교대회, 미션 퍼스펙티브와 신학교 강의실에서 강사로 섬겼다. 오씨 인터내셔널의 국제 사역팀의 일원으로서 국제적 네트워크와 파트너십 사역, 자문, 멘토, 강사, 객원교수로서 민족과 교파를 초월하고, 세대와 기관들을 초월한 사역을 했다. 아시아 선교학회 이사로 아시아 교회들과 선교 기관들을 섬기고, 여러 선교 기관들과 전 세계 선교사 자녀학교의 자문위원으로서 섬겼다.

## 선교사의 삶과 사역

언젠가 장례식에서 조가로 "내 본향 가는 길…… 평생에 행한 일 돌아보니 부끄러움뿐이라 죄송하나!"를 들으면서 깊은 생각에 잠겼던 적이 있었다. 40여 년간의 삶과 사역을 돌아보면서 한 가지 크게 후회스럽고 부끄러운 점은 강보에 싸여 구유에 누인 아기로 베들레헴에 오신 주님을 닮지 않고, 성인으로 현지에 나간 일이다. 크고 많고 대단한 업적과 사역만을 내세웠던 일이다. '착하고 충성된 종!' 됨을 보시는 주님을 부인했던 나의 모습에 얼굴을 붉힌다. 동역 없는 사역이 있을 수 없고, 동역자 없는 사역자가 있을 수 없다는 귀한 진리도 뒤늦게 백발이 다 되어서야 깨닫고 쥐구멍을 찾는다.

하나님이 그 아들의 형상을 본받게 하기 위해 우리를 예정하셨기에(롬 8:29) 예수 닮기를 진심으로 원하는 선교사가 되고 싶다. 하나님을 영화롭게 하고 영원토록 그를 즐거워함이 내 생애의 제일 되는 목적이라면 그것이 나의 선교 사역의 제일 되는 목적도 되었으면 한다. "그들을 종일 수고하며 더위를 견딘 우리와 같게 하였나이다"(마 20:12)라고 한 비교의식과 경쟁의식의 병에서 고침받고 감사하며 섬기리라! 아버지께서 하라고 맡기신 일을 이루어 아버지를 이 세상에서 영화롭게 하신 주님처럼(요 17:4) 복음만을 증언하는 일에 죽도록 충성함으로 "죽어도 영광되도다"라고 고백하는 증인이 되고 싶다.

# 선교사로 부름받은 축복

로봉린

OMF(전 China Inland Mission) 선교사로 30년간(1970-2000) 싱가포르(1970-74), 대만(1975-89), 한국(1990-2000)에서 사역하였다는 것은 나 자신을 놀라게 할 뿐 아니라 꿈에도 생각지 못한 일이었다. 나의 선교사역은 신학교에서 가르치는 것과 아세아 복음주의 신학교육을 위한 것이었다. 나와 아내는 1999년 말에 싱가포르에 있는 OMF 국제본부로부터 30년간 충실히 선교사역을 하였다는 감사장을 받았다. 그 후 2000년에 나와 아내는 선교지를 떠나 아내의 출생지인 하와이에서 은퇴하게 되였다.

HERE I AM, SEND ME, LORD!

# 선교사로 부름받은 축복

로봉린

OMF(전 China Inland Mission) 선교사로 30년간(1970-2000) 싱가포르(1970-74), 대만(1975-89), 한국(1990-2000)에서 사역하였다는 것은 나 자신을 놀라게 할 뿐 아니라 꿈에도 생각지 못한 일이었다. 나의 선교사역은 신학교에서 가르치는 것과 아시아 복음주의 신학교육을 위한 것이었다.

나와 아내는 1999년 말에 싱가포르에 있는 OMF 국제본부로부터 30년간 충실히 선교사역을 하였다는 감사장을 받았다. 그 후 2000년에 나와 아내는 선교지를 떠나 아내의 출생지인 하와이에서 은퇴하게 되었다.

선교의 부르심을 받아 오랫동안 선교사로 사역하게 된 이유는 근본적으로 세 가지로 볼 수 있다. 첫째로, 하나님의 은혜로 미국에서 유학생으로 공부할 때부터 선교에 관심을 갖게 하시고 공부를 마친

후 선교사로 부르심을 받은 것이 변치 않고 지속되였으며, 선교지에서 오랫동안 일할 수 있도록 건강과 믿음을 주셨기 때문이다. 둘째로, 아내도 나와 같이 선교사의 부르심을 받아 나의 아시아 신학교육 사역에 적극적으로 동참하였기 때문이다. 선교사 부부 중에 한 명이라도 이 부르심에서 이탈되면 선교지에서 오래 일할 수 없다. 셋째로, 나의 신학교육 사역에 만족을 느꼈으며, 이 사역을 통하여 아시아 교회 지도자들을 많이 양성하겠다는 분명한 사명감을 갖고 있었기 때문이다.

### 한국에서 미국 선교사 사역에 감탄

나는 한국에서 미국 선교사들의 사역을 보고 감탄하였다. 첫째는 구세군의 노방전도를 보고, 둘째는 새문안교회에서 선교사의 삶을 보고 감탄하였다.

### 1. 구세군 노방전도의 영향

나는 초등학교 때부터 광화문 네거리에 있었던 에스콰이어 구두상점이 있는 집에서 자라났다. 부친이 그곳에서 6·25 전쟁이 일어날 때까지 구두상점을 갖고 계셨다. 어렸을 때 광화문 네거리에서 놀다가 구세군 서양 선교사들과 한국 구세군의 밴드가 북을 치고 나팔을 불면서 찬송을 부르고 선교사가 서툰 한국어로 복음을 전하는 것을 가끔 보았다. 이들은 계속 나팔을 불면서 서대문에 있는 구세군 본부(현 생명의 말씀사 서점)까지 약 10분간 시가 행렬을 하였으며, 나는 그들의 뒤를 따르는 많은 사람들과 더불어 구세군 본부까지 따라간 적이 여러 번 있었다. 미국 선교사들이 우리나라 언어로 복음을 전하는 것이 특이하였다. 그래서인지 서양 선교사들에 대한 감정이 어려서부터 긍정적이었다.

### 2. 새문안교회를 통한 선교사 접촉

나는 어려서부터 집에서 가까운 새문안교회에 출석하였다. 이 교회는 미국 초창기 선교사인 언더우드(Horace G. Underwood)의 손자 선교사의 가정을 비롯하여 여러 선교사들이 주일 예배에 참석하였기 때문에 선교사들을 만나볼 수 있는 기회가 많이 있었다. 1956년 미국 대학에 유학하기 위해 한국을 떠날 때까지 이 교회에 다니면서 미국 선교사들의 활동을 관찰할 수 있게 된 것이 선교사가 되기 위한 준비가 아니었는가 생각한다. 초등학교부터 대학교에 이르기까지 미국 선교사에게서 받은 긍정적인 마음과 그들과의 인연이 나의 앞날에 선교사가 될 수 있는 기반을 닦은 것이다.

### 선교 비전은 컬럼비아 국제대학교(Columbia International University)에서

1956년 3월에 클린턴, 사우스 캐롤라이나(Clinton, South Carolina)에 있는 장로교대학에 유학하기 위해 도착하였다. 그곳에서 부활절 새벽예배를 드릴 때 한 장로교 목사를 만났다. 그분이 나에게 사우스

캐롤라이나(South Carolina)의 수도인 컬럼비아(Columbia)에 있는 작은 성경대학을 소개하면서 그곳을 한번 구경하기를 원하느냐고 묻기에 나는 그 주의 수도를 구경할 겸 그의 제안을 받아들였다. 한 날을 정하고 그 목사님과 같이 약 2시간을 운전하여 컬럼비아 성경대학(Columbia Bible College, 현 Columbia International University)에 도착하여 채플 시간에 그곳 학생들과 같이 예배를 드리고 강의실에서 강의도 듣고 많은 학생들을 만나보았다. 이 성경대학은 대학원생들을 포함하여 학생이 약 200명도 안 되는 작은 신학교였다.

나는 이 성경대학을 하루 동안 방문하면서 대단한 영적 충격을 받았다. 그 당시 나의 영어 실력이 시원치 않아 강의를 잘 알아들을 수는 없었지만 학생들의 신앙의 분위기는 충분히 이해할 수가 있었다. 내가 유학 공부하려고 한국에서 택한 장로교 기독교 대학의 분위기와는 상당히 달랐다. 나는 미국에 가서 대학과 신학교를 마치고 이성봉 목사와 같은 한국의 유명한 부흥사 목사가 되기를 원하였다. 클린턴에 있는 장로교대학에 다시 돌아와서 기도하는 가운데 컬럼비아 성경대학(CBC)에 가서 2년간 공부하기를 원하는 마음이 생겼다. 2년간 그 성경대학에서 공부한 후 다시 장로교대학에 돌아와 학사학위를 마치는 것이 어떨까 하는 생각이 자꾸 들었다. 그리하여 장로교대학 총장님을 찾아가 내 생각을 말하자 총장님의 대답이 그 성경대학에서 2년간 공부해도 그 학점을 대부분 이전할 수 없으니 그냥 이곳에서 공부하라고 충고하셨다. 나는 계속 기도하는 가운데 CBC에 가기로 결정하고 1956년 가을학기부터 컬럼비아 성경대학에서 공부하기 시작하였다. 결국 2년 후에도 계속 공부하여 4년을 마치고 1960년 5월에 성경학사 학위를 받게 되었다.

### 1. 많은 선교사들의 방문과 강의

CBC에서 4년간 공부하면서 나는 장래 사역을 위한 세 개의 중요한 교훈을 받았다. 첫째로, 성경의 내용과 기초를 영어로 많이 배웠다. CBC를 졸업한 후 계속하여 휘튼 대학(Wheaton College), 커버넌트 신학교(Covenant Seminary), 콘콜디아 신학교(Concordia Seminary)에서 9년간 더 공부하였지만 나의 성경 상식과 신학의 기초는 CBC에서 다져졌다고 할 수 있다. 둘째로, 신앙적 영성과 그리스도인의 생활을 교수들과 동료 학생들을 통하여 배웠다. 셋째로 중요한 교훈은 '해외선교의 비전'을 얻게 된 것이다. CBC는 미국의 많은 성경대학들 가운데 선교사를 많이 배출하는 대학교로 알려져 있었기 때문에 매년 수많은 미국 선교사들이 CBC 캠퍼스를 방문하여 채플 시간과 강의 시간에 선교에 대한 것을 자주 강의하였다.

선교사들은 자기들의 사역을 소개하는 선교 영화와 슬라이드를 보여주며 선교보고를 하였고, 학생들에게 선교의 비전을 심어 주었다. 나는 미국 선교사들이 자기들의 안락한 처지를 떠나 전기와 물도 제대로 없는 곳에서 고생을 하며 원주민에게 복음을 전하는 영화를 많이 보았다. 1953년 중미의 에콰도르의 한 정글에서 사는 미개인들에게 복음을 전하기 위하여 짐 엘리엇(Jim Elliot)을 포함한 다섯명의 미국 선교사들이 작은 비행기로 그 정글 속에 도착하였다가 모두 순교당한 영화를 보고 많은 감동을 받았고 눈물을 흘렸다.

한 미국 선교사(John Kuhn)는 태국 동북쪽에 살고 있는 미아오라는 족속들에게 복음을 전하기 위하여 그들의 산족들과 같이 생활하며 어려운 환경 속에서 열정적으로 일하였다. 나는 그분의 선교보고를 직접 듣고 선교의 비전을 얻었다. 쿤(Kuhn) 선교사의 사모는 그 산골에서 선교하다가 병에 걸려 생명을 잃었다. 쿤 선교사는 계속 미아오 족속을 위하여 복음을 전하고 있다는 충격적인 보고를 들은 기억이 아직도 생생하다. 이러한 선교사들의 보고를 4년간 계속 들었으므로 나의 선교 비전은 CBC에서 이루어졌다고 말할 수 있다.

### 2. 선교에 관심 있는 교수들

선교에 대한 관심은 CBC의 교수들에게서 받았다. 그들은 선교에 관심이 많아서 신학의 어느 부분을 가르치더라도 선교와 연결시켰다. 여러 교수들은 직접 선교 경험을 가진 분들로 강의 내용을 선교와 연결시켰다. CBC의 모토는 "그리스도를 알고 그를 전하라(To Know Him and To Make Him Known)"이다. 다시 말해 이는 선교를 신학 교육의 중심에 두어야 한다는 것이다. 매년 선교 지향적인 강의와 방문하는 선교사들의 보고를 듣다 보니 선교에 대한 학생들의 관심이 높을 수밖에 없었다.

### 3. 대학생 선교 펠로십(Foreign Missions Fellowship-FMF)

미국 대다수의 기독교 대학에는 FMF라는 조직체가 있다. FMF는 대학생들이 주동이 되어 기독교 대학 내에 선교를 강조하는 모임이다. CBC 내에도 FMF가 있어 매주 금요일 저녁에는 FMF 모임을 갖는다. 보통 선교사들의 보고를 듣고 그들의 사역을 위하여 기도하는 시간을 갖는다. 매년 FMF 프로젝트라고 하여 여러 선교사들이 제공하는 선교 프로젝트 가운데 학생들이 헌금을 해서 재정적으로 돕는 일을 하였다. 보통 4,000-5,000달러의 프로젝트를 위하여 전 학생들이 헌금하며, 그것을 위하여 일년간 계속 기도한다. 시시때때로 선교 기금의 얼마가 들어왔다는 것을 차트로 만들어 벽에다 붙여 놓고 기도한다. 매년 선교 프로젝트 액수 이상의 헌금이 들어왔다.

### 4. 졸업생 50% 이상이 선교지로

이러한 선교 중심의 분의기 속에서 4년간 공부하다 보니 졸업할 때에는 50% 이상의 졸업생들이 선교지로 향한다. 나는 1960년에 CBC를 졸업하였는데 약 50명의 졸업생들 중 과반수가 넘는 청년들이 선교사로 파송을 받고 선교지로 향하였다. CBC 학생들 가운데 선교사 자녀들(Missionary Kids)이 많았는데, 부모를 이어 계속 선교지로 향하는 졸업생들이 여러 명 있었다. 나 또한 CBC를 졸업할 때는 선교사가 되기 위한 준비가 되어 있었다. 그러나 나는 다른 신학교에 가서 계속 공부하기로 결정하였다.

## 휘튼 대학에서의 선교 도전

### 1. 휘튼 도시는 미국의 예루살렘

시카고에서 서쪽으로 차로 약 30분 떨어진 곳에 있는 휘튼(Wheaton)이라는 작은 도시는 미국의 예루살렘으로 알려져 있다. 그 이유는 이 도시에 복음적으로 유명한 기독교 대학인 휘튼 대학이 있었고 수많은 선교단체들의 본부가 있기 때문이다. 미국의 초교파 선교협의회(Interdenominational Foreign Missions Association-IFMA)의 본부도 이곳에 있었다. 그래서 많은 미국 선교사들이 안식년을 맞이하면 휘튼에 와서 일 년간 유하며 휘튼 대학에서 계속 공부한다. 또한 휘튼에는 안식년을 맞이하는 선교사 가정들이 무료로 일 년간 유할 수 있는 Missionary Home이 15개가 있어서 많은 선교사들을 볼 수 있었다. 그래서 1961년부터 1년 반 동안 휘튼 대학에서 공부하면서 나

역시 많은 선교사들을 접촉할 수 있는 기회를 갖게 되었다.

## 2. 휘튼 대학과 무디 성경학교의 선교 강조

휘튼 대학 안팎에서 미국 선교사들을 자주 접촉할 수 있는 상황에서 공부하였기 때문에 나의 선교의 관심은 계속 커져만 갔다. 물론 휘튼 대학은 CBC만큼 선교에 대해 강조하지는 않았지만 선교의 열정은 대단하였다. 매년 휘튼 대학 캠퍼스에서 열리는 선교주일에는 수많은 선교단체들의 대표들과 선교사들이 선교강의를 하며 선교보고를 하였다. 특히 미국 내에 선교사 파송 학교로 이름난 무디 성경학교(Moody Bible Institute)와 무디(Moody) 라디오 방송국은 시카고 지역에 깊은 영적·선교적 영향을 주었다.

### 얼바나 선교대회(Urbana Missionary Conference)의 영향

미국에서 3년마다 얼바나(Urbana), 일리노이(Illinois)에 있는 일리노이(Illinois) 대학 캠퍼스에서 열리는 대학생 선교대회는 많은 청년들에게 선교의 도전을 던져 준다. 약 2만 명이 넘는 기독 청년들이 크리스마스가 지난 12월 26-31일에 모여 선교에 대한 도전을 받는 것이다. 1961년 12월에 나는 사귀고 있던 여자친구 앨마(Alma)와 같이 이 선교대회에 처음으로 참석하였다. 수천 명의 청년들이 한 장소에 모여 찬양하며 선교에 대한 메시지를 듣고 선교의 도전을 받았던 경험은 일생에서 잊을 수 없는 경험이었다. 이 선교대회에서 하나님은 나의 선교 비전을 강화시켜 주셨다.

### 선교에 관심 있는 배우자를 만남

휘튼 대학에서 나는 배우자 앨마(Alma)를 만났다. 그는 하와이에서 5대째 중국계 미국인으로 태어났으며 이 대학에서 기독교 교육학을 공부하고 있을 때 나를 만나 연애하게 되었다. 그녀와 연애를 하기 시작할 때부터 나는 한국이나 선교지에 가서 일할 사람이기 때문에 계속 사귀기를 원하면 선교에 관심이 있어야 한다고 강조하였다. 그녀는 내가 어디에 가든지 같이 따라가겠다고 약속하였기 때문에 우리의 사랑은 나날이 깊어졌다. 우리는 1962년 5월에 같이 이 대학을 졸업하였다.

나는 기도하는 가운데 한 가지 중요한 생각을 하였다. 앨마(Alma)가 선교 비전을 받기 위하여 그녀에게 한 가지를 청하였다. 그녀에게 결혼하기 전에 일년간 CBC 대학원에 가서 함께 공부하기를 청하였다. 그녀는 그 요청을 받아들여 1962년 가을 학기에 CBC에서 공부하면서 선교에 대한 많은 것을 배웠다. 1963년 6월 3일 호놀룰루에서 결혼한 후에 나는 계속 커버넌트 신학교(Covenant Seminary)와 콘콜디아 신학교(Concordia Lutheran Seminary)에서 8년 간 더 공부하여 목회학 석사와 신학 박사(역사신학) 학위를 받았다. 아내는 내가 신학생으로 오랫동안 공부하는 동안 세인트루이스(St. Louis)에 있는 초등학교 교사로 일하며 가정의 재정을 채워 주었다.

### OMF 선교사로 싱가포르에 가기까지

내가 콘콜디아 신학교(Concordia Seminary)에서 공부하는 동안 하나님은 1966년 6월에 나의 가정에 쌍둥이 아들을 주셨다. 공부는

1969년 5월에 끝났는데 졸업하기 1-2년 전부터 앞날의 사역을 위하여 여러 선교단체들에 문의를 하여 미국의 두 개의 선교단체가 우리에게 관심을 가졌다. 그중의 하나는 Far Eastern Gospel Crusade(현 Send International)라는 선교단체인데 필리핀 수도인 마닐라에 아시아 신학교(Asia Theological Seminary)를 시작하여 아시아인 신학자가 필요하다며 우리에게 기회를 주었다.

또 다른 선교단체는 Overseas Missionary Fellowship (OMF)이라는 영국의 허드슨 테일러(Hudson Taylor)가 1865년에 중국 내지선교를 위하여 설립한 China Inland Mission(CIM)이었다. OMF는 싱가포르에 Discipleship Training Centre(신학대학원)를 1968년에 창설하여 약 20여 명의 아시아 학생들이 공부하고 있는 곳으로, 신학교수가 필요하다며 우리에게 관심을 가졌다. 우리는 기도하는 가운데 중국인 대상의 선교사역에 관심이 있어서 OMF를 택하게 되였다. 물론 OMF가 우리들을 선교사로 받아 줄 수 있는지는 그들의 선교사 후보생 학교에서 2개월간 훈련을 받은 후에 결정하는 것이었다.

1969년 9월, 우리는 두 아들을 데리고 필라델피아(Philadelphia)에 있는 미국 OMF 본부에 도착하여 다른 선교사 후보생들과 같이 선교사 훈련을 받았다. 이 훈련이 끝난 후 OMF는 정식으로 우리를 선교사로 인정했다. 그후 5개월간 우리의 선교사역을 위하여 기도해 주고 재정적으로 도와줄 수 있는 후원교회들과 긴밀한 관계를 맺는 기간을 가졌다. 그 후 1970년 3월 선교지에 도착할 때까지 5개월 동안 미국 내의 여러 곳을 돌아다니며 친척들과 친구들과 교회들을 방문하였다. 그들에게 우리의 선교적 소명에 대해서 또한 앞으로 싱가포르의 신학교에서 가르치는 사역에 대하여 설명하며 그들의 기도와 도움을 청하였다.

## 보람 있는 선교 사역의 만족감과 계속 부르심

보통 한 선교사 가정은 약 두 팀(Terms:10년)을 선교지에서 마치면 하나의 중요한 질문을 받게 된다. 다시 계속하여 선교지로 돌아갈 것인가, 혹은 본국에 남아서 다른 사역을 할 것인가 하는 중요한 선택에 직면하게 된다. 우리도 똑같은 질문을 받게 되었다. 나의 사역은 싱가포르와 대만의 신학교에서 학생들을 가르치면서 아세아신학협의회(Asia Theological Association) 총무로 일하는 것이었다. 아시아에 1,000개가 넘는 신학교들을 연결시켜 주며, 신학교 심사를 거쳐 인준을 주는 아세아신학협의회(Asia Theological Association)를 위하여 20년간(1970-1990) 사역하였다. 매년 3-4개월은 일본부터 인도에 이르기까지 아시아의 많은 신학교들을 방문하며 심사하는 일을 하였고 그 후 6년간(1990-1996) 세계복음주의 협의회(World Evangelical Alliance)의 신학분과위원회 총무로 일하게 되어 아프리카, 남미, 유럽, 미국 등지를 순회하며 세계복음주의 신학자 토론회에 참석하면서 복음주의 신학을 도모하는 사역을 하였다.

신학교에서 가르치는 사역과 아시아 복음주의 신학교육을 위하여 바쁘게 돌아다니다 보니까 나의 선교 사역에 만족감을 가졌고, 하나님이 우리에게 계속 선교 사역을 할 수 있도록 선교의 부르심을 주셨다. 이러한 선교 사역의 만족감이 없었더라면 실망하며 선교지에 오래 유하지 못하였을지도 모른다. 따라서 선교지에서 OMF선교사로 30년 종사하고 은퇴하게 된 것은 진실로 하나님의 은혜라고 고백할 수밖에 없다.

 선교지에 가기 위한 선교사의 부르심도 중요하지만 선교지에서 오랫동안 머물며 선교사역을 계속한다는 것도 하나님의 부르심으로 이루어진다. 본국을 떠나서 언어와 풍속이 다른 선교지에서 오래 일한다는 것은 하나님의 독특한 부르심이 없이는 이루어질 수 없기 때문이다.

 나는 가끔 이런 생각을 하곤 한다. 만일 내가 젊은 시절로 돌아가서 인생을 다시 산다면 선교사로 은퇴할 것인가 하는 질문이다. 나는 서슴지 않고 말할 수 있다. 내가 원하는 것은 다시 선교사로 헌신하여 복음을 듣지 못하는 많은 사람들에게 예수 그리스도를 전하는 선교사역을 감당하는 것이라고……. 나는 지난 30년간 싱가포르, 대만, 한국에서 수천 명의 신학생들에게 교회역사에 관한 강의는 물론 내가 하나님에게서 받았던 선교의 비전을 전할 수 있어서 정말 기쁘고, 하나님께 감사할 뿐이다.

 To God Be the Glory!

# 주 예수보다 더 귀한 것은 없네

서정운

나는 대한 예수교 장로회 총회로부터 1972년에 인도네시아 선교사로 파송받았다. 인도네시아 교회협의회 초청으로 인도네시아 기독교서회(BPK Gunung Mulia) 소속으로 사역하였다. 파송될 때부터 총회 선교부와 인도네시아 교회협의회의 선교부와 함께 미국의 문맹퇴치선교회(Literacy Evangelism Inc.)와 동역하기로 합의가 되어 있었다. 1977년에 갑자기 귀국하게 되었는데 장로회신학대학교에서 실천신학을 가르치셨던 김규당 목사님께서 은퇴하신 후에도 후임자가 없어서 계속 일하고 계셔서 내게 돌아와 그 자리를 맡으라고 요청했기 때문이다. 나는 신학교에 입학할 때부터 재학시절, 그리고 졸업한 후에도 신학교 교수로 가르칠 생각을 해본 적이 없었다. 평범한 목회자로 헌신한다는 것 이상의 다른 생각을 하지 않았다.

HERE I AM, SEND ME, LORD!

# 주 예수보다 더 귀한 것은 없네

서정운

나는 대한 예수교 장로회 총회로부터 1972년에 인도네시아 선교사로 파송받았다. 인도네시아 교회협의회 초청으로 인도네시아 기독교서회(BPK Gunung Mulia) 소속으로 사역하였다. 파송될 때부터 총회 선교부와 인도네시아 교회협의회의 선교부와 함께 미국의 문맹퇴치 선교회(Literacy Evangelism Inc.)와 동역하기로 합의가 되어 있었다. 1977년에 갑자기 귀국하게 되었는데 장로회신학대학교에서 실천신학을 가르치셨던 김규당 목사님께서 은퇴하신 후에도 후임자가 없어서 계속 일하고 계셔서 내게 돌아와 그 자리를 맡으라고 요청했기 때문이다. 나는 신학교에 입학할 때부터 재학 시절, 그리고 졸업한 후에도 신학교 교수로 가르칠 생각을 해본 적이 없었다. 평범한 목회자로 헌신한다는 것 이상의 다른 생각을 하지 않았다.

신학교 졸업과 함께 뜻밖의 미국 유학을 가면서도 목회를 위한 준비로 실천신학을 공부하였다. 그즈음에는 미국 유학이 흔치 않았고, 유학하는 사람들 중에 실천신학을 전공하는 이들이 거의 없었다. 1969년에 갑자기 귀국해서 대전대학(한남대학교)의 교목실장 일을 하다가 3년 만에 인도네시아 선교사로 갔기 때문에 그렇게 빨리 선교지에서 귀국할 줄은 몰랐다. 나는 당연히 신학교 교수 초빙을 사양하고 선교사 생활을 계속하겠다고 하였다. 선교사의 사역을 중단하기도 싫었고 인도네시아의 언어와 형편에 더 익숙해졌을 뿐 아니라 여러 지역의 교회 지도자들이나 선교사들과도 관계가 확대되어 전보다 더 유효하게 사역을 할 수 있을 것 같았기 때문이다. 그러나 총회 선교부, 장로회신학대학교 및 후원교회가 3위 1체적으로 귀국을 권해서 돌아올 수밖에 없었다.

귀국 후 얼마 동안은 하나님께서 왜 나를 인도네시아에 더 머물게 하지 않으시고 신학교에서 가르치게 하셨는지 이해하기 어려웠다. 그러나 시간이 지난 후에 생각해 보면 하나님의 뜻이 선하게 이루어진 것이라 믿고 보람과 감사를 느낀다. 내가 신학교에서 공부할 때에 전도학은 있었으나 선교학 과목은 없었는데 1977년에도 여전히 없었다. 나는 미국에서 '선교신학'과 '선교역사'를 수강했었고, 인도네시아에서 선교하면서 꾸준히 선교에 관한 책과 문서를 읽었기 때문에 장로회신학대학교에 '선교학'을 개설할 수가 있었다. 평양신학교 당시에는 선교학이 교과목에 들어 있었는데 그 후에는 가르치지 않았던 것 같다. 신학교에서 가르치는 동안 샌프란시스코 신학교에서 선교학을 공부하여 신학 박사(Doctor of Science of Theology) 학위를 받았다. 실천신학 교수와 선교학 교수가 보강되면서 선교학의 여러 과목이 개설되고 신대원에서 '선교학 부전공제도'도

설치하고 '선교현장실습'과 '견습선교사제도' 등을 만들어 선교후보생들을 양육하였다. 그 후 총회가 새로 선발한 선교사들의 훈련을 장로회신학대학교에 위탁해 2개월 정도 선교연구원을 중심으로 훈련시키기도 하였다. 현재는 선교학 석·박사 과정까지 갖추어 장신대가 선교적인 신학 교육기관으로 발전하고 있다.

그동안 우리나라에 선교신학회가 없어서 한국의 선교학을 가르치는 분들과 함께 한국선교신학회를 조직하여 처음 회장을 맡았고, 학교에서는 총장 일을 맡겨 8년(1992-2000) 동안 신학교가 더 선교적인 비전과 제도를 갖추도록 힘썼다. 은퇴 후에 흩어져 있는 선교사들을 격려하는 일을 하고 국내에서는 '목사 사랑방'을 하고 싶었는데 미주장로회신학대학에서 선교사처럼 와서 도우라고 해서 2007년에 은퇴할 때까지 학장으로 섬겼다. 지금은 주님의교회 후원으로 대한 예수교 장로회 순회선교사로 선교지 순방을 하고 있다. 선교사들을 만나서 '함께하는 것'은 특별하고도 귀한 기쁨이 있다. 동시에 명성교회의 지원으로 한국선교연구센터를 설립하여 선교연구와 선교사 계속교육 등을 시작하였다.

## 유년 시절

나에 대한 처음 기억은 일본에서 산 유년시절이다. 나는 대구에서 출생했으나 네 살 때 일본의 아키다 현 오마가리(大曲)로 이주하였다. 눈 덮인 길을 어머니에게 업혀 교회에 갔던 기억, 그리고 끊임없는 공습경보와 비행기 소리, 전쟁 이야기, 해방, 귀국, 대혼란, 질병(호열자)과 빈곤 속에서 초등학교에 다녔다.

1946년 봄에 다시 귀국해서 대구의 서부초등학교 3학년에 편입하여 서툰 한국어로 공부를 시작했다. 해방 이후부터 6·25 전쟁이 일어나기까지 나의 초등학교 시절은 혼란의 연속이었다. 3학년과 4학년 때의 담임선생은 공산주의자였다. 중국이 모택동군에 의해 거의 해방이 되었는데 우리나라도 곧 김일성 장군이 해방시킬 것이라는 이야기를 자주 하였다. 가끔 좌익 중학생들이나 청년들이 교실에 들어와 공산당과 김일성 해방 이야기를 하고 도망치면 우리 선생님이 그들을 칭찬하면서 공산당 선전을 하곤 했다. 5학년 때에 등교했더니 우리 학교의 젊은 남선생님들이 거의가 공산주의자 혐의로 체포되어 얼마 동안 수업을 할 수 없을 정도였다.

1950년에 초등학교를 졸업하고 계성중학교에 입학하였다. 계성학교는 미국 북장로교 선교사들이 세운 학교로 "여호와를 경외함이 지식의 근본"(잠 1:7)이라는 말씀이 교훈(校訓)이었다. 당시에는 대구와 경상북도 및 경상남도 북쪽 지역의 그리스도인들은 남자는 계성중학교, 여자는 신명여중에 간다는 문화가 형성되어 있었다. 중학교에 입학하자 6·25 전쟁이 일어났고 학교 건물은 육군 병원이 되어 교회(서문교회, 제일교회)에서 공부하였다. 고등학교를 졸업하고 서울의 총회신학교에 입학하기까지는 대구 칠성교회(신후식, 남상호 목사님)에 다녔다.

## 변화와 신학교 입학

나는 어릴 때부터 신앙생활을 했고 중고등학교도 기독교 학교에 다녔기 때문에 본격적으로 실존적 신앙의 고민 같은 것 없이 문화적 그리스도인(Cultural Christian)으로 살았다. 특히 고등학교에 다닐 때에는 교회 학생회 임원으로 열심히 섬기고 새벽기도와 모든 예배에 성실히 참여했지만 삶의 의미와 가치와 미래에 대한 본질적인 고민을 하지 못하였다. 고등학교 3학년 마지막에 대학 진학을 앞두고 나는 심각한 실존적 고민에 빠졌다. 산다는 것, 살아서 무엇을 추구한다는 것이 궁극적인 가치와 의미가 없다는 생각이 들었다. 인생은 그날이 풀과 같고 그 영화가 풀의 꽃과 같으며 바람이 불면 그곳을 알지 못한다는데 그같이 덧없는 인생을 애써서 살 가치가 없을 것 같았다. 고등학교 때에 심취했던 헤르만 헤세의 소설들도 내가 염세적인 사념을 갖는 데 영향을 주었다.

그러나 영원한 삶의 의미를 가지고 사는 길은 그리스도 안에만 있다는 확신과 함께 삶의 의욕과 용기가 용솟음치는 변화를 경험하였다. 이 진리와 생명을 가르치고 전하는 것이 가장 보람 있고 아름다운 삶이라는 확신이 넘쳤다. 그렇게 결심한 뒤부터는 나 같은 사람이 감히 주님의 일에 헌신할 수 있다는 것이 영광스럽고 감사해서 감격적인 나날을 보냈다. 부모님께 신학교에 가서 목사가 되겠다고 말씀했더니 충격적인 반응을 보이셨다. 가난한 집안의 장남이 목사가 되면 어떻게 노후의 부모를 모시며 동생들을 돌볼 수 있을 것인가 하는 염려 때문이었다. 나는 누님 한 분이 계시고 밑으로 남동생이 하나, 여동생이 셋인 6남매의 맏아들이었다. 누님은 권사로, 남동생은 대전 장신대 교수로, 여동생 둘은 고향에서, 막내는 캐나다에서 살고 있다.

1955년 말에 갑자기 신학교 지원을 결심했는데 총회신학교 예과 지원 자격에 수세 후 1년 된 자라는 것이 있었다. 나는 유년시절 혼란기에 일본으로 건너갔다가 전쟁 말기에 교회가 문을 닫았기 때문에 유아세례를 받지 못했다. 그 후에 세례를 받으라는 권면을 받았어도 아직 부족하다는 생각으로 미루어 왔는데 그것이 신학교 입학 당시 문제가 된 것이다. 남상호 목사님께 말씀드렸더니 당회의 허락을 받아 목사님 서재에서 문답 후 세례를 받았다. 입학시험 면접 때 도양술 교수께서 수세일자를 물으셔서 이실직고 했더니 사정회에서 자격 미달로 불합격 처리되었다. 불타는 심정으로 여러 가지 장애를 무릅쓰고 지원한 사정을 무시하는 것 같아 서운하고 답답했으나 1년을 쉴 수밖에 없었다.

나의 신학교 진학은 부모님도 반대했을 뿐만 아니라, 담임선생님과 동기생들도 아주 의외로 생각했다. 입학원서를 가지고 교무실에 갔는데, 선생님께서 "서정운이 신학교에 간대요" 하고 큰 목소리로 말씀하시는 것을 듣자 주변 분들도 의외라는 반응이었다. 함께 졸업한 동기생들 대부분도 내가 신학교에 간 것을 몰랐다. 입학 지원시기가 거의 끝난 뒤에 결정한 것이기 때문이다.

동기생들이나 선생님들이 내가 목사가 되는 것을 의외로 여긴 이유는 내가 2학년 때부터 3학년 1학기까지 유도선수로 운동에만 전념했기 때문이었다. 유도 선생님은 유도학교(지금의 용인대학교)에 진학한 후 유도사범으로 나가는 것이 좋겠다고 권유했다. 선교사들이 세운 기독교 학교에서 이유는 알 수 없으나 유도를 정식과목으로 가르쳤다. 나는 선수로 지망한 것이 아니고 정규과목에서 배우다가 선수로 차출되었기 때문에 빠져 나갈 수가 없었다. 그러나 유도사범이 될 생각은 없었다. 3학년 1학기 때 시합 도중에 어깨를 다쳐 중단했는데 하나님께서 내 어깨를 부수시고 목사의 길로 들어서게 하셨던 것이다.

### 총회신학교 시절

1957년 봄에 다시 입학시험을 치르고 총회신학교 예과에 입학하였다. 나는 예과 학생이었기 때문에 박형룡 목사님의 강의를 들을 수 없었으나 설교를 통해 그분의 신학과 신앙을 배울 수 있었다. 예과는 기초적 성경공부 외에 교양과목 위주로 공부했는데 대부분의 과목은 서울대(배복석, 최의순, 김치선), 연세대(박태준, 심의곤, 한태동), 숭실대(이영헌, 김양선), 경희대(윤영춘) 등에서 오신 훌륭한 교수님들에게서 배웠다.

1958년 9월 1일에 군에 입대했는데 일반대학생들은 '학보병'으로 1년 8개월을 근무했으나 총회신학교는 대학 인가가 없던 때라 나는 33개월을 복무했다. 처음 20개월 동안 카투사 근무를 할 당시, 평생의 친구와 동역자가 된 형님 같은 군목(William R. Floyd)을 만났고 지금까지 가장 절친한 동역자로 지내고 있다. 그분이 미 남장로교의 컬럼비아 신학교 출신이라 나에게 제대 후 미 남장로교 선교부가 세운 대전대학(한남대학교)에 가도록 적극 권유해서 1961년에 제대하면서 신학교로 돌아가지 않고 대전대학으로 가게 되었다.

대전대학 3학년 때부터 교회를 개척했는데 '기독교 세계봉사회'가 6·25 전쟁 이후에 대전에서 여러 가지 사역을 했고 그중에 지체장애인 재활원이 있었다. 예수원을 시작한 토리 신부의 선친인 토리 목사께서 시작하신 후 미국개혁교회(CRC) 출신의 평신도였던 스틴스마(John Steensma) 씨가 원장으로 이어받은 재활원이었다. 내가 대전대학에 갈 때쯤 그 기관이 서울의 세브란스 병원으로 이전하여 서울로 가지 못한 절단자들과 몇 가족이 대전에 남았다. 그들을 돌볼 사람이 없어서 예배 인도를 맡았는데 주일에는 새벽기도, 주일학교, 오전예배, 오후에 학생회, 밤 예배를 인도하고 수요일밤 예배를 인도하였다. 교회 이름을 염광교회로 하고, 4학년 때 근처에 땅을 구해 시멘트로 예배당을 건축한 후 장로회신학대학원에 입학하면서 교회를 떠났다.

신학교 입학과 함께 서울의 지체장애인 재활원의 원목실 일을 맡게 되었다. 목사님께서 계시다가 떠난 후 내가 그 일을 맡게 된 것이다. 매일 하교 후에 밤 10시까지 입원중인 장애인들을 돌보고 주일과 수요예배 및 월요일 직원 예배를 인도하는 것이 내 책임이었다. 신촌에서 천호동까지 가는 만원 버스를 바꿔 타고 학교를 다니면서 매일 빠짐없이 재활원 일을 하느라 3년의 신학대학원 시기를 매우 분주하고 피곤한 가운데 지냈다. 목사가 되기 전에 군대에서의 1년 수개월의 군목보좌관 생활, 대학 시절의 교회 개척과 목회 및 3년간의 지체장애인 재활원 사역을 통해 여러 부류의 사람들을 섬기는 경험을 하게 된 것은 내가 받은 특별한 훈련이었다.

## 미국유학과 귀국

신대원 졸업을 앞두고 문제가 생겼다. 졸업 후 섬길 교회가 정해지지 않은 것이다. 그때는 졸업 전에 모두가 임지를 결정했는데 졸업식 때까지 정해진 곳이 없는 사람은 나뿐이었다. 대현교회(이기덕 목사님)에서 전도사로 불렀으나 수요일밤 예배에 설교부터 해 보라는 조건이 있었다. 나는 결정되면 가서 섬기다가 교회가 원치 않으면 즉각 사임하겠지만 시험 보는 설교는 못하겠다고 했다. 동기생이나 다른 목사님들을 통해 설득하는 것을 거절했더니 결국 졸업식까지 무임전도사가 된 것이다.

졸업식에 참석하러 집을 나섰는데 우편배달부가 미국 칼빈신학교 교장(John Kromminga)이 보낸 편지를 전해 주었다. 내용은 전액 장학금을 줄 터이니 속히 오라는 부름이었다. 지원서도 안 냈는데 뜻밖이었다. 짐작은 할 수 있었다. 지제장애인 재활원 원장이 졸업 후에 미국에서 더 공부했으면 좋겠다고 권한 적이 있었다. 그때 나는 한국에서 평범한 목사로 목회하려고 신학교에 다닌다고 대답하고는 거절했다. 신학교 2학년 2학기 때 그분이 귀국하면서 다시 권유했으나 거절했더니 영문 성적증명서라도 한 장 만들어 달라고 하여 묵살하기가 미안해서 2학년 1학기까지의 성적증명서를 준 적이 있었다.

유학생은 문교부 유학 시험에 합격해야 여권을 받을 수 있는데 나는 그런 준비도 하지 않은 상태였다. 여행사에 물으니 재활원에서 3년 이상 유급으로 일했으니 보사부 추천으로 여권을 받을 수 있다고 해서 간신히 여권을 받았다. 1967년이니 매사가 쉽지 않았다. 미국 대사관에서도 장로교신학교 졸업생이 왜 다른 교파 신학교로 가느냐는 등 여러 가지 문제점을 지적하며 질문을 하였다. 그래서 나는 꼭 가려는 것은 아닌데 일이 그렇게 되었다고 대답했더니 참고인으로 적은 마삼락 목사님에게 전화를 하더니 그분이 당신을 신뢰한다니 자기도 믿겠다고 하면서 비자를 발급해 주었다.

1967년 5월에 칼빈신학교에 갔더니 졸업식에서 세 분의 한국 목사님(이진태, 한기태, 정석산)들이 신학석사 과정을 마치고 졸업하는데 그 후에 한국학생은 나 혼자뿐이었다. 칼빈대학이나 신학교에 한국인은 나 밖에 없었고 그랜드 라피드(Grand Rapids) 시에도 한국 사람은 없었던 것 같다. 미국 유학을 열망해서 온 것은 아니지만, 특별한 혜택을 부여받았으니 최선을 다했다. 좋은 목회자가 되기 위해 공부하였다. 신학석사 과정은 논문까지 30학점을 이수하면 되는데 배우고 싶은 과목들을 50학점 이상 공부하고 졸업하였다.

1969년 초에 대전대학(한남대)의 타요한 학장께서 연락을 주셨다. 그리스도인 학생들만 있다가 불신자들을 입학시켰더니 대혼란이 일어나 소기의 기독교적 교육 목표를 이루기가 어렵다면서 교목실장으로 빨리 들어오라는 것이었다. 친지들이 귀국을 만류했다. 한국의 정세가 불안하고 경제적으로도 어려운데 왜 가족을 끌고 들어가느냐고 다른 도시와 캐나다에서까지 와서 만류했고, 방학 때 공장 근로자들의 월급을 묻기에 100불 정도라고 했더니 750불이나 받는 사람이 왜 돌아가느냐고 의아해했다. 그러나 귀국하는 것이 하나님의 뜻임을 추호도 의심하지 않았다. 그래서 1969년 2학기부터 한남대학교에서 일했는데 1971년에 대전노회에서 안수를 받았고, 1972년 초에 인도네시아 선교사로 가라는 요청을 받았다.

## 선교사로의 부르심

대구 삼덕교회의 김상구 목사님이 학교에 찾아와 교회 창립 20주년 기념사업으로 인도네시아에 선교사를 파송하는데 나를 선교사로 결정했다고 하였다. 뜻밖의 통보였다. 본인에게 한 마디도 물어 보지 않고 그런 결정을 했느냐고 반박하면서 나는 거절하였다. 나는 신학교 학생 때나 그 후에도 선교사가 된다는 생각은 전혀 생각해 보지 않았다. 여러 차례 설득했으나 내가 완강히 거부하다가 왜 나를 못살게 구느냐고 물었더니 대답은 간단했다. 우리가 동기생이니 피차 서로 잘 알고, 건강하고, 젊은 목사로서 외국생활을 경험한 사람이 나밖에 없어서 적격자라는 것이었다.

거부하면서도 선교사로 가라는 요청 때문에 고민한 것은 사실이다. 아침에 학교를 가면 일찍 온 학생들이 무리를 지어 성경공부를 하는 소리가 여러 방에서 들렸는데 그들이 자주 불렀던 찬송이 있었다. 찬송가에는 당시 아직 수록되지 않았으나 젊은이들이 먼저 번역해서 애송했던 "주 예수보다 더 귀한 것은 없네"였다. 원문은 더 도전적이었다. "나는 은이나 금보다 예수를 갖겠네. 말로 다 할 수 없는 부보다 그의 것이 되겠네. 나는 집이나 땅들보다 예수를 갖겠네. 나는 그의 못자국 난 손의 인도 받겠네." 나는 은이나 금보다 그리스도를 택하고 집이나 땅보다 주님을 원하며 못자국 난 그분의 인도대로 산다는 것이 어떤 삶일까를 생각하였다. 답은 명백하였다. 선교사의 부르심에 순종하는 것이었다.

그즈음 여러 가지 반대와 다른 요청들이 있었다. 학교에서 만류했고 학생들이 전원 서명 날인한 탄원서를 학교와 내게 전달하고 대자보(?)를 붙이는 등 여러 가지 방법으로 선교사행을 포기시키려고 노력하였다. 한경직 목사님께서는 영락교회 교육목사로 오라는 전화를 하셨고, 미국개혁교회(CRC) 선교부에서는 한국에 선교를 시작하는데 책임을 맡아달라고 것을 요청해서 거절했더니 선교부 간사가 나를 설득하려고 한국에 왔다. 학교와 학생들의 만류를 뿌리치기가 어려웠다. 한경직 목사님께 김상구 목사와 인도네시아 선교사로 가려고 기다리던 김윤석 목사와 함께 찾아 뵙고 선교사로 간다고 말씀을 드렸더니 양해하시고 격려해 주셨다. 미국개혁교회에서 나를 원했던 것은 그 당시 미국에 있다가 귀국하는 일이 흔치 않았는데 내가 가족을 데리고 한국에 돌아가는 것을 보고 한국에서 사역할 사람이라는 확신을 가진 것 같았다. 내가 선교사로 떠나지 못할 경우 재고하자고 CRC 선교부 간사를 설득하여 돌려보냈다.

### 선교사역을 위한 준비

1972년 12월에 한국을 떠났다. 한국에서는 선교 훈련이 없었다.

## 들어가서

인도네시아에 가기 전에 문맹퇴치를 통한 선교를 하기로 했기 때문에 위클리프 성경번역회(WBT)에서 실시하는 언어훈련(SIL)을 받게 되었다. 아시아 지역은 호주의 버리스벤에 있는 임마누엘 대학에서 실시했고, 이어서 다윈에서 문맹퇴치와 전도에 대한 캠프에서 교육을 받았다.

미국에서 선교에 대한 몇 과정을 택해 공부했던 것과 한남대학교에서 선교사 몇 분들과 친밀하게 사역했던 일들이 선교사로서 일하는 데 도움이 되었다. 호주에서 훈련받는 동안 원주민 교회 목사가 부족하여 내게 머물기를 권유하는 교회들이 있었으나 거절하고 다윈에서 인도네시아 남쪽 섬인 티모르(Timor)로 입국하였다. 비행기가 착륙하기 위해 내려가는데 활주로가 보이지 않았다. 불시착을 하는가 싶었는데 작은 비행장이라 제대로 된 활주로가 없었다. 통나무로 지은 비행장 건물에서 입국절차를 밟는데 동네 아이들이 모여들고 남루한 노인이 앉아 피리를 불면서 구걸하고 있었다. 찌는 듯한 무더위 속에서 몇 시간 동안 앉아서 그렇게 인도네시아의 첫 날을 체험하였다. 이런 곳에서 어린 아이들을 키우며 살아야 하는구나 하는 생각에 마음이 가볍지 않았다.

## 선교지에서

내가 인도네시아 선교사로 파송될 때 한국의 총회 선교부와 인도네시아 교회협의회 선교부에서는 주택을 인도네시아 교회가 담당할 것이라고 얘기했다. 그러나 도착해보니 재정 형편이 여의치 않아 그 약속을 지킬 수 없다고 하였다. 전국을 대상으로 한 사역의 성격상 자카르타에 거주해야 했지만 주택비가 비싸서 자동차로 5-6시간

떨어진 반둥(Bandung)으로 가는 것이 좋겠다고 하였다. 인도네시아는 집세를 대부분 2년치를 일시불로 내야 되었는데 미국 감리교 선교사에게 차용해서 집을 구했다.

나는 인도네시아에 입국하자마자 보르네오 오지에 다녀왔는데 반둥에 가 보니 보르네오에 비해 여러 가지 여건이 달랐다. 인도네시아에 들어갈 때 약속된 선교사 비자가 나오지 않아 방문비자로 입국했는데 이미 보르네오 지역의 몇 군데 사역이 예정되어 있었기 때문에 갔다온 것이다. 보르네오에서의 처음 얼마 동안은 잠을 제대로 잘 수 없었다. 뱀과 전갈과 거미와 지네 같은 벌레들이 우글거리는 허술한 잠자리에서 잠을 이루기가 매우 어려웠는데 자바에 오니 환경이 달랐다.

그때는 선교사 언어 교육기관이 없었기 때문에 성경학교를 졸업한 전도사에게 일주일에 두 번씩 언어를 배웠다. 내가 하고 싶은 기본적인 말들을 인도네시아어로 받아 언어 선생이 녹음해 준 것을 들으면서 반복 연습하는 방식이었다. 반둥에 한국 사람이 없었기 때문에 언어 습득이 더 유리했다. 어느 정도 말을 배운 후에는 사역을 시작하였다. 당시에는 교회협의회(DGI 후에 PGI) 소속교단과 협의회 소속이 아닌 보수적인 선교사나 교단 간에는 교류가 여의치 않았지만 나는 한국에서 온 선교사라는 것과 문맹퇴치를 통한 전도훈련이라는 사역의 특수성 때문에 전 지역에서 초교파적으로 사역할 수가 있었다.

인도네시아는 절대 다수가 이슬람교도들이라 직접적이고 적극적인 전도는 법적으로 금하고 있었다. 헌법 이전의 국시라 할 수 있는 5대 권리(Pancasila)의 첫째 원리가 "우리는 같은 신을 믿는다"는 것이다. 종교 간의 충돌을 예방하려는 의도인 것 같다. 그러므로 다른 사람에게 자기가 믿는 신앙을 적극적으로 전하는 것은 허용되지 않았다.

반면에 전 인구의 40-50%가 문맹자들이었기 때문에 문맹퇴치는 국가적 관심사였다. 그 같은 실정에서 문맹퇴치를 통한 전도는 거의 저항을 받지 않고 사역할 수 있었다. 내가 직접 문맹자들을 가르친 것이 아니고 먼저, 문맹퇴치용 책을 만들었다. 그 내용이 성경 이야기였기 때문에 그 책을 가지고 글을 배우면 저절로 성경의 요점들을 접할 수 있었다. 둘째는 글을 아는 사람들이 책을 사용하여 전도하도록 훈련하는 일이었다. 나는 신학생, 성경학교 학생들, 교회학교 교사들, 평신도들을 훈련하였다. 2박 3일 정도로 합숙훈련을 시킨

것이다. 셋째는 훈련받은 사람들이 실제로 가르치고 전도하도록 관리하는 일이었다. 집단적으로 가르치는 것이 아니고 선생과 학생이 일대일로 만나 약 40과를 공부하기 때문

에 40번 정도 만나게 되는데 성경적 내용이기 때문에 글을 가르치면서 전도할 수 있었다. 자기 가족, 친구, 동네 사람을 택해 가르치는 것이라 학생을 정하기가 어렵지 않았다. 예수 믿는 사람은 글을 배워 성경을 읽게 하고 믿지 않는 사람은 믿도록 하였다.

그런 사역이었기 때문에 전국 각지의 모든 교파가 나의 사역에 동참하고 지원해 주기를 원하였다. 자바를 위시해서 수마트라, 슬라웨시, 보르네오 및 발리와 티모르 등의 신학교, 성경학교와 교회에서 훈련했는데 특히 수마트라와 보르네오 지역의 요청이 많았다. 수마트라 지역은 니아스 섬과 믄따웨이 섬까지 다녔고, 보르네오는 동은 따락칸에서, 서는 쁜띠아낙, 남은 발리빠빤과 반잘마신을 중심으로 그 일대의 내륙에서 일꾼들을 훈련하였다. 주요 교단은 C&M.A. 루터교, 침례교, 보수침례교(Conservative Baptist) 개혁교회(여러 다른 교단들), 하나님의 성회 교회, 감리교 및 OMF 등에서 협력하였다.

### 장로회신학대학교에서

장로회신학대학교에서의 처음 몇 해는 과중한 업무로 힘이 들었다. 생활관장과 실천처장 일을 하면서 실천신학의 거의 모든 강의를 맡았기 때문에 학기마다 3-4과목을 강의했는데, 처음 하는 강의라 준비에 많은 시간이 필요하였다.

평소에 목회자나 선교사들을 위해 필요하다고 생각했던 과목들을 새로 시작했는데 선교학, 영성훈련 및 경건학점제도 같은 것이었다. 학훈이 '경건과 학문' 이었으나 경건교육에 대한 구체적인 평가 제도가 없어서 경건학점제도를 시작했던 것인데, 총장이 된 후에 신대원 신입생들은 첫 학기 동안 생활관에서 영성 훈련을 받아야 진급하는 제도를 만들었다. 영성 교육을 전담하는 교수의 지도를 받아 새벽기도, 학교 청소, 밤마다 침묵시간 등을 실시했고, 무리별로 주말에 경건 수련원에서 3박 4일의 특별 지도와 훈련을 받은 후 2학년에 진급하도록 하였다. 이광순 교수가 보강된 후부터는 선교학 부전공 제도를 실시하고, 학생들이 선교에 대한 많은 과목을 배울 수 있게 하였다. 이론교육뿐 아니라 실제적인 훈련이 중요하기 때문에 '선교현장연구', '선교현장실습' 및 '견습선교훈련제도' 를 실시하였다. '선교현장연구' 는 학생들이 일정한 지역을 집중적으로 연구하게 하여 미래의 선교지에 대한 이해를 갖도록 했는데 후에 자기들이 미리 연구한 지역에 선교사로 가는 경우가 늘어갔다.

'선교현장실습' 은 방학 때 15-25명 정도의 학생들이 지도교수와 함께 현장에 가서 선교현장을 체험하게 하는 훈련이었다. 나는 방학 때마다 자주 '선교현장실습' 을 지도했는데 자주 다닌 지역은 태국과 인도네시아였고, 중국, 스리랑카, 인도, 필리핀, 러시아, 몽골 등에서도 훈련했다. 현지인들 가정에 분산시켜 그들과 함께 살게 하는 것이 기본 방식이었고, 때로는 선교사 집이나 교회나 현지 학교 교실에서 숙식하면서 그들과 함께 먹고 자고 생활하게 하였다. 4주 내지 5주 동안 현지인들과 살면서 그들의 일상적인 삶을 함께할 수 있으면 선교사가 될 수 있고, 안 되면 선교사로는 부적격자로 자신을 평가하게 하였다. 이 훈련은 더운 날씨와 비위생적인 환경과 입에 맞지 않는 음식과 생소한 관습 등으로 감내하기가 쉽지 않았지만 학생들이 잘 감당했고 이 훈련을 마친 학생들 중에 많은 학생들이 선교사로 나가 헌신하고 있다.

'견습선교사 훈련'은 선교사에게 가서 1년을 함께 살면서 선교 체험을 하는 과목인데 선교사를 돕고 지도를 받으면서 선교사의 삶과 사역을 체험하게 하였다. 학기마다 한 번씩 돌아온 학생들과 떠나는 학생들을 위한 특별예배를 드렸는데 참여하는 학생들뿐 아니라 모든 교수, 직원, 학생들의 선교의 비전과 열정을 진작하는 은혜가 있었다.

신학교가 선교적인 목표를 집중적으로 추구할 수 있도록 해외 선교기관이나 신학교육기관과의 교류도 확대했는데 그중에 특히 중요한 일들은 미국의 OMSC(해외선교연구소)와의 동역관계 체결과 지속적인 교육 협력이었고, 중국의 복단대학교와의 한·중 기독교 공동연구를 시작한 것이었다. 자기들은 학술적 차원에서, 우리는 선교적 차원에서라는 의도로 출발했는데, 현재도 매년 한 번씩 장신대와 상하이의 여러 대학교 교수들이 한·중 기독교 연구논문 발표회를 계속하고 있는데 이 모임을 통해 책에서 읽을 수 없는 중국교회의 역사와 현황을 이해하고 중국학자들과의 우의를 돈독하게 형성하고 있다.

그뿐 아니라 해외 교회의 지도자 육성을 위해 1970년대부터 아시아, 아프리카 지역을 위시해서 중남미와 남태평양 지역의 사역자에게 전액장학금을 후원하며 교육시켜 왔다. 때문에 수십 명의 외국인 학생들이 캠퍼스에 함께 살면서 공부함으로 외국인 교육과 더불어 한국 학생들에게는 선교적 영향을 미쳤다. 이 과정을 거쳐나간 외국인 교회 지도자는 수백 명에 이르고 세계 도처에서 교수나 목회자로 사역하고 있다.

또한 총회가 선교사로 선발한 사람들의 파송 훈련을 신학교에 위임해서 두 달 동안 합숙 훈련을 하였다. 아시아 교회의 선교사들이 적절한 훈련을 받지 못하고 현장에 나감으로 여러 가지 어려운 일들을 겪게 되는데 두 달간의 파송 훈련이 도움이 되었을 것이다. 무엇보다도 두 달간의 합숙을 통해 선교사들 간의 사귐이 깊어지고 지속적인 기도와 협력이 가능한 것이 좋았다. 그들을 더 이해하게 되어 그 후의 선교사 관리와 후원에도 참고가 되었다.

학교 시설이 협소하고 부족해서 교사 신축이 결정되어 있었는데, 많은 분들이 불가능한 일이라며 염려했다. 그래서 하나님의 은혜와 교회들의 지원과 교직원 및 학생들의 희생적인 협력으로 행정관, 도서관, 교수연구실, 남녀 생활관, 예배당, 음악관(총 건평 5,980평) 등이 예정한 기일 안에 순조롭게 신축되었다. 그때, 21세기가 되면 한민족교회가 세계선교의 중요한 역할을 하게 되고 한반도에 동서남북의 교회가 교차하면서 신학과 선교를 연구하고 협력할 자리가 된다는 신념을 가지고 미국의 루스 재단(Luce Foundation)과 접촉하였다. 서울에 그 같은 일을 할 센터 설립을 해야 한다고 했더니 매우 엉뚱한 발상이라는 반응을 하면서 정중하게 등을 돌렸다. 그 이듬해, 다시 뉴욕에 가서 루스 이사장과 관계자들을 만나 동일한 주장과 요청을 했다. 그들은 서류로 청원서를 내보라고 하면서 나를 돌려보냈는데, 청원서를 보낸 후 3년 정도 심사를 했다. 루스 이사장이 서울에 와서 당시 이사였던 주한 미대사(레이니 박사)와 함께 최종 심사를 마치고 요청한 금액 300만 불 중 100만 불을 후원해 주었다. 그 돈을 기초로 해서 '세계교회협력센터'가 건립되었는데 루스 재단의 후원금도 감사했지만 한국교회가 21세기 세계선교운동의 주축이 될 것이라는 우리의 포부에 동의했다는 것은 후원금에 비할 수 없는 중요한 성과라고 생각하였다.

### 나의 소망

나는 목사, 선교사, 교수 및 총장으로서 사역하고 은퇴하였다. 돌이켜 보면 나의 사역뿐 아니라 일생의 절정기는 선교사 시절이었다. 내 일생의 중간토막(35-40세)이었을 뿐 아니라 보람과 감사가 가장 넘치는 시기가 선교사로 섬기던 때였다. 나는 짧게나마 선교사로 불러 써 주신 하나님의 특별한 사랑을 감격적으로 감사하며 산다. 나는 그때 만나고, 동역했던 여러 나라에서 온 선교사들의 인격과 헌신을 기억하고 나의 삶을 가다듬으며 살 수 있음을 특별한 은총이라 확신하며 감사한다. 매우 열악하고 위험하기도 하던 여건 속에서 신앙생활을 하며 전도에 협력하던 인도네시아 형제자매들을 생각하며 자신을 반성하고 분발하게 되는 것도 나의 영적 자산이 아닐 수 없다.

나의 소망은 내게 힘이 있을 때까지 각지에 흩어져 헌신하는 선교사들을 만나 때때로 '함께'하는 것이다. 그들의 얼굴을 보고 싶고, 하는 일을 알고 싶고, 그들의 이야기를 듣고 싶고, 그들과 함께 놀고 싶고, 함께 찬양하며 기도하고 예배드리고 싶다.

그리고 명성교회의 지원으로 새로 설립된 한국선교연구센터(Korean Center for Mission Studies)가 든든한 기초를 구비하고 발전하여 그 목적대로 안식년에 돌아온 심신이 곤비한 선교사들을 쉬게 하고 위로하고 격려하며 새 힘을 얻어 다시 선교지로 나가게 하고 선교를 연구하며 더 좋은 선교의 길을 밝혀 나가길 바란다.

마지막으로 내가 섬긴 학교가 좋은 교육기관으로 발전하여 하나님 나라 건설과 그 일을 위한 좋은 일꾼들을 양성하고 모든 졸업생들이 배우고 확신한 바대로 하나님 나라를 위해 유용하게 살아가기를 바란다. 그리고 온 세상에 흩어져 있는 민족교회가 교회다운 교회로 성숙하여 21세기 세계복음화에 위대하게 기여하기를 바란다.

# 후회 없는 나의 선교사의 삶

이은무

나는 국제선교협력기구(Korea International Mission) 선교회의 파송을 받아 1976부터 1981년까지 칼리만탄(한국에서는 보르네오 섬으로 알려짐)에서 교회 개척 사역을 하였다. 한 팀 사역을 마치고 안식년을 얻어 휘튼 대학에서 초문화권 커뮤니케이션학을 연구하였으며, 1983년 8월부터 1985월 2월까지 약 1년 반을 '바울의 집'에서 선교사들을 훈련하여 파송하는 사역을 통해서 선교지의 일꾼을 확보하는 일을 했다.

HERE I AM, SEND ME, LORD!

# 후회 없는
# 나의 선교사의 삶

이은무

나는 국제선교협력기구(Korea International Mission) 선교회의 파송을 받아 1976부터 1981년까지 칼리만탄(한국에는 보르네오 섬으로 알려짐)에서 교회 개척 사역을 하였다. 한 텀 사역을 마치고 안식년을 얻어 휘튼 대학에서 초문화권 커뮤니케이션학을 연구하였으며, 1983년 8월부터 1985월 2월까지 약 1년 반을 '바울의 집'에서 선교사들을 훈련하여 파송하는 사역을 통해서 선교지의 일꾼을 확보하는 일을 했다.

1985년 3월부터 첫 텀 동안 소속되어 사역한 인도네시아 선교협의회(Indonesian Missionary Fellowship)의 요청으로 주청 소재지인 폰티아낙에서 멀지 않은 안중안이란 곳에서 신학교 사역을 하였다. 그곳에서 약 4년 동안 안중안 신학교 사역을 하였고 1989년에 두 번째 안식년을 맞아 패서디나에서 1년 반 동안 KIM 선교회 미주 사무실에서 한국 선교사들을 훈련시키는 일을 했다. 틈틈이 풀러 신학교에서 과목을 들었고, 윌리엄 캐리 대학에서 미션 퍼스펙티브 코스(mission persfective course)를 들으며 안식년을 보냈다. 그 후 나의 사역지는 싱가포르로 바뀌게 되었고, 싱가포르에서의 사역은 상임 이사로서, 선교사 회장으로서 지도력, 행정 사역을 하면서 인도네시아의 바탐섬에 선교신학원을 세워 후임 선교사에게 맡겼고, 반둥에 신학교 세우는 일을 했다.

1995년까지 세 번째 텀 5년을 끝낸 후 안식년을 얻어 바이올라 대학에서 타문화권 교육학 철학 박사 학위(Ph.D.) 과정을 위해 약 3년을 보냈다. 그리고 다시 네 번째 텀을 위해 선교지를 바꿔 말레이시아로 갔다. 말레이시아에서는 SAM(Sekolah Alkitab Malaysia)이라는 말레이어로 시작된 작은 신학교육 프로그램을 MBS(Malaysia Bible Seminary)와 협력해서 네 개의 도시에 설립해서 지금까지 지원을 하고 있다.

싱가포르에서는 중국 지하 교회 지도자들은 물론, 동남 아시아, 아프리카에서 온 지도자들을 위한 BSM(Bethany School of Missions) 선교학교에서 학위 프로그램을 도우면서 사역을 하다가 2006년 6월까지 약 30년의 선교사 생활을 마감하고 현재는 뉴욕에서 전 세계를 대상으로 하는 교육 선교 네트워크와 아시아인들의 선교 동원과 네트워크를 위한 AMA(Asia Missions Association)의 책임을 맡고 있다.

### 내가 태어나 자란 곳

나는 1949년 아주 추운 겨울에 경기도 파주읍 금촌시에서 조금 더 들어가면 나오는 산으로 둘러싸인 조그만 마을인 아동면 검산리에서 태어났다. 아버지와 큰 형님이 목공과 농사를 같이 지었는데 빈농은 아니지만 넉넉지 않은 농부의 가정이었다. 6개월 후에 6·25 전쟁이 발발했으니 부모에게 나는 괴로운 존재가 아닐 수 없었다. 피난을 가야 하는 상황에 늘 우는 갓난아기는 차라리 나지 않았더라면 좋았을 운명이었던 것이다. 어머님의 등에 업혀서 피난을 떠나야 했고, 방공호에서 숨을 죽이며 3년간을 살아야 하는 위험천만한 상황 속에 나의 인생이 시작된 것이다.

그 후 네 살 때 어머니는 병으로 돌아가셨고 나는 형수 밑에서 양육을 받아야 했다. 지금도 모친의 얼굴을 잘 기억하지 못할 뿐만 아니라 '어머니'라고 불러 본 기억도 나지 않는다. 불행하게도 나는 누님도 없고 위로 형님들만 세 분이 계셔서 가정의 따뜻함이나 자상한 사랑을 받아 본 적이 없었다. 동생도 없으니 사랑을 베풀 수 있는 대상도 없었다. 6·25 전쟁을 겪은 사람들 중 나만 이러한 고난의 삶을 산 것은 아니겠지만 나의 삶은 유난히도 험난했다. 나의 고향의 특성상 나는 도시(서울)와 시골 사이에서 정체성이나 비전도 없이 살아가는 사람들 틈바구니에서 발전은 생각지도 못하며 살았다. 이러한 환경 가운데 주님을 만난 것은 전적인 하나님의 은혜였다.

당시 한국 농촌은 교회가 없는 곳이 많았다. 농촌에서 교회를 세우는 일이 쉽지 않지만 여름만 되면 서울에서 농촌봉사팀, 하기 성경학교팀이 농촌에 내려와 1-2주간을 보내곤 했다. 내가 어렸을 때 그들이 하는 재미있는 프로그램(그때는 교회라는 개념을 깨닫지 못했음)에 참여하고 즐겼던 기억이 난다. 그 후 팀을 인도했던 이중은 목사님께서 내 고향에서 교회를 개척했고, 그 교회에 초청을 받았다. 교회란 곳에 처음 발을 디딘 것은 열여섯 살 때였다.

### 주님을 만난 순간

나에게 복음을 전해 준 분은 이중은 목사님이시다. 그는 감리교 목사로서 나의 고향 마을에서 전도의 열정을 불태웠다. 어떻게 보면 시골도, 도시도 아닌 내 고향은 복음에 대한 반응이 전혀 없고, 불교도 아닌 무속신앙과 무지가 판을 치는 곳이었다. 지금도 전국에서 그리스도인 인구가 가장 적은 곳일지도 모른다. 이곳에서 예수님을 영접할 수 있다는 것은 기적에 가까웠다. 그것은 하나님의 은혜이고, 일면 나에게 새로움에 대한 동경과 도전이 있었기에 가능했을 것이다.

새로움에 대한 동경은 나에게 끝없는 호기심을 불러 일으켰고, 이는 도전 정신으로 발전했다. 그래서 나는 선교사가 되기로 결심을 했는지도 모른다. 가난한 시골에서 태어나 전 세계를 다니며 복음을 전할 수 있었던 것은 나에게 국제적인 감각을 불어 넣어 주신 시골 교회 목사님 덕분이다. 당시 시골의 상황은 어려웠고, 먼 곳도 아닌 서울에 가 본 일이 없는 시골의 한 청년에서 세계를 향하라는 말씀은 하나의 잡힐 수 없는 꿈처럼 막연하기 그지 없는 것이었다. 그러나 그 꿈은 이루어졌다. 그것은 갈릴리 바닷가의 어부였던 베드로를 부르셔서 모든 민족에게 복음을 전하라고 말씀하시고 훈련하시고 기회를 주신 주님이 나에게도 역사하신 결과임에 틀림이 없었다.

하나님께서 내게 주신 이러한 호기심이 결국은 나를 선교적 헌신의 자리로 이끌었으며, 나는 심는 대로 거둔다는 말씀을 잡고 열심히 심는 일을 했다. 지금도 잊지 못하는 주님을 향한 첫사랑은 십자가에 대한 감격이었다. 믿기 시작한 지 불과 1년도 되지 않아 나는 십자가만 보면 눈물이 나오는 버릇이 생겼다. 시골에서 나뭇가지만 보아도 잘라서 붙잡아 매어 십자가 만들기를 즐겨했고, 풀을 보아도 십자가를 만들어 세우는 버릇이 생겼다. 주님의 십자가가 내 삶의 전체인 것처럼 감격했다. 그리고 나보다 불행한 사람들이 있다면 어디든지 찾아가서 내가 받은 그 사랑을 전해야겠다는 생각을 늘 했는데, 그것이 제일 가난한 사람들이 살고 있는 칼리만탄 정글 속의 사람들인 줄은 전혀 상상하지 못했다.

지금도 주님의 십자가는 내 삶이고, 앞으로의 삶도 주님의 십자가이다. 바울의 신앙고백처럼 말이다. "내가 그리스도와 함께 십자가에 못 박혔나니 그런즉 이제는 내가 사는 것이 아니요 오직 내 안에 그리스도께서 사시는 것이라 이제 내가 육체 가운데 사는 것은 나를 사랑하사 나를 위하여 자기 자신을 버리신 하나님의 아들을 믿는 믿음 안에서 사는 것이라"(갈 2:20). 이 말씀은 앞으로도 변함없는 내 삶의 철학이 될 것이다.

앞에서 말한 대로 가정 환경은 나에게 사랑을 가르쳐 주지 못했다. 그런데 사랑을 경험해 보지 못한 나에게 예수님은 사랑으로 다가오셨다. 나의 삶은 거칠 수밖에 없었지만 하나님은 긍휼을 베푸셔서 나를 사랑하고 어머니 같은 아내를 주셨고, 4명의 자녀들 특별히 3명의 딸들을 주셔서 나에게 사랑을 가르쳐 주었고, 가정이 무엇인가를 알게 하셨다. 그들은 나의 평탄치 않은 과거의 스토리를 잘 알고 있기에 내 사랑을 받아야 함에도 불구하고 오히려 사랑과 관심을 가지고 나를 돌보고 있어 가정에서도 사랑의 빚을 많이 지고 있다.

## 선교사로 부르심

세계적 비전, 미지에 대한 호기심, 기성교회의 목사는 되지 않겠다는 생각이 나를 선교사로 만들었는지 모른다. 주님에 대한 뜨거운 사랑과 주님을 위해 나를 바치겠다는 생각은 변함이 없었다. 그러나 목사가 되지 않고도 주의 일을 할 수 있지 않을까 생각했다. 목회자의 길이 아닌 대안으로서 선교사의 길을 생각했던 것 같았다. 당시 서양 선교사들이 운영하는 신학교를 들어가다 보니 영어 수업도 수월하게 할 수 있었고, 선교사들의 삶과 한국인도 할 수 있다는 도전 정신 등이 동인이 되어 나를 선교사의 길로 인도했던 것 같다. 그 당시 한국 선교사의 롤 모델(role model)이 될 수 있는 사람도 없었다. 지금처럼 선교사들이 와서 도전하는 모임에 참석하는 경우도 없었고, '선교한국' 같은 선교 대회도 물론 없었다.

　단기 선교의 경험도 없었을 뿐만 아니라 지금처럼 인터넷을 통한 정보도 얻을 수 있는 길이 없었던 시대였다. 해외에 나간다는 것은 특별한 사람만의 특권이었고, 여권이나 비자를 받는 일도 쉽지 않은 시대였다. 당시는 '선교사'라는 말이 서양 사람을 자칭하는 것처럼 여겨졌던 시대였다.

　그렇다면 어떻게 선교사가 되기로 결정을 했을까? 그렇다고 성령의 음성을 들은 일이나 영적 뜨거움을 경험한 일도 없다. 고향에서 친구들이 안 믿는 예수를 믿게 된 것도 새로운 세계에 대한 도전 정신 때문이었고, 신학교를 나온 후 선교사가 되겠다는 생각을 한 것도, 기성 교회 목사가 되지 않겠다는 것도 결국은 나의 도전 정신에 기인한 것이라고 생각한다. 지금도 이 도전 정신에는 변함이 없다. 그래서 선교지에서도 한자리에 5년 이상 있지 않고 개척하면 현지인들, 또는 후임 선교사들에게 인계해 주어서 이렇게 많은 사역을 해냈는지도 모른다. 나는 선교사역에 대해서 후회하지 않고, 남을 따라하는 식으로 하지 않았다. 나의 길은 하나님이 준비해 주셨고,

처음 예수님을 영접할 당시부터 그와 같은 생각을 갖게 한 것은 '세계'라는 영역이지 '선교'라는 주제는 아니었던 것 같다. 선교지에서 영혼을 대면하면서 비로소 나의 선교 사역은 하나님이 부르시고 준비해 주신 사역임을 깨달았다. 현지인들이 그렇게 사랑스럽고 편할 수가 없었다.

### 선교사로서의 준비

나의 선교사로서의 훈련은 '바울의 집'에서 시작되지 않았다. 그 이전인 1971년 안동의 한 시골에서부터였다. 앞에서 언급한 대로 '목사'라는 직분은 매력이 없었다. 그래서 선생이 될 결심을 하고 시골로 내려간 것이다. 그곳에서 성경과 영어를 가르쳤다. 선교사 학교를 나왔다는 이유로 초청을 받았지만 중학생들을 가르치기에는 너무나 설익었다. 그래도 나는 열 배 노력하면서 맡은 일을 훌륭하게 해냈다. 내가 배운다는 생각을 하면서……. 전도의 열정은 또한 나로 하여금 정글이 아닌 산악으로 다니며 복음을 전하게 했고, 그 경험은 훗날 칼리만탄 정글에서 사역을 하는 데 아주 큰 도움을 주었다.

그뿐이겠는가? 당시에는 군대를 다녀오지 않으면 해외에는 전혀 나갈 수 없는 때였다. 그런데 마침 공익요원(당시 '방위'라 부름)이 되어 2년간을 밤에 경찰서에서 근무할 수 있었다. 낮에는 강의를, 저녁에는 공익을, 주말에는 전도를 해야 하는 힘든 3년의 세월이 어느덧 훌쩍 지났다. 마지막 군복무를 끝내고 새벽기도 시간에 나의 눈에서는 통곡의 눈물이 나왔다. 그 눈물은 의미심장한 눈물이었다. 군복무를 무사히 마치게 하신 하나님께 대한 감사의 눈물이었고, 그동안 꿈꾸던 선교사가 되겠다는 헌신의 눈물이었기 때문이다.

나를 붙잡는 교장 선생님의 손을 뿌리치고 서울로 올라가 KIM 선교회 조동진 목사님을 만났고, 흔쾌히 허락하시는 하나님의 인도하심을 보면서 이것이 내 길임을 확신하게 되었다. 2년이라는 기간 동안 갖가지 훈련(대부분 Self-Training)을 받으면서 미래를 준비할 수 있었다. 운전부터 시작하여 타자 기술, 무선신호 기술, 인쇄 기술, 번역, 영문서적 읽기 등 다양한 기술을 습득했다. 두 여름을 하기 선교대학원(Summer Institute of World Mission)에 참석하여 국제적 감각과 선교의 이론을 배울 수 있었던 것은 나에게 선교의 방향을 제공하는 데 충분했다. 당시 조동진 목사님은 미국 풀러 신학교의 매거버런, 윈터, 워그너, 크라프트 등 당시 유명한 선교학 교수들과 달라스, 휘튼, 트리니티 등 모든 유명한 교수들을 두 해에 걸쳐 하기 선교 훈련원에 초청하였다. 그분들의 강의는 선교에 대한 확실한 개념을 설립하는 데 충분했다. 세계 복음화에 대한 사명, 문화에 대한 적응능력, 현지인 지도력 개발이 우선순위가 되어야 한다는 것은 모두 그 곳에서 배운 것들로서 나의 선교철학이 되었다.

선교사 훈련은 비공식적인 훈련(안동에서의 훈련), 공식적인 훈련(KIM에서의 훈련)으로 이어졌고, 그것으로 끝난 줄 알았으나 훈련은 계속되었다. 지금 생각해도 끔찍할 정도로 하나님은 나에게 훈련을 많이 시키셨다. 그래서 내가 훈련을 많이 받았기에 훈련을 시킬 자격이 있다고 믿고 있고, 선교사들에게 훈련의 중요성을 늘 강조하고 있다. 훈련을 강조하는 또 다른 이유는 구약에서 아브라함이나 모세와 같은 신실한 하나님의 종들이 훈련에서 훈련으로 수많은 시간 동안 연단을 거친 후에야 하나님의 역사에 능하게 사용되었음을 잘 알고 있기 때문이다.

선교사로서의 준비는 선교지에서도 계속되었다. 내가 선교지 인도네시아에 처음 도착한 곳은 칼리만탄이 아니라 '바투'라는 곳이었다. 인도네시아는 더운 열대지방이지만 바투는 시원하고 아름다운 곳이었다. 나는 도착하자마자 '선교지가 이렇게 좋은 줄 모르고 두렵게만 생각을 했구나!'라고 생각하면서 당시 10여 개국에서 온 서양 선교사들과 일본인 선교사들과 함께 즐거운 생활을 시작하였다. 그들의 친절과 삶의 습관은 호기심 많은 나에게 많은 배울 거리를 제공해 주었다. 그러나 그러한 호기심도 몇 개월 못 가서 스트레스로 변하기 시작했다. Mission House에서 들리지 않는 강의를 듣는 일과 억지로 만들어 놓은 신임 선교사들과 현지인들과의 교제시간 때문이었다. 초 문화권 훈련을 구체적으로 받아야 하고, 일을 위해서는 현지인들과 같이 일하는 법을 배워야 한다는 것이었다. 물론 마음에 결심은 되어 있었지만 적응하기가 쉽지 않았다. 더욱이 독신으로 간 나로서는 누구와도 마음의 대화를 할 수 있는 기회가 주어지지 않았다. 부엌에서 채소를 다듬는 일부터 시작해서 접시를 닦는 일, 마당에서 풀을 뽑는 일 등 한국에서 익숙지 않은 일들이었지만 억지로라도 해야 하는 상황이었다. 그러나 그것들이 중요한 것은 현지인들과 함께 사는 법을 배우는 것이고, 같이 일하는 법을 배우는 과정이기 때문이다. 당시에는 힘들고 자존심 상하는 일이었지만 해냈고, 훗날에는 그것이 얼마나 복된 일인가를 선교 사역의 열매를 보고 알 수 있었다.

IMF 선교 단체가 있는 곳은 동부 자바의 수라바야 시에서 약 2시간을 차 타고 가야 하는 곳이기에 아름답기는 하지만 시골이라 언어 학원 같은 데가 없었다. 그래도 '말랑'이라는 시에 조그만 지방대학이 있기에 언어 선생을 초청할 수 있었다. 사르지또라는 언어학 교수인데 촌스럽고 느리기 그지 없는 자바 사람이었다. 언어 훈련의 중요성을 알기에 언어 훈련을 할 때 겸손하려고 노력했고, 인도네시아인들은 모두 언어 선생님이라는 생각으로 그들을 만나거나 대화 거리를 만들어서 언어 습득을 빨리할 수 있었다. 6개월이 되니 간증을 할 수 있을 정도였고, 1년이 지나니 부족하지만 설교를 할 수 있었다. 언어 선생님과의 공부는 6개월 동안 했는데 스스로 노력하는 것을 늦추지 않았다. 사람들과 교제를 통한 언어 연습은 물론이고 성경을 많이 읽어 성경의 용어들을 익숙하게 만들었다. 그 이유는 내가 전하는 하나님의 말씀을 먼저 인도네시아어(바하사)로 마스터 해야 했기 때문이었다.

### 선교지 선택

지금은 선교지 선택의 폭이 넓은 시대에 살고 있다. 한국 선교사들이 지금 180여 국가에서 사역을 하기 때문에 많은 선교 후보생들이 단기선교의 기회를 이용해서 선교지를 가 보기도 하고, 그곳에 살아 보기도 할 수 있는 등, 선교 실무를 미리 연습할 수 있는 기회가 충분하다. 그러한 경험을 통해서 선교의 도전도 받고 정보도 얻게 된다. 인터넷을 통해서 선교지에 대한 다양한 정보를 얻을 수 있는 시대에 살고 있다. 그러나 나의 선교지 선택은 달랐다. 무조건 하나님이 보내시는 곳으로 간다는 원칙을 세워 놓고 막연하게 기다렸다. 하나님의 명령만 기다리는 아브라함과 같았다고나 할까?

내가 선교사 후보생으로 있을 1974년 봄, 당시 KIM 선교회 대표 이사였던 조동진 목사님께서 홍콩에서 AMA 창립을 위한 준비 모임으로 All-Asia Missions Consultation을 준비하고 있었다. 그때 목사님은 인도네시아의 대표적인 교계 지도자인 페트로스 옥타비아 목사님을 만나 칼리만탄에 많은 선교사들이 필요하니 한국 선교사들을 보내달라는 요청을 받았고, 조동진 목사님은 흔쾌히 대답을 하면서 자연스럽게 나의 선교지가 결정이 된 것이다. '보르네오 섬' 이라고 불리는 칼리만탄은 정글로 덮여 있어 많은 목재를 한국에 들여와 보르네오 가구를 만드는 것으로만 알려져 있었다. 그 땅이 나의 운명을 바꾸어 놓는 땅인 줄은 전혀 생각도 하지 못했다. '나는 하나님이 보내시는 곳이라면 어디든 간다. 선교사가 자기의 구미에 맞는 선교지를 선택할 것이 아니라 일꾼이 필요한 선교지로 가며, 그곳에 맞는 선교사가 되기로 결심할 것이다' 라고 마음을 잡았다. 그리고 "내게 능력 주시는 자 안에서 내가 모든 것을 할 수 있느니라" (빌 4:13)는 말씀을 외우고 또 외우면서 두려움을 몰아냈다. '사람이 사는 곳이라면 나도 살 수 있다' 는 결단을 하고 들어간 정글 속은 정말 평화롭고, 3년 이상을 기도해 오던 곳이라 그런지 가난하고 순진한 다약 사람들이 정말 사랑스럽게만 보였다.

### 선교 사역

나의 선교 사역은 초창기 사역이었기에 다양하기 그지없었다. 당시 전 세계에 초 문화권 한국 선교사가 20명 안팎으로 있을 때였기 때문에 닥치는 대로 사역을 했지만 2만 명 선교시대인 지금은 선교사들이 저마다 전문성을 가지고 사역해야 할 때가 되었다고 생각한다. 나는 교회 설립, 신학교 설립, 선교 지도력 사역 등 은사와는 관계없이 닥치는 대로 사역을 했다. 여기서, 나의 사역을 개성적으로 몇 가지로 구분하면 다음과 같다.

첫 텀의 교회 설립은 나의 선교사의 인격을 만들어 내는 데 크게 도움을 주었다. 가장 가난한 사람들과의 삶, 그들과의 대화, 그들을 동원하는 일 등 모두 쉽지 않은 일들이지만 이 모든 것은 정글 사역을 통해서 배운 것들이다. 이러한 첫 번째 텀의 삶과 사역의 경험은 나의 미래 사역에 엄청난 축복을 가져다 주었다.

정글 경험은 그 후 신학교를 세우는 데 많은 도움을 주었다. 특히 신학교를 신학 중심이 아니라 사역 중심의 학교로 만드는 데 많은 도움을 주었다. 첫 텀에 교회설립의 경험이 없었더라면 교실에서 배운 것만을 이야기했을 텐데 학문과 함께 경험을 이야기하고 학생들을 도전하는 데 도움을 주었다. 그래서 안중안 신학교는 신학과 함께 실천을 강조하는 신학교가 되었다.

세 번째 텀인 싱가포르에서의 사역은 주로 지도력 개발에 역점을 두었다. 사실 싱가포르는 선교지로서는 매력은 없는 나라이다. 그리고 싱가포르 교회는 선교사를 많이 파송(단기이기는 하지만)하는 나라이지 선교사가 필요한 나라가 아니다. 1990년부터 시작된 나의 싱가포르 사역은 이러한 상황을 고려하여 현지인들과 동역 선교를 모색했다. 나를 인도네시아의 전문가로 알고 있는 그들은 나에게 인도네시아에 사역지를 개발해 주기를 간곡히 원했다. 바탐 신학원이나 반둥 신학원은 사실 싱가포르 지도자들에게 사역거리를 제공하기 위해 세워진 학교들이다. 그것만이 싱가포르 교회를 돕는 사역이라고 생각했기 때문이다. 바탐 선교신학원, 반둥 신학원, 말레이시아 바하사 사역 등은 모두 싱가포르 지도자들과 현지인들과 동역 사역으로 좋은 결과를 낳을 수 있었다.

싱가포르 사역에서 배운 것은 지금은 현지인들과 동역의 시대라는 것이다. 하나님께서 모든 국가에 선교의 비전을 심어 넣어 주셨기에 이제는 동역만 남은 것이다. 동역 사역은 선교의 질을 훨씬 높일 뿐만 아니라 효과적인 결과를 낳는다는 사실을 발견하고 2003년부터 시작된 말레이시아 사역은 순전히 현지 지도자들과 같이 하는 사역으로, 주인의식과 자립정신을 확립하는 데 역점을 두었다.

## 남은 삶

성경은 모세의 삶을 세 토막으로 나누어 이야기하고 있다. 애굽의 궁전에서 40년, 광야에서 양을 치던 40년, 이스라엘 백성을 이끌고 가나안 땅까지 인도했던 40년이다. 나의 삶도 세 토막으로 나누어 보았다. 30년의 심는 기간(훈련기간), 30년의 가꾸는 기간(사역), 그리고 하나님이 주시면 향후 30년은 열매를 거두는 기간으로 삼고자 한다. 하나님을 아는 면에서(knowing), 인격적인 면(being), 그리고 사역적 측면(doing)에서 성숙한 모습으로 주님께 나아가기를 원하는 것이 나의 소원이다. 하나님이 주시는 사역은 모두 귀하다는 생각을 하면서 최선의 노력을 하지만 나 스스로 하지 않고, 하나님과 동역자들과 같이 하는 선교를 펼쳐 나가기를 원한다. 하나님의 나라는 같이 받들어 나가야 할 속성을 가지고 있기 때문이다.

나는 다시 태어나도 선교사의 삶을 살기 원한다. 선교사의 삶은 후회 없는 삶이기 때문이다. 바둥거리고, 넘어지고, 실수투성이지만 하나님은 그 과정을 통해 영광을 받으시고 크게 기뻐하실 것이기 때문이다. 사역의 결과는 하나님이 만들어 내시는 것이다(고전 3:6). 나는 남은 모든 삶을 주님께 드리기 원한다.

## 주는 것이 받는 것보다 복이 있다

김활영

나는 총회 세계선교회(GMS) 소속이다. 그동안 필리핀 주재 선교사(1977-1996, 2003-2007), 총신대학교 선교대학원 교수(1996-1998), 선교회 본부 사무총장(1998-2002)으로 선교 사역에 헌신하였다. 지금은 순회선교사로(2007-현재) 봉사하고 있다. 필리핀 사역에서는 현지 선교부를 개척하였고, 필리핀 장로교단을 조직하기 위해서 전도, 교회 개척, 신학교 설립에 참여하였다.

연합 사역으로는 필리핀 선교사 친교회(AKMP 1986)와 한국선교사 친교회(KWMF 1979) 조직, 마닐라 한국아카데미 설립(1994)에 참여하였다. 총신 선교대학원에서는 선교사 계속 교육과 현지교수 양성 프로그램을 개발하였고, 본부 사역에서는 총회 선교부를 총회 선교회(GMS)로 재편하여 현장 사역 조직과 후원 체제를 확립하였다.

HERE I AM, SEND ME, LORD!

# 주는 것이 받는 것보다 복이 있다

김활영

나는 총회 세계 선교회 (GMS) 소속이다. 그동안 필리핀 주재 선교사 (1977-1996, 2003-2007), 총신대학교 선교대학원 교수(1996-1998), 선교회 본부 사무총장 (1998-2002)으로 선교 사역에 헌신하였다. 지금은 순회선교사로(2007-현재) 봉사하고 있다. 필리핀 사역에서는 현지 선교부를 개척하였고, 필리핀 장로교단을 조직하기 위해서 전도, 교회 개척, 신학교 설립에 참여하였다.

연합 사역으로 필리핀 선교사 친교회(AKMP 1986)와 한국선교사 친교회(KWMF 1978) 조직, 마닐라 한국아카데미 설립(1994)에 참여하였다. 총신 선교대학원에서는 선교사 계속 교육과 현지교수 양성 프로그램을 개발하였고, 본부 사역에서는 총회 선교부를 총회 선교회(GMS)로 재편하여 현장 사역 조직과 후원 체제를 확립하였다. 초선교단체적으로, 아시아 신학교육협의회(ATEA, 2004)를 통하여 선교지 지도자 양성 연구와 컨설팅을, 그리고 아시아 선교회(CAR 2005)를 설립하여 아시아 복음화에 아시아 교회를 동원하는 사역에, 아시아 전방개척 선교협의회(AFMI 2008) 설립에 참여하여 프런티어 선교사 훈련원 사역을 동남아시아를 중심으로 하고 있다.

### 성장과 신앙 배경

나는 1942년 경북 의성에서 기독교 가정의 6남매 중 넷째로 태어났다. 20세기 초에 일제가 조국을 강점하자 실의에 빠져 계시던 증조부께서는, 일찍이 서울 승동교회에서 반상의 신분을 뛰어넘는 새로운 도덕체계를 가진 기독교를 접하고 관심을 가지고 있었다. 그러던 중 본격적으로 구도자가 되어 신앙으로 소망을 발견하시고, 낙향하여 가족에게도 복음을 전하고 고향에 교회를 설립하셨다. 그 후로 우리집의 택호는 참사 댁에서 장로 댁으로, 조사 댁으로 바뀌고 주님을 섬기는 집안이 되었다. 외조부께서도 장로셨다. 이런 기독교 환경에서 자란 나는 어릴 때부터 교회가 중요한 삶과 배움의 터전이었다. 할아버지들은 장로셨으며, 아버지는 경북노회와 경중노회에서 사역하신 전도사이셨다. 형제들 역시 위로 형님이나 누님들 가정들은 장로와 권사로 교회를 섬기고 계신다.

중학교 시절, 당시 전국적으로 유명한 부흥사 이성봉 목사를 고향 교회가 초청하여 《천로역정》을 교재로 집회를 인도할 때에 나는 사죄의 은총을 경험하였다. 이 중생의 감격은 그 후에도 자주 회상하게 되고 삶에 활력소가 되어 왔다. 고등학교를 졸업하자마자 육군에 입대를 하여 군종 사병으로 봉사하였다. 그러나 그때는 내게 목회자의 이미지가 많이 흐려져 버린 기간이었다. 군에서 제대할 즈음에 혹독한 병을 앓으면서 기도로 헌신서약을 하였으나 곧 잊어 버렸다. 그 후 1960년대에 한국교회를 휩쓸었던 성령의 역사와 은사 집회에서 다시 한 번 도전을 받고 말씀을 더 알아야겠다는 열망으로 누구나 흔히 생각하는 신학교 문을 두드리게 되었다.

### 선교 소명과 헌신

경중노회의 목사 후보생으로 총신대에 진학하였다. 그런데 신학 수업 중에 점차 신앙의 열의가 식고 당시에는 인기도 없었던 목회를 해야 하는가를 두고 고민하는 시간이 많아져 갔다. 기숙사에서 선배 전도사님들과 함께 생활하면서 선배들의 인간적인 약점을 너무 가까이에서 보게 된 것도 하나의 이유였다. 교회생활의 깊은 곳으로 들어가면서 교회의 외적인 부패상과 지도층의 혼란스러운 모습에 실망감이 커지고, 자주 목회의 소명이 흔들렸다. 대학부만을 마치고 그만두느냐 아니면 신학부에 진학하여 목사가 되어야 하는가? 초조함으로 방황하고 있을 때였다.

그때 한국교회에 일어나고 있던 세계선교의 바람을 접하게 되면서 결심을 굳게 다지게 되었다. 한국교회 선교의 선구자였던 조동진 목사님이 시무하는 후암장로교회에서 개최하는 선교부흥회에 참석하였다. 주한 선교사 경력을 가지신 강사로 오신 소열도(Stanley Soltau) 박사의 메시지 중에서 "주는 것이 받는 것보다 복이 있다"는 말씀에 도전을 받아 그간 쌓여 있던 숙제가 풀어졌다. 교회가 부패하는 것은 주는 것에 인색하였기 때문이다. 한국교회가 주님의 복을 바로 누리는 길은 가장 값진 은혜인 복음을 나누는 것이다. 교회가 정화되고 건강해지려면 주어야 한다. 복음을 다른 백성에게 나누어야 한다. 나는 이런 '한국교회의 세계선교적 사명'을 바로 나의 선교 소명으로 받아서 목사가 되기로 결심하였다.

## 선교 훈련과 준비

신학부에 진학하면서 세계선교는 기도와 연구의 주제가 되었다. 친구들이 모이면 대화의 주제를 선교로 끌고 갔고, 선교 관련 모임이 있으면 좇아다녔다. 선교에 관심을 가진 동료들과 자주 만나고 조직적으로 기도 모임을 가지고 성경 연구를 하였다. 신학교 뒷산에 만들어 놓은 기도굴은 동료들의 선교 기도모임 장소였다. 나아가서 방학 때면 한국에 와 있는 선교사나 선교에 관심을 가진 선배를 모시고 선교 집회를 가지면서 스스로 선교사로 준비를 해나갔다. 졸업반 때는 학우회 서클인 역사학회가 주최가 되어 "모든 방언과 모든 나라에 한국 선교사를 보내자"는 구호를 외치며 한국 대학생선교회 정동회관에서 수천 명이 모였던 선교 학술제를 준비하고 진행하였다. 이때 함께 기도하고 선교 행사에 참여하던 동지들이 그 후에 대부분 선교 현장으로 나갔다.

당시 유일한 훈련기관이던 동서선교 연구개발원에서 '하기 선교대학원'을 개강하였을 때는 신학교 수업을 잠시 중단하고 참석하기도 하였다. 당시 세계적인 선교학자들(Donald McGavran, Charles Kraft, Ralph Winter, Wilbert Norton, Peter Beyerhaus 등)의 강의를 듣고 선교에 대한 눈이 열려 가고 있었다. 그때 강의하였던 노턴(Norton) 박사는 나중에 리폼드 신학교에서 선교학 박사 논문을 쓸 때 지도교수가 되었다. 신학교 안에서 하는 선교적인 모임과 행사들은 자연히 선교운동으로 이어졌으며, 동료들과 후배들에게 선교사로 헌신할 것을 외치기도 하였다. 총신에 선교운동이 본격적으로 시작되었다. 그 결과 대학부 졸업 동기들의 절반이 후일 선교 현장으로 나갔다.

그러나 정작 나는 졸업에 임박하여서 교회의 초청을 수락하고 부목사가 되기로 작정하였다. 선교에는 헌신하였지만 교회의 목사로 선교에 참여하기로 하였다. 선교사로는 내가 부적격하다고 생각했기 때문이었다.

### 선교사로의 퇴택과 선교지 선택

교회 부임을 앞두고 당시에 선교에 앞장서 있던 대구 동신 교회가 선교사를 모집하고 있었다. 선교사 지망자가 있는가 하고 문의차 찾아간 나에게 지원자가 없으니 너라도 지원하라는 목사님의 말씀을 두고 고민하기 시작하였다. 후배들에게는 선교사로 가자고 해놓고 자격 미달이라고 뒤로 빠지는 것이 거리낌이 되었다. 할 수 없이 지원하였더니 건강 검진에서 선교사로는 몸이 약한 것이 흠이지만 합격이 되어서 선교사의 길을 피할 문이 막혀 버렸다.

졸업과 동시에 부임하기로 약속하였던 교회에 사과를 하고 대신 베트남 선교사 후보로 동신교회에 부임하였다. 총신대학교에 유학 와서 베트남에 선교사로 와달라고 호소하던 바오 목사의 영향으로 교회와 나는 베트남으로 선교지를 결정하였다. 그러나 선교사 후보가 된 지 며칠이 되지 않아서 베트남은 사이공에 함락되고 공산화되면서 선교의 문도 막혀 버렸다. 선교지를 잃은 후보생이 되었다.

교단적인 차원에서 산둥 선교를 계승하기 위하여 대만에 파송하였던 두 분의 선교사들이 모두 선교지를 떠난 상황이니 대만으로 가서 산둥 선교를 준비하는 것이 어떻겠느냐는 제안을 두고 기도하고 조사도 하였다. 현장에도 연락을 해 보고 대사관이나 필요한 곳에서 정보도 구하였으나 열매가 많지 않는 선교지라는 생각이 들었다. 그러던 중 맥가브란 박사의 권고가 기억나서 대만보다는 훨씬 무르익은 추수밭 같은 선교지 필리핀을 선택하였다. 신학교 시절 선교모임인 금요기도회 장소를 기꺼이 허락해 주고 지원해 주었던 연합 세계 선교회의(UWM) 선교사가 본인이 속한 선교부의 필리핀 사역에 동참하는 것이 어떻겠느냐는 제안을 해서 교회와 같이 수락하였다. 필리핀은 당시로 보아서 선교의 열매가 쉽게 수량적으로 측정이 될 뿐아니라 풍성한 곳이었다. 동시에 여러 가지 장애 요소가 적은 선교지로 보였다.

파송받기 전에 결혼해야 하는데 그때는 선교사와 결혼하겠다는 여성들이 매우 드물었던 때였다. 마침 필리핀에 선교 훈련을 받으러 가려고 준비하고 있던 대학생선교회 간사를 하나님께서 준비하고 계셨다. 지금의 아내는 그때 미국에서 공부를 마치고 대학에서 강의하기를 지원하고 기다리는 중에 대학생선교회에 붙잡혀서 선교에 참여하고 있었다. 아내는 결혼 후 굴곡 많았던 선교사 생활 동안 항상 긍정적인 입장에 서서 유능한 동역자로 격려해 주었다.

## 선교지 도착과 방황

선교 현장에서 여러 가지 도전은 감당하기가 어려웠다. 모든 일을 안내자 없이 개척해야 하는 형편이었다. 결과는 시행착오라는 씁쓸함뿐이었다. 나는 소명에 대해 고민하기 시작하였다. 특히 열대의 혹독한 환경 또한 건강을 위협하며 기를 죽이는 요소가 되었다. 열병으로 혼이 나기도 하였고, 이런 약체로는 선교사 자격이 없다는 자책이 컸다. 건강과 선교사 은사 등의 핑계를 대고 결국은 도착한 지 2년이 채 되지 못하여 선교사 사직서를 후원 교회로 보냈다. 소명에 대한 회의와 방황이 시작된 것이다.

후원교회 김창렴 목사님은 한국교회 선교를 위하여 크게 공헌한 분이었다. 선교지로 떠나기 전에 서로에게 성실할 것을 약속한 그 약속을 파기하겠느냐면서 선교지에 남아 있는 것만으로도 성공이며, 적어도 한국교회에 선교의 불을 붙이게 되는 것이니 필리핀에서 살아만 있으라고 권면하였다. 선교지를 떠나는 것이 바로 선교의 불을 끄는 것이라고 강권하였다. 당시에 선교지에 가는 것은 미국으로 가는 다리를 놓는 길이라는 이상한 소문이 있을 정도로 선교지에 남아 있기가 힘들어서 미국으로 간 한국 선교사들이 많이 있었다. 진퇴양난의 기로에서 엉거주춤하고 하고 있을 때에 처음의 소명에 성실하는 길이 내가 갈 길임을 재확인하였다. 즉 내가 한국교회를 떠날 수는 없다는 확신이 들었다.

첫 번째 안식년을 얻어서 피곤한 몸을 쉬면서 대학원에서 선교를 공부하는 동안 재충전을 받고 선교가 무엇인지를 점차 깨닫게 되었다. 이때의 연구가 소명을 더 분명하게 하는 데 큰 도움이 되었다. 즉 어떻게 선교해야 한다는 고전적인 선교학을 통하여 자신감과 힘을 얻으며 방황을 정리하였다. 그러나 여러 선교사가 모이고 선교부가 커지면서 관계도 복잡해져서 처음에 목사가 되는 것을 주저하였던 문제들이 바로 나의 문제가 되었다. 차라리 선교지를 떠나 조용한 목회를 하고 싶다는 욕심이 생겼고 또 사직서를 쓰고 말았다. 이번에는 화가 나신 후원교회 목사님께 선교지에서 꼼작하지 말라는 야단을 맞고는 또 주저앉게 되었다. 이때는 차마 인간관계 면에서 홀쩍 선교지를 떠날 수 없었다.

그 후에도 어렵고 힘들 때마다 현장에서 도망치고 싶은 유혹이 많았다. 방황은 쉽게 멈추지 않았다. 연약한 인간의 모습 때문이리라. 그러나 주님의 은혜는 늘 곁에 있어서 나를 붙들어 주셨다. 그래서 지금까지도 '한국교회적 선교 소명'은 늘 나에게 큰 무게를 가지고 나를 선교 현장에 붙잡아 놓고 있다.

### 선교 소명과 선교 사역

싫든지 좋든지 간에 한국교회는 주어야 하며 줌으로 복을 누릴 수 있다는 말씀에 붙잡혀서 시작하였던 선교 사역은 대부분 새로운 개척이었다. 개척은 파송 교회나 동료들에게서 충분한 이해와 협력을 기대하기 어려운 사항이었다. 항상 신나거나 열매가 풍성하지만은 않은 사역이었다. 사역의 내용에서도 소명이 주는 영향을 무시할 수 없었다. 즉 한국교회 선교의 발전적 관점에서 사역을 보게 되었다. 즉 필리핀에서는 한국 선교의 한 모델을 개발하여 한국교회에 격려와 힘이 되어야 한다는 사명감에서 사역을 생각하게 되었다. 교회개척 사역이나 지원 사역(한국 아카데미 같은)도 이런 관점에서 밀고 나갔다.

팀 선교는 기본적인 요청이었다. 그러나 매우 어려운 일이었다. 개인적으로 보면 현지교회나 서구 선교기관과 팀이 되었으면 아마도 훨씬 쉬웠을 일을 한국 선교사끼리 팀을 이루었기에 시행착오가 너무 많지 않았나 하는 생각을 해 본다. 또 이런 시행착오를 극복하는 길도 멀고 돌아가는 길이었다. 내가 훌륭한 선교사가 되는 것보다 우리가 훌륭하게 선교 사역을 감당해야 한다는 팀 사역에 대한 중압감이 나의 선교 사역을 이끌어 가는 원동력이 되었다. 그래서 전혀 은사나 관계도 없는 선교사 자녀 학교 같은 사역을 맡게 된 것도, 선교사 연합회 같은 조직에 앞장을 선 것도, 이 소명이 나를 몰아 세워서 끼어들거나 앞장을 서게 한 것이다. 소명이 요청하는 사역을 생각해서 자연스레 이런 일들을 기꺼이 감당할 수 있었을지도 모른다.

사역의 자세도 소명의 지배를 받고 있었다. 총신대학교에서 교수로 초빙을 받았을 때나 본부의 부름으로 선교국장으로 선교 행정을 맡게 되었을 때도 '한국교회의 선교적 소명'라는 소명감이 결정적인 역할을 하였다. 그러나 GMS라는 새로운 조직으로 재출발한 교단 선교부에 대하여는 큰 기대를 가지고 많은 연구도 하며 앞장서서 뛰어들었으나 능력과 지도력의 한계를 절감하였다. 즉 개인적인 욕심보다는 소명감 때문에 과격하게 되기도 하였다. 과격함은 신선한 바람을 일으키기도 하였지만 불필요하고 힘든 충돌이 요인이 되기도 하였다. 한국교회의 개교회주의적인 정신구조를 어떻게 효과적인 선교 사역으로 이끌어 가느냐는 문제를 두고 몇 가지 생각한 제도나 조직 혹은 정책들이 잘 먹혀 들어가지 않았다. GMS 선교구조가 소셜리티적인 요소를 극대화한 모달리티 구조였으나 결국은 모달리티의 취약점들이 지교회의 참여를 방해하게 된 것이 그 한 예일 것이다. 교단 정치 조직의 취약점을 선교회에서 배제할 수 없었다. 이런 과정에서 그저 잘해야겠다는 정도가 아니라 한국교회적 선교 사명감에서 지나친 고집을 부릴 때도 많지 않았나 하는 후회도 없지 않다.

사역의 범위도 마찬가지였다. 그래도 나의 소명이 사사롭기보다는 한국교회적이어서 사역에서도 폭이 넓고 객관적이지 않았나 생각하고 있다. 지금은 사역의 폭을 넓혀서 한국교회만 생각하지 않고 주님의 나라라는 좀 더 넓은 차원의 사역을 생각하게 되고 관심을 갖고 있다. 그럴지라도 아직도 남아 있는 과업(finishing the tasks)을 두고는 한국교회가 감당해야 할 몫을 늘 생각하게 된다. 그런 차원에서 사역을 생각하게 되고 목표도 정하고 방법들을 찾고 나아가서 동역자를 찾는 고민이 나를 지배하고 있다. 그래서 한 선교지만 생각하거나 내 사역지만 고집하지 않는 이유가 아마 여기에 있을 것이다.

사역 철학이나 원칙 역시 소명의 범위를 크게 벗어나지 못하고 있는 자신을 보게 된다. 물론 성경이나 역사에서 증거하고 있는 원리들을 좇으려고 하지만 복음을 주는 한국교회가 되어야 한다는 명제를 벗어나지 못하고 있다. 선교의 동기가 이렇게 한국교회적 선교 사명이기에 항상 한국교회를 염두에 둔 원칙이나 철학을 고집하고 있으며 관심을 집중하기 마련인 모양이다. 흩어진 한국교회 역시 최근에는 관심을 끌게 되었고, 이 디아스포라 교회들의 세계선교 참여에 많은 관심을 가지게 되었다.

## 소명과 선교 전략

해가 바뀌고 시간이 흐르면서 나의 소명감도 퇴색하는 것인지 발전하는 것인지 분간키는 어려우나 변화가 오고 더 구체화되었다. 이 변화와 구체화는 선교 전략에서도 나타났다. 물론 경험이 쌓이고 선교현장도 크게 변하고 있는 상황에서 전략의 변화는 어쩌면 당연한 결과였을 것이다. 하지만 분명한 것은 선교 전략에서도 항상 변화를 생각하고 또 새로운 일을 시작할 수밖에 없도록 강요당하는 듯한 분위기는 나의 소명과 깊은 관계가 있는 것 같다.

초기에는 전통적이고 고전적인 선교원리, 예를 들면 네비우스 선교원리에서 추출한 전략을 고집하기도 하였다. 그래서 교회 개척에서 이런 원칙과 또 실제로 적용하기 어려운 현실 앞에서 고민할 때도 많았다. 안식년 때에는 연구하는 기회가 있어서 필리핀의 아시아 침례교 신학교와 미시시피의 리폼드 신학교에서 연구하면서 나의 선교학이 많이 정리되었다. 따라서 전략을 생각할 때도 폭이 넓어지고 고려하는 사항도 많아지게 되어서 더 종합적이 되어 갔다. 그러나 본부 사역 후 현장에 재투입되었을 때에는 이미 동료들이나 현지 동역자들이 오해할 정도로 선교에 대한 생각이 변한 자신을 발견하게 되었다. 아시아 신학교육협의회(ATEA)나 아시아 선교회(CAR), 아시아 전방개척 선교협의회(AFMI) 같은 전략을 구상한 것은 이런 변화된 관점에서 비롯된 자연스런 소산이라 할 수 있다.

한국교회 선교가 아니라 아시아 교회 선교를 생각하게 되었다. 또 이러한 전략을 거꾸로 거슬러서 전략을 낳게 하는 선교 신학에 대한 재정리가 필요하다는 큰 도전이 앞을 가로막고 있는 것을 느꼈다. 실제로 이런 현상에 관심을 가지거나 이해를 하는 사람들은 많지 않았다. 그러나 나의 소명은 외롭고 오해까지 받는 이런 새로운 전략과 위험시(?)까지 하고 있는 선교 신학에 도전하지 않을 수 없었다.

예를 들면, 아직 정리가 되었다고는 할 수 없으나 개척한 교회를 돌아보면서 교회의 본질과 현상, 교회의 원형과 역사적 변천, 교회의 성장 등에 대해 끊임없이 질문을 던지고 그에 대한 더 나은 해답을 끊임없이 모색해 왔던 것이다. 그 결과 세계 선교라는 큰 틀 하에서 감당해야 할 과업 중 하나인 '교회개척운동'과 관련해 상황화된 교회를 두고 사람들 사이에 이론이 분분하다. 하지만 나는 여전히 급진적이고 과격한 원리와 전략에 호감을 갖고 있다. 어쨌든 새로운 교회론은 나에게는 초미의 관심사가 되었고, 왕국의 확장은 이 교회론을 어떻게 정리하느냐에 따라 성패가 달린 것처럼 중요한 숙제가 되고 있다.

흔히들 새 패러다임을 이야기하고, 기어를 속히 바꾸는 선교 전략을 이야기하고 있지만, 정녕 새 술은 새 부대에 담아야 한다는 책임감 때문에 이제까지의 사역을 훌훌 떠나서 새로운 사역을 생각하고 전례가 흔치 않은 전략을 시도해 보고 있다.

급변하는 선교 환경에서 주목하고 있는 다이아스포라 전략을 생각하게 되었다. 전에는 의도적으로 피하려고 한 한인교회들에게서 새로운 선교 전략을 생각하게 되었다. 자비량 선교, 특히 Business is Mission(BIM) 같은 전략에 끌려가고 있다. 만약 이 분야에서 어떤 해결점을 찾으면 인류 구속역사를 완성하는 데 디아스포라가 주역이 될 것이라 생각되어 이 일에 매달리고 있다. 지금 인류의 5분의 1이 출생국이 아닌 타국에 살고 있다는 현실을 구속사의 종결과 연계하여 생각해 보는 것은 매우 자극적인 이슈가 되어 버렸다.

소명의 확장인지 변질인지는 모르겠으나 전략에서 새로운 시도를 하는 것이 불안하기는 하지만 흥미도 있고 또 당연히 그래야 할 것 같은 마음을 갖게 되었다고 말하는 것은 단순히 한 진보주의자의 변명일까?

### 나가는 말

나는 이제 현장에서 퇴진을 며칠 앞두고 있다. 돌이켜 보면 나의 선교에로의 소명의식은 나를 현장에 묶어 놓기도 하고 과격한 변화와 새로운 전략을 추구하도록 몰아부치기도 하였다. 내게 있어 선교는 주님의 사랑이 강권하시거나, 뜨거운 구령애나, 혹은 환상이나 꿈에서 부르시는 소명으로 말미암은 것은 아니었다. 끈질기게 나를 잡아 묶어 선교의 자리에 서게 한 것은 아낌없이 줌으로 지상명령을 완수하고 건강한 축복을 누리는 교회를 세우기를 바라는 교회적인 소명이었다. 이 소명은 한국교회를 위한 것이었으며 아시아 교회를 위한 전략의 원천이기도 하다. 앞으로도 이 소명이 내가 달려갈 길을 다 달려가도록 채찍질 할 것이다. 또 주님께서 주신 소명이니 그 날에 상급도 이 소명 때문에 주시리라 믿는다.

# 너를 하나님께 바쳤다

강승삼

스무 살이 되었을 무렵 어느 날 부친 강동희 장로께서 모친 김수열 권사와 함께 앉아서 나를 부르시더니 이런 말씀을 하셨다. "승삼아! 네, 이미랑 나는 다섯 형제 중 너를 하나님께 바쳤다." 나의 철없던 첫 번째 대답은 "아니, 저에게 물어 보지도 않고 바치면 어떻게 해요?" 였다. 자유와 꿈을 먹고 살던 이십 대의 내게 목사라는 직업은 동물원에 갇힌 야수처럼 처량하게만 느껴졌다. 하지만 부모님의 말씀도 있었고, 무엇보다 그동안 신앙생활에서 받은 은혜가 더 컸기 때문에 나는 스스로 자문하며 기도해 보았다.

HERE I AM. SEND ME, LORD!

# 너를 하나님께 바쳤다

강승삼

스무 살이 되었을 무렵 어느 날 부친 강동희 장로께서 모친 김수열 권사와 함께 앉아서 나를 부르시더니 이런 말씀을 하셨다. "승삼아! 네 어미랑 나는 다섯 형제 중 너를 하나님께 바쳤다." 나의 철없던 첫 번째 대답은 "아니, 저에게 물어보지도 않고 바치면 어떻게 해요?"였다.

자유와 꿈을 먹고 살던 이십 대의 내게 목사라는 직업은 동물원에 갇힌 야수처럼 처량하게만 느껴졌다. 하지만 부모님의 말씀도 있었고, 무엇보다 그동안 신앙생활에서 받은 은혜가 컸기 때문에 나는 자문하며 기도해 보았다. "강승삼! 너는 목사가 되어 순종하고 주의 일을 위해서 어디든 가겠는가?" 하지만 이 질문 앞에 나는 늘 결단을 주저했고, 한동안 목사가 되는 것에 자신이 없었다. 형제들 중 나만 자유를 박탈당한 삶을 살지도 모른다는 불안감 때문에 목사가 되는 길을 피해 다니게 되었다.

### 출생과 성장

나는 1941년 12월 11일 일본 오사카에서 출생했다. 아버님이 일찍이 일본에서 자의 반 타의 반으로 수장 노무자로 일하게 되셨기 때문이었다. 아버님은 울산 태생으로 기독교 신앙의 가정에서 태어나 신앙생활을 하셨지만 일본에 건너가게 되어 거친 노무자들을 감독하시면서 신앙생활을 하지 않으셨다고 한다. 그곳에 교회가 없기도 했지만 타국에서 일곱 명의 자녀들을 키우는 생활이 그렇게 여유 있지는 않았을 것이다. 아버님은 건장한 체구에 힘이 세어 울산 씨름대회에 나가 부상으로 황소를 타기도 하셨다. 아버님은 소고기를 잡수시면 장수들처럼 혼자 몇 근을 다 드신다는 이야기를 어머님으로부터 자주 들었던 기억이 난다.

부산 송정이 고향인 모친 김수열 권사 역시 믿음을 가진 외조모 밑에서 성장하셨다. 5남 2녀를 낳아 키우면서 가정 중심의 희생적인 삶과 하나님 중심의 신앙적인 삶을 보여주셨다. 온유한 성품에 손님 대접하기를 좋아하셔서 어려운 살림이지만 항상 넉넉하게 밥을 해놓고 배고픈 나그네들 대접하기를 좋아하셨다. 특히 교회 목사님을 지극히 섬기는 분이셨다. 어머님은 새벽기도와 철야기도로 우리들을 키우셨다. 이런 어머님이 하늘나라로 가셨을 때 나는 외로움 때문에 많은 눈물을 흘렸다. 어머님은 영원한 나의 연인이시다.

나와 형제들은 송정교회를 통해서 주일학교부터 신앙생활을 착실하게 하였다. 당시에는 학습과 세례를 받을 때 소요리 문답과 대요리 문답을 다 암송해야만 했다. 그것이 나의 신앙생활의 기초와

뼈대가 되었다. 나는 초등학교 6년 동안 학용품을 거의 살 필요가 없었다. 주일학교에서 상을 많이 받았기 때문이다. 우등상, 개근상, 전도상, 성경암송상 등 친구들 중 상을 제일 많이 받았다.

부모님은 새벽기도회에 한 번도 빠지는 일이 없으셨다. 나는 열심히 교회 종을 치는 일을 도왔다. 형제들과 번갈아 가며 교회청소도 했고 전기가 없던 곳이라 남포등을 닦는 일은 언제나 내 동생과 나의 몫이었다. 어머님 손을 잡고 새벽기도회에 가서 30여 명의 신도들과 함께 성경을 돌아가며 읽는 것이 마냥 즐거웠다. 때로는 새벽기도회에 가기는 갔지만 피곤하여 방석을 뒤집어 쓰고 잠을 잘 때도 있었다. 아무리 피곤해도 새벽기도회에는 꼭 가려고 했다. 그리고 가정예배도 거의 빼지 않고 드렸던 기억이 난다.

1945년 8월 2차 세계 대전이 종전되고 대한민국이 해방된 이후 우리 가정은 일본에서 귀국하여 어머님의 고향인 부산 송정에 자리를 잡았다. 20여 마지기의 논과 밭에서 농사일을 하면 어렵지 않은 삶을 살 수 있었지만, 모두가 어려웠던 한국전쟁의 영향은 우리 가정도 피해 갈 수 없었다. 휴전기간 동안 군대에서 우리 집 논과 밭을 전쟁물자 보급창고와 탄약고로 사용하면서 출입을 통제하여 우리는 농사를 지을 수 없었다. 그 당시는 정부에 불평할 수도 없었다. 부모님과 우리 7남매는 먹고 살 길이 막막했다. 산에 가서 나무를 하고 새끼틀로 새끼를 꼬아서 도시나 읍 등에 가서 팔고 겨우 입에 풀칠을 하였다. 농사철에는 남의 논에 소작을 하였고 배급 받는 약간의 밀가루로 생계를 유지해야 했다.

휴전이 된 이후에도 가정 경제가 쉽게 살아나지 않았다. 중학교 2학년 1학기를 마치고 나서부터는 부모님의 도움 없이 스스로 일하며 학업에 매달려야만 했다. 중학교 3학년 때는 어느 목사님의 도움으로 울진에 가서 목사님을 도우면서 1년을 공부하였다. 다시 부산에 내려와서 고등학교에 진학하고 싶었다. 결국 친척집에서 벽돌을 찍으면서 야학을 하였다. 이렇게 주경야독으로 고등학교를 졸업하였다. 때로는 부모님을 원망할 때도 있었다. 왜냐하면 아버님이 늘 "우리는 예수 부자다"라고 말씀하셨기 때문이었다. '예수 부자가 이렇게 가난하게 사나! 학교도 제대로 다니지 못하고…….' 점심도 제대로 먹지 못하여 얼굴에 허연 마른버짐으로 꽃이 피어 있었을 때도 있었다. 하얀 쌀밥을 실컷 먹어봤으면 할 때도 있었다. 그러나 하나님께는 한 번도 불평한 적이 없었다. 언제나 '계속 공부할 수 있도록 도와주십시오'라고 기도하였다. 그리고 언제나 누가 "앞으로 커서 무엇이 될래?"라고 질문하면 교역자가 되겠다고 답했다. 나는 교역자가 교사 또는 목회자라고 생각하였다. 그러나 생활이 어려워지면서부터 교사가 되기로 생각하였다.

### 교 육

고등학교를 졸업할 무렵 학교의 친구들은 대학 입학을 준비하고 있었다. 하지만 나는 가정 형편상 당장 대학진학을 기대할 수 있는 상황이 아니었다. 그때 나는 간절히 기도했다. "하나님, 대학교에만 갈 수 있게 해주시면 어떤 일을 하든 주의 일을 위해서 내 평생을 바치겠습니다." 당시의 기도는 목사가 되는 것을 염두에 둔 것은 아니었고, 그저 내가 하고 싶은 공부를 하고 원하는 일을 하면서 교회와 주의 일을 섬기겠다는 생각이었다. 1960년 4·19 혁명이 진정국면에 접어들 무렵인 그해 8월에 나는 공군에 입대하게 되었다. 군생활에서 하나님은 내 기도에 즉각적으로 응답해 주셨다. 기본군사훈련을 마치고 김해기술학교에서 총무(인사, 행정, 군종)교육을 받고 오산공군비행장에 첫 배치를 받아 오산과 백령도에서 근무하였다. 백령도에서 장기복무를 하면 야간대학교육을 받을 수 있는 기회가 주어질 수 있다는 말을 듣고 장기복무를 지원했다. 8년 3개월간 공군의 총무기사로서 공군본부 군종감실, 대구 비행단, 107기지단(현재 여의도) 인사처와 군종실에 근무하면서 대구 청구대학(지금의 영남대학 1년)과 단국대학교(3년)에서 영어영문학을 전공할 수 있었다. 꿈만 같던 대학교육을 받고 교직(중등2급정교사)까지 이수하면서 장밋빛 미래를 설계할 수 있었다.

군종실 생활이 모든 면에서 좋았던 것은 아니었다. 군에서 만난 군목님들 중에 주의 복음에 헌신되어 있지 않고 인격적으로도 변화되지 않은 분들을 보면서 목회에 대한 회의를 갖게 되었다. '헌신도 변화도 없는 목회자가 되느니 평신도로 순수하게 섬기는 것이 더 나은 일이 아닌가'라는 생각도 하게 되었다. 오랫동안 근무와 공부를 병행하면서 영양실조로 인한 폐결핵에 걸려 대전 공군요양소에 2개월 동안 입원한 일도 있었다. 그 후 6개월간 약물치료를 통해 다시 건강을 회복하였다. 1968년 12월 1일 드디어 명예전역을 하였다.

공군생활을 하면서 또 한 가지 감사한 것은 대구 근무 당시 최을선 자매를 만난 것이었다. 그 후 4년여 동안 사랑의 교제를 나누고 전역하자마자 결혼을 하였다. 그리고 1969년 3월 서울에서 고등학교 영어교사로 첫 사회생활을 시작하게 되었다. 그러면서도 아버님의 "하나님께 바쳤다"는 말씀과 나 스스로 "대학만 공부할 수 있게 해주시면 주의 일에 헌신하겠습니다"라고 했던 약속이 늘 머릿속을 떠나지 않았다. 그래서 결혼 후 얼마 있다가 아내에게 "내가 목사가 되면 어떻겠소?"라고 말했더니 아내는 "나는 그런 그릇이 못 되는 것 같아요. 그냥 장로가 되어서 교회와 주님을 잘 섬기면 되지 않겠어요?"라고 반문하였다.

## '주의 일'을 위한 부르심을 받다

평일에는 영어교사로 주일에는 집사로 열심히 직장과 교회를 섬기는 일에 기쁨이 있었다. 전쟁 후 오랜 가난과 주경야독의 긴 생활에서 벗어나서 꼬박꼬박 월급을 받아 가정을 꾸리고 살아 보니 행복이 가득하였다. 비록 전세집에 살았지만 조금씩 저축을 하며 미래를 계획하는 것도 꿈만 같았다. 교사생활을 하면서 영어를 더 잘 가르치고, 영적으로 하나님과 더 깊이 교제하기 위해서 아침마다 영어성경을 읽어 나갔다. 아내는 내가 혼자서 소리 내어 영어 성경을 읽는 것을 듣기 좋아했다.

하지만 마음 한구석에 접어둔 '주의 일'에 대한 부담이 생겨났다. 7년째 교사생활을 하던 무렵 매년 신학교 입학철만 되면 입학공고가 눈에 들어오고 마음에 큰 부담으로 다가왔다. 무엇보다 "너를 하나님께 바쳤다"라고 말씀하셨던 부모님의 말씀이 짐이 되었다. 내가 하나님께 했던 약속도 잊혀지지가 않았다. 벌써 2-3년째 종종 식은땀을 흘리며 잠에서 깼는데 그때마다 요나를 부르시는 하나님의 음성을 듣는 것 같았다. "복음을 위한 불타는 가슴이 있느냐?" "목사가 되어 어디든 가겠느냐?"

방학이면 삼각산 기도원에 가서 며칠간 금식하면서 주의 뜻을 찾고자 했다. 그러나 나를 내려놓고 포기하는 게 너무나 어려웠다. 고민하고 기도하던 어느 날, "나는 너를 위해 내 목숨을 내어놓았거늘 너는 나를 위해 무엇을 내놓을 수 있느냐?"라는 강력한 음성이 들리는 것 같았다. 그리고 '내가 요나가 되어서야 되겠는가?'라는 생각 앞에서 철저하게 무너지게 되었다.

"하나님! 당신이 원하시는 길로 가겠습니다" 하고 순종을 결심하고 나자 십 년 묵은 체증이 싹 가시는 것 같은 기쁨과 평안이 찾아왔다. 사모가 된다는 것이 쉽지 않다던 아내도 함께 기도하면서 나의 신학교 입학을 기쁘게 동의해 주었다. 이렇게 35세의 늦은 나이에 신학교에 들어가게 되었다.

### 순종의 기쁨

당시에는 총신대학교에 가려면 버스를 타고 봉천동에 내려서 고갯길을 넘어야 했다. 한여름에는 그 길을 헐떡거리면서 넘어다녀야 했는데도 나의 발걸음이 얼마나 가벼운지 마치 구름 위를 걷는 것처럼 늘 기쁘고 감사한 마음이었다. 교사생활 8년째에 나는 주간에서 야간 전담교사로 바꾸었다. 야간에는 학교교사로, 주간에는 신학공부를 해야 하는 고달픈 신학생이었지만 나에게는 늘 기쁨의 생활이었다.

1970년대 총신대에서는 선교에 대한 관심이 조금씩 일어나면서 관심 있는 학생들이 소그룹을 통해서 비전을 키워가고 있었다. 이런 모임을 하면서 나의 마음속에 잠자던 선교에 대한 관심이 일어났고, 해마다 있던 총신선교집회를 통해 나의 마음이 뜨거워지기 시작하였다. "하나님이 원하시면 어디든지 순종하며 가겠습니다"라는 헌신의 기도가 바로 선교라는 것을 강하게 느꼈다. 나는 이런 소명의 부름 앞에 마치 물을 빨아들이는 솜 같았다. 아내와 한 번의 상의도 없이 주체할 수 없는 이 부름을 확신하고 순종할 것을 헌신하였다. 지금 생각하면 하나님은 생활의 한 부분 한 부분에서 선교사에 대한 비전을 주셨던 것이다. 부산에 있을 때는 한부선 선교사님의 도전을 받았다. 서울에서는 내가 다녔던 신암교회에 오신 부흥사 권사님이 나에게 "광야에 외치는 자의 소리가 되게 하소서!" 라는 강한 메시지를 주셨다. 거기에 부모님의 기도도 있었다. 조금 돌아온 길이지만 더 기쁘게 헌신할 수 있었다.

나는 1975년 여름부터 조동진 박사님이 개원한 동서선교연구원(East-West Mission Center)에서 4년여 동안(여름과 겨울 계절 선교훈련학교)의 선교훈련에 열심히 참석하게 되었다. 교수진은 모두 선교사 출신이며 국제적으로 명성이 있는 선교학 교수님들이었고, 한국인으로서는 태국 선교사님이었던 김순일 박사님이 계셨다.

당시 Dr. Baker(Dollars Seminary 선교학 교수)께서 교수님으로 오셨을 때 나의 인도네시아 수마트라 선교의 꿈과 모슬렘 선교 사역에 대한(Mission to Muslim Area-MMA) 사역을 상담한 일이 있었다. 당시 인도네시아 수마트라의 비자문제가 해결될 기미가 없었다. 이러한 고민을 안고 Baker 박사와 의논하였다. 모슬렘 지역이고 영어를 전공하였으니 영어로 사역할 수 있는 지역과 비자를 받을 수 있는 선교단체를 소개해 주면 좋겠다고 했다. 베이커 박사는 눈을 지그시 감고 묵상하더니 생전에 들어보지 못한 'SIM-Sudan Interior Mission' (지금은 Serving in Mission)을 소개해 주면서 국제본부 주소와 당시 국제총재인 Dr. Ian Hay 라는 이름을 건네면서 좋은 선교단체라고 하였다. 그때 나는 좋은 단체에는 별 관심이 없었고 선교사 비자를 받게 해주는 선교단체라는 것에만 관심이 있었다. 나중에 깨달은 것이지만 좋은 선교단체를 만난다는 것은 선교사에게 큰 축복이라는 것을 깨달았다. 그 후 나는 SIM에 편지를 보냈다.

하지만 아내는 목회가 아닌 선교헌신에 당황해 하는 눈치였다. 더구나 아프리카의 모슬렘권 선교라는 말에 결심을 주저했다. 척박한 아프리카에서 어떻게 자녀들을 교육시킬까 고민을 한 것이었다. 아내는 "여보, 당신 혼자 선교하고 오세요. 난 아이들은 한국에서 잘 교육시키는 것이 좋겠어요!"라고 했다. 아내는 나의 마음을 꺾을 요량이었지만 내가 흔들리지 않으니까 고민하는 것 같았다.

결국 아내는 매일 새벽기도와 철야기도를 통해서 이 문제를 두고 집중적으로 기도하기 시작했다. 그런 아내에게 주님은 조용히 그리고 강력하게 찾아오셨고, 아내는 부르시는 주님을 만나게 되었다. "주님! 이제 보니 저는 받은 복음 누릴 줄만 알았지, 이 귀중한 복음을 나눌 줄 몰랐습니다. 용서해 주세요. 주님이 저를 남편과 함께 보내시는 곳이면 어디든지 가겠습니다!" 하면서 눈물콧물 뒤범벅이 되어 선교사로 헌신하게 된 것이었다. 그때부터 아내는 확실히 선교 준비에 적극적이었다. 선교에 대한 책을 읽으면서 바쁘게 준비하기 시작하였다. 총신대학 여교역자 연수원과정을 공부하기 시작하였고 나와 함께 크고 작은 선교훈련에 참석하였다. 아이들을 친척집에 맡겨 가면서도 얼마나 열심인지, 아내가 착실한 선교사로 변해가는 모습은 나에게 큰 힘이 되었다.

## 선교사로의 부르심을 받다

내가 선교사에 대해 처음으로 관심을 가진 것은 고향교회인 송정교회 부흥사경회에 한부선(Bruce F. Hunt) 선교사가 강사로 왔을 때였다. 그때 요한계시록 강해와 간증하시는 것을 들으면서 큰 은혜를 받았다. 그분의 모습을 보면서 나도 크면 저런 선교사님이 되어 말씀을 전할 수 있었으면 좋겠다는 막연한 꿈을 꾼 적이 있었다. 그분의 모습은 내가 성장할 때까지 내 기도 속에 있었다. 그리고 또 한 번은 결혼하고 얼마 되지 않아 집사로 섬기고 출석하던 금호동 신암교회에서 부흥사경회가 열렸을 때였다. 당시 강사로 오셨던 권사님이 마지막 날 새벽예배를 마치고 안수기도를 하고 있었다. 나도 안수기도를 받았다. 그분이 가볍게 손을 댄 등이 갑자기 뜨거워지면서 무엇엔가 얻어맞은 것처럼 멍이 들었다. 권사님은 방언으로 기도하셨는데 기도를 마치자 그 교회의 정순례 전도사님이 오셔서 내게 이런 말씀을 하셨다. "오늘 권사님 기도를 들어 보니 강 집사님 내외가 '선교사의 사명'이 있으셔요." 우리는 그때 신혼이라 선교사가 된다는 것이 참 멀게만 느껴졌지만 예사로운 기도가 아닌 것 같아 마음 한구석에 담아두긴 했다. 하지만 우리가 선교사로 사역하게 되었을 때 하나님이 우리에게 일찍이 부모님을 통해서, 한부선 선교사님을 통해서, 그리고 그 권사님의 기도를 통해서 준비시키신 것을 깨닫게 되었다. 모자이크처럼 한 조각 한 조각 내 삶을 맞추니 하나님의 뜻이 너무나 선명한 것을 깨닫고 얼마나 기쁘고 감사했는지 모른다.

조동진 박사님이 이끄시던 동서선교연구원(East-West Mission Center)에서 선교훈련을 받던 중에 박사님께서 나를 눈여겨 보셨는지 1978년 어느 날 인도네시아 수마트라 성경학교에 선교사로 갈 것을 권하시면서 KIM의 선교사 임명장을 주시는 게 아닌가! 비자의 문이 열린 것 같았다. 많이 부족하다고 생각했던 나는 선교사 임명장을 받고 기도하면서 고민에 빠졌다. 왜냐하면 아직 선교에 대한 관심이나 전문성이 부족했던 우리 교단과 교회들에 대한 안타까운 마음이 생겼기 때문이었다. 선교의 책임은 모달리티(Modality, 교단선교부)인 교단과 교회에 더 많이 있다고 생각했기 때문이었다. 그래서 나는 조용히 조동진 박사님을 찾아뵙고 그 문제를 의논하였다. 조 목사님이 쾌히 그렇게 하라고 하셔서 나는 마음의 부담 없이 총회 파송선교사로 나가게 되었다.

### 서현교회 후원의 총회(GMS) 파송선교사가 되다

나는 당시 섬기던 서대문 동산교회에서 파송받기를 원했다. 하지만 교회가 아직 선교사를 파송할 준비가 되지 않았다. 전국 교회를 통틀어 선교사를 파송할 수 있는 교회가 열 손가락 안에 꼽을 정도라 파송교회를 만나는 일이 쉽지 않게 느껴졌다. 이 일을 위해서 아내와 함께 삼각산 기도원에서 금식기도를 하던 어느 날, 손님이 찾아왔다고 해서 만나니 서현교회를 시무하시던 김수학 목사님이셨다. "저희 교회가 파송할 선교사를 물색하던 중이었는데 조동진 목사님을 통해서 강 목사님에 대한 이야기를 듣고 만나 보고 싶어서 이렇게 찾아왔습니다." 대구에서 먼 기도원까지 찾아오신 김 목사님을 통하여 서현교회의 선교에 대한 열정을 느낄 수 있었다. 이미 김형탁 선교사를 일본에 파송하여 성공적인 사역을 하고 있다는 말을 들으니 더욱 친숙하게 느껴졌다.

이후에 목사님의 초청으로 서현교회에서 설교를 하고 정식 파송선교사 후보로 선발되었다. 선교사와 파송교회는 결혼한 부부와 같다고 하였는데 서현교회로 인도하신 하나님께 감사드린다. 이렇게 1979년 12월 서현교회에 파송선교사로 부임하여 10개월간 심방사역을 하며 교인들과 교제한 후 1980년 10월 26일 총회선교부가 주관하는 파송예배를 드리고 선교사로 떠나게 되었다.

## 나이지리아의 빌리리 신학교 사역

총신대학교 신학대학원에 입학하기 전부터 동서선교훈련원에서 선교훈련을 받고 있던 어느 날 기독신문(당시 기독신보)에 고 이연호 선교사의 순직기사가 실렸다. 사우디아라비아에서 어렵게 선교하다가 추방되어 이집트에서 겨우 아랍어를 배우며 초기 사역을 시작하였는데 교통사고로 순직하게 된 것이다. 모슬렘 선교를 준비하던 우리 내외에게는 충격이었지만, 오히려 모슬렘 사역이 얼마나 어려운가를 몸으로 느끼며 더 기도하게 되는 계기가 되었다.

SIM 선교사로 지원을 하고 기다리는 중에 SIM 호주 사무실(당시에는 호주가 아시아를 담당하고 있었다)에서 선교사로 허입되었다는 소식이 왔다. 서현교회가 오랫동안 아프리카 모슬렘권 선교를 위해서 기도해 왔는데, SIM에서 서아프리카의 나이지리아로 선교지를 결정해 주었다. 내가 1979년 10월 23일 선교목사로 안수받고 선교사 여권을 신청한 지 9개월이 지났다. 드디어 우리 가족은 1980년 10월 29일 한국을 출발해서 영국의 히드로 공항에 도착해 SIM 영국 선교부의 Jack Thomson 선교사의 안내로 그곳에 머물게 되었다. 한국에는 당시 나이지리아 대사관이 없었다. 처음 계획과는 다르게 영국에서 6개월 이상 거주해야 나이지리아 비자를 신청할 수 있다는 이야기를 듣게 되었다. 선교사가 선진국에서 여러 달 체류하는 것이 파송교회와 후원교회에 부정적인 오해나 영향을 줄지도 모른다는 염려가 되어 매우 조심스러웠다. 다행히 파송교회의 격려와 후원교회의 이해 가운데 영국의 WEC선교회에서 운영하는 이슬람선교훈련과정(Charles

Marsh)을 받을 수 있었다.

선교사는 선교지에 있을 때 가장 행복하다. 오랫동안 고대해온 선교지에 도착하니 언어의 두려움도 문화적인 이질감도 느끼지 못할 정도로 좋았다. 영국에서의 이질감이나 문화충격이 커서인지 나이지리아의 문화는 편하기만 했다. 환경이 좋아서가 아니라 하나님께서 이곳에 보내셨기 때문에 마음이 기쁘고 평안했다. 12주간의 하우사 언어코스를 마치고 서부아프리카 복음교회(Evangelical Churches of West Africa in Nigeria) 교단의 시몬 이브라힘 총무로부터 3곳의 사역지를 소개받았다. 사범대학의 교목사역, 이슬람이 강력한 ECWA 말룸파시 성경학교사역, 그리고 ECWA 빌리리 성서대학의 설립사역을 놓고 기도하던 중에 마지막 빌리리 성서대학교 설립에 비전 주심을 확신하고 Jos에서 5시간 거리에 있는 빌리리 쿠파이 마을에 들어가게 되었다. 전기나 수도도 없었다. 우리를 반갑게 맞아준 것은 수많은 독뱀과 모기와 독거미였다. 나중에 알게 된 사실이지만 그곳은 뱀을 섬기는 민속 모슬렘들이 많았다. 나는 10번 이상 말라리아에 걸린 경험이 있다. 그러나 그곳의 사람들은 좋은 사람들 같았다.

우리가 정착한 탕갈리 부족장의 출생지인 쿠파이 산자락은 예전부터 식인종들이 살았던 지역이었다. 1928년 프란시스 할링(Frances Harling) 선교사가 이곳에서 사역을 할 당시 존 홀(John Hall) 선교사가 보낸 칼탕고 전도자를 탕갈리 부족이 잡아먹었다는 이야기는 SIM에 잘 알려진 사건이었다. 할링 선교사는 모든 위험을 무릅쓰고 열정적으로 탕갈리 사역을 개척하였다. 이렇게 50여 년이 지난 뒤 교회가 개척되고 성도들이 늘어나면서 성서대학 설립이 요청되었던 것이다. 우리는 Bello Misal(당시 성경학교 교장) 목사, ECWA 교육부의 제레마이야 가도(Jeremiah Gado)와 함께 성경대학 설립 사역에 투입되었다. 쿠파이에 도착하자마자 기존 성경학교의 교실 하나를 빌려 바로 개원준비에 착수하였다. 이웃마을에 인사를 하고 광고를 하고 성경대학의 교재를 만들기 위해 타이핑하고, 강의준비를 했다. 뒤늦게 안 일이지만 빌리리 성경대학은 캐나다 선교사에 의해 1960년에 시작했다. 하지만 현지인 학생들과 선교사 간의 갈등으로 1961년에 문을 닫게 되었다. 그러니까 우리가 20년 만에 두 번째로 이 사역을 재개하게 된 것이다. 나는 "한국선교사가 실패했다"라는 소리를 듣지 않겠다는 다짐으로 최선을 다해 사역에 임했다. 하나님께서도 부족한 우리의 기도에 은혜를 베풀어 주셔서 신실한 선교사들을 보내 주셨다. 현지인 교수 3명(Bello Misal, Jeremiah Gado, Banabas)과 James Collins(미국), Paul Todd(영국), Rick Smith(미국), 그리고 강승삼·최을선 선교사, 이렇게 팀을 이루어 사역하게 하셨다. 교장은 현지인 Bello Misal 목사, 나는 Dean의 역할을 맡았다.

빌리리 신학교 사역 중에 하나님의 축복으로 기숙사 건물 2동, 5개의 교실이 있는 본 건물, 도서관 1동을 건축하고 필요한 집기를 구비하여 학교가 빠르게 성장하기 시작했다. 물이 귀한 지역이라 모두가 고생했는데 하나님께서 120m의 깊은 우물(Borehole)을 파게 하셔서 물 문제를 해결할 수 있었다. 그리고 가난한 신학생들이 자급자족할 수 있도록 옥수수, 수수, 토마토 등을 경작할 수 있는 밭을 마련하게 되었다. 또한 하나님의 은혜로 주 정부로부터 40여 명의 학생들이 전액장학금을 받게 되었다. 모슬렘 대학생들에게 주는 혜택을 똑같이 받게 된 것이다. 졸업하면 학교 성경교사가 되는 자격을 부여받았다.

1984년 7월 첫 번째 안식년 이후 빌리리 사역은 본격적인 궤도에 오르게 되었다. 어려움이 있기는 했지만 도서관과 교수 사택이 완공

되었다. 전도팀 훈련과 제자훈련 사역도 체계적으로 진행되어 현지인들에 의한 복음사역이 열정적으로 확산되었다. 두 번째 안식년을 시작하면서 우리는 세 번째에는 새로운 사역을 찾기로 했다. 빌리리 성경학교는 이미 학위를 수여하는 신학대학이 되었고, 우리가 이곳에서 '어르신'이란 뜻의 바바, 마마로 불리게 되면서 사역에 안주하는 모습에 위기감을 느꼈기 때문이었다. 처음 나이지리아에 도착했을 때 선배 선교사들이 보여주었던 기득권자의 이기적인 모습을 우리도 따라할까봐 내린 결정이었다. 새로운 사역지에서 겸손하게 새로운 마음으로 사역하고 싶었다. 하지만 떠나는 결정이 쉽지는 않았다.

"선교사님, 선교사님이 늙어 이곳에 묻힐 때 우리가 선교사님을 묻어 드리고 싶었는데 이렇게 떠나십니까?" 오랫동안 함께해 온 학생들이 눈물을 글썽거렸다. 마을 어른들도 만류하고 신학대학 교수진들도 안 된다고 하였다. 이 문제를 놓고 기도하던 중에 서현교회의 파송을 앞둔 이능성, 서재옥 선교사가 빌리리 신학교 사역에 헌신하고 오기로 했다. 하나님께서 예비하신 것이다.

우리는 세 번째 사역에 나이지리아 복음주의 선교훈련원(Nigeria Evangelical Missionary Institute)의 Dean으로 추천받아서 현지인 선교사 훈련 사역을 시작하게 되었다. NEMI는 NEMA(Nigeria Evangelical Missions Association)가 주도하고 몇 명의 선교사들이 헌신하여 세운 것으로, 생긴 지 얼마 안 되어 열악한 상황이었다.

### 동시에 한인교회를 개척하는 부르심을 받다

나는 여권 연장관계로 대사관을 찾아갔을 때 나이지리아의 라고

스(Lagos, 당시 수도, 지금은 아부자가 수도임)와 소코토에 한인 300여 명이 와서 비즈니스를 하고 있다는 사실을 알게 되었다. 당시에는 유효기간이 1년인 여권이라 해마다 연장하기가 여간 불편한 것이 아니었다. 다행히 우리의 나이지리아 사역이 얼마 되지 않아 라고스 한국대사관이 설치되었다는 소식을 들었다. 라고스에 가 보니 한인 기독인들이 주일마다 모여 기도회를 하고 있었다. 목사가 왔다는 소식을 듣고 대사님과 코트라 관장님을 비롯한 모두가 기쁘게 맞이해 주었다. 비록 임시였고 나의 임지에서 1,650km나 되는 먼 거리였지만 한인 디아스포라를 위한 목회도 중요하다고 생각하여 기도하며 그 모임을 라고스 한인교회라 명명하고 제직회도 구성하였다. 거리 관계상 한 달에 한 번 정도 예배를 인도하러 갔고 다른 날은 설교를 녹음하여 보냈다. 그러다가 무관인 김헌종 대령이 목사안수까지 받아왔다는 소식을 듣고 얼마나 감사했는지 모른다(김 목사님은 지금 전역하여 폴란드 선교사로 사역 중임). 3년간은 그분이 협동 목사로서 목회를 거의 전담하다시피 하고 한국에서 후임을 초청하여 시무하게 하였다. 나는 후임 목사님이 오시기까지 7년여 동안 신학교 방학 때마다 한인교회에서 집중 성경공부와 제자반을 운영하여 많은 이들에게 세례를 베풀게 되었다. 라고스 한인교회 출신 성도들은 현재 한국 여러 교회에 흩어져서 교회를 잘 섬기고 있으며 가끔 만나기도 하는 기쁨을 누린다. 이 라고스 한인교회는 나의 신학교 사역에 든든한 후원자가 되어 주었다.

### 총회선교정책과 행정 사역을 위한 부르심을 받다

나이지리아 선교사로 파송받고 나가면서 나는 10년간 선교 사역을 하겠다고 생각했다. 하지만 선교지에서 만난 서구선교사들이 20년, 30년, 또 대를 이어 선교 사역을 하는 것을 보고서 마음이 바뀌었고 기도도 바뀌었다. "하나님! 10년 사역으로 선교를 마칠 수 있다고 생각한 제 교만을 회개합니다. 용서해 주시옵소서". 그리고 "한 번 선교사는 영원한 선교사다!"라는 철학을 세웠다. 평생을 선교지에 있을 각오로 사역에 임하니 선교 사역도 재미있고 사역에 열매도 많아졌다. 선교사로 파송받은 지 12년이 되어 세 번째 사역을 시작할 무렵, 총회에서 전보가 날아왔다. 총회선교국장으로 들어와 본부 사역을 맡으라는 내용이었다.

"이제 언어도 수월해지고 사역도 할 만한데 부르시면 어떻게 합니까?" 나는 두 차례의 전보에도 같은 대답을 했다. 하지만 세 번째 총회에서 온 전보를 읽으면서 '이것이 하나님의 계획인가' 라는 생각을 하게 되었다. "파송권자가 다른 사역을 맡기기 위하여 입국명령을 내리는데 무슨 말입니까?" 라는 세 번째 전보에 무릎을 꿇었다. 기도하는 가운데 내 마음을 바꾸게 되었다. 국제 선교단체에서 일을 하고 체계적으로 행정을 배운 내게 총회선교국장의 자리는 분명 큰 도전의 현장이 될 것이다.

총회선교국장 자리는 적지 않은 개혁과 선교정책개발에 힘을 쏟아야 하는데 '얼마나 많은 비판과 비난이 있을까' 를 생각하니 솔직히 가고 싶지 않았다. 하지만 이 길이 하나님의 뜻이라면 나는 세 가지 결심을 하고 순종하기로 했다. 첫째, 선교정책을 입안하고 모든 선교사들이 행정의 울타리 속에서 일사불란하게 사역하게 하자면 지금까지 자유롭던 분들의 많은 비판과 불평이 있을 것이 뻔하였다. '한 귀로 듣고 한 귀로 흘리자. 사람들의 말에 마음을 빼앗기면 하나님의 말씀에 집중할 수 없다' 고 생각했다. 두 번째는, 선교사 출신으로 초대총회선교국장 직책을 주신 것은 선교의 전문성을 기대한다는 뜻으로 받아들였다. 선교의 전문성이란 선교정책개발과 효율적 선교행정, 그리고 현장중심의 전략 개발이었다. 이를 위해서 선교사들과 교단, 교회들을 위한 선교교육과 홍보가 필요하였다. 그래서 〈미션 저널〉을 창간하고, 선교사 훈련원을 총회선교부 산하 소속으로 하여 국장이 훈련원장직을 겸임하여 선교사의 질을 높이고 행정 라인을 분명히 할 필요가 있었다.

나의 총회선교국장 7년 재임기간 동안에 하나님께서 선교정책을 바로 세우게 해주셨다.

첫째, 총회선교안내서 제작이다. 선교헌장, 선교사 자질, 훈련, 소속, 파송절차와 양식, 후원교회선교위원회, 노회선교부, 총회선교부의 행정라인과 책임을 분명히 하였다. 또한 선교사의 파송부터 안식년, 휴가, 재정, 자녀교육, 사역관리 등 일체의 안내서를 제작하여 선교부와 총회의 허락을 얻었다.

둘째, 선교사파송창구일원화정책을 실시하였다. 그 결과 각 노회의 호응도가 높아져 1년에 100~120명의 선교사를 파송하게 되었다.

셋째, 선교재정창구일원화정책을 실시하였다. 컴퓨터재정관리 프로그램을 제작하고 선교사의 후원관리시스템을 구축하여서, 지금까지 총회선교부를 불신하여 개교회가 직접 관리하던 선교재정을 이제는 1년에 120억 원 이상 하나의 창구로 효율적이고 투명하게 관리하게 되었다.

넷째, 현장중심의 선교정책과 전략을 구사하였다.

다섯째, 사모들과 여성들, 그리고 평신도(?)전문인 선교사 제도에 대한 총회허락을 얻었다.

여섯째, 현지 지부를 세워 선교사의 자체 관리와 효율적인 팀 사역을 권장하였다. 이를 위해 수많은 현장 방문을 실시하였다.

일곱째, 남은 과업완수와 전략적 선교사 배치를 위해 초교파적 협력선교를 강화하였다.

여덟째, 선교정책개발 시행의 정착과 정상화를 위해 총회선교기구개편 정책실현을 이루었다. 총회선교부는 1년직으로서 상임부서의 역할을 하고 총회해외선교위원회는 실질적 선교사후원 파송교회들로서 이사들이 되어 선교재정과 선교정책을 관리하였다. 결국 오늘의 GMS로 거듭나게 되는 전신이었다.

아홉째, 이러한 거대한 일들을 하기 위해서는 총회선교종합센터가 필요하여 총회선교센터 건립추진위원회를 조직하게 되었다.

열번째로, 선교사의 복지를 위해 자체의료보험제도를 제정하여 운영하였다.

1991년 3월부터 1998년 2월까지 약 7년간 총회선교국장으로 섬기면서 예장합동 선교부와 한국교회의 선교성장을 직접 목격할 수 있는 기회를 갖게 된 것에 하나님께 감사한다. 이 기간 동안 한국교회는 모달리티(Modality, 교회선교부)와 소달리티(Sodality, 선교단체) 양대 선교기관의 성장과 발전을 경험했다. 총회선교국장을 맡을 당시 이영희 목사님이 선교부장을 맡고 있었다. 당시 이 목사님과 이런 대화를 나누었다. "총신에도 풀러 선교대학원 같은 기관이 필요합니다. 그래야 제대로 선교사를 훈련할 수 있고, 앞으로 선교사의 재교육도 감당할 수 있습니다." 총회선교부의 결의에 의해 총회 임원들과 몇 차례에 걸쳐 의논을 했고, 총회장 명의의 서신을 통해서 당시 총신의 재단이사장으로 있던 배태준 장로에게 총신대학교 내에 '선교대학원 설치를 위한 추진위원회'를 구성하도록 요청했다. 추진위원장은 재단이사장, 서기는 강승삼, 그리고 7인 위원으로 구성되었다. 나는 추진위원회 서기로서 총신운영이사회에 여러 차례 선교대학원의 필요성을 설득했다. 결국 운영이사회가 결의하고 1991년 9월 총회에서 선교대학원 설치를 허가하여 이듬해 채은수 교수를 초대 원장으로 하는 선교대학원이 시작되었다.

## 선교대학원과 한국세계선교협의회의 부름을 받다

총신대학교 총장으로 김의환 박사가 취임하였다. 어느 날 김 박사님이 연락을 하시더니 대뜸 "강 박사가 선교대학원을 좀 맡아 주어야 겠어"라고 말씀하셨다. 나는 여러 가지 상황을 놓고 하나님의 인도하심을 구했다. 총회선교국은 지난 7년간 정말 최선을 다한 사역으로 많은 부분에서 정비가 되었고, 내가 섬길 수 있는 일은 다 했다고 생각되었다. 하지만 55세가 넘은 나이에 신학교의 교수로 가서 섬기는 것이 과연 나은 일인지 확신이 서지 않았다. 이 일을 놓고 기도하는 중에 총신에서 나를 부교수로 청빙해서 선교대학원장 직분을 맡기기로 결정했다는 소식을 들었다. 하나님께서 총신대학교 선교대학원 사역을 확인해 주시는 것 같았다. 이렇게 1997년 3월부터(1992년~1996년까지는 강사, 1997년은 전임강사) 2007년 2월 정년 은퇴할 때까지 총신대학교 선교대학원 교수와 원장으로 섬기게 되었다. 약 10년간 선교대학원 교수로 섬기면서 국제리더십, 선교목회, 전문인 사역, 치유 사역 등 선교대학원의 전공을 세분화하고 학과에 전문적인 교수님들을 초빙하여 교단 내의 선교 전문가들뿐 아니라 초교파적으로 학생들을 받아 선교학을 연구하고 선교훈련을 받도록 하였다.

2000년 말 한 통의 전화를 받게 되었다. 면식이 없던 박종순 목사님이 박종구 목사, 이종익 장로(당시 전남대학교 총장), 최일식 목사님

등의 추천으로 나를 한국세계선교협의회(KWMA) 사무총장으로 초빙하신다는 것이었다. 당시 나는 총신대학교 선교대학원장으로 재직 중이어서 사무총장직이 어렵다고 말씀드렸지만 몇 차례의 대화를 더 나누고 결정을 내려야 할 시간이 되었다. 나는 일주일간 기도하고 두 가지 전제가 합의되면 이 일을 맡기로 했다. 첫째는 사무총장직을 파트타임으로 맡는 것이고, 둘째는 KWMA의 일을 한정국 선교사, 조남국 장로 등과 함께 총무단을 구성하여 팀 사역으로 하는 것이었다. 박종순 목사님과 이사진이 흔쾌히 이러한 요청을 허락해 주셨다. 이렇게 해서 나는 2001년 1월부터 KWMA의 사무총장으로 사역을 시작하게 되었다.

### 국제단체에서의 역할과 기대의 부름을 받다

문득 오래전 동산교회에서 "10여 년간 현장선교를 하고 한국교회의 선교활성화와 세계선교를 섬기게 하여 주시옵소서!" 라고 기도했던 때가 문득 떠올랐다. 나의 기도가 정확하게 응답되었다는 사실을 깨닫게 되었다. 하나님은 우리 입술의 기도를 다 들으시고, 우리의 기도를 하나님의 계획과 영광을 위해서 사용하신다는 것을 재확인하게 되었다. 기도는 그만큼 신중하게 해야 한다.

한국교회와 선교대학원을 섬기면서 많은 교회를 방문하여 선교적인 도전을 할 수 있는 기회가 있었다. 한국복음주의 선교협의회 위원장, 한국복음주의 선교신학회 회장을 맡아 선교신학의 연구에 참여했으며, 개혁신학회 선교신학분과위원장도 역임한 바 있다.

한국에서뿐만 아니라 세계조직의 여러 분야에서도 선교와 신학교를 섬기는 일을 하게 되었다. 1990년대 중반부터 세계복음주의연맹(WEA) 선교위원회(Missions Commission)의 회원으로 섬기고 있다. 2009년부터는 Council Member가 되어 보다 책임 있는 사역을 감당해야 한다는 말을 책임자로부터 들었다. 아시아복음주의협의회(EFA)에서도 3년간 선교위원회위원장(Chairman of the Missions Commission)으로 봉사하였고, 아시아신학연맹(ATA)의 학력평가단원으로 여러 신학교를 다니며 학력을 평가하는 일에 참여하고 있다. 2000년부터는 국제고등교육연맹(International Council of Higher Education=ICHE)의 세계화 교육위원장직을 섬기고 있다. 아쉬운 것은 시간관계로 이 일들을 제대로 충실하게 섬기지 못하고 있다는 점이다.

돌이켜 보면 이 모든 일을 하면서 한 번도 내 스스로 자원해서 이력서를 내고 일을 맡은 적이 없었다. 하나님께서 부족한 나를 부르셨기에, 맡겨 주신 일이라면 무엇이든 섬기겠다는 마음으로 주어진 사역에 최선을 다해서 순종했을 뿐이다. 그때마다 하나님은 사람들을 만나게 해주셨고, 그들의 추천을 통해서 늘 새로운 일에 봉사하도록 초청하셨다.

## 앞으로의 계획과 부르심

2007년 2월 총신대학교 선교대학원장직에서 정년 은퇴하면서 이제 인생의 마지막 라운드에 접어들었다. 이제는 남은 삶을 통해서 한국교회와 세계선교를 섬기는 일을 어떻게 잘 마무리 할 것인가를 기도하고 있다. 한국교회는 2030년까지 10만 명의 선교사를 파송하기 위한 Target2030운동과 2030년까지 100만 자비량사역자 파송운동인 MT2030운동을 전개하고 있다. 나는 2006년 선교전략회의(NCOWE IV)를 통해서 이 비전을 함께 나누었고 한국교회가 이 거룩한 운동에 동참하도록 촉구하고 있다. 특별히 남은 기간 동안 선교사들의 재충전과 계속교육을 돕고 최고지도자가 되도록 돕고 싶은 마음이 간절하다. 또한 한국교회가 정예의 선교사들을 발굴, 교육, 훈련하는 일에 지금까지의 모든 경험을 쏟아 붓고 싶다.

오늘날까지 하나님께서 인도하신 것처럼, 남은 생애도 한 걸음 한 걸음 인도해 주실 줄로 믿고 모든 영광을 하나님께 돌린다. 마지막으로 나의 선교철학의 기준이었던 성구를 나누고 싶다.

"나의 달려갈 길과 주 예수께 받은 사명 곧 은혜의 복음 증거하는 일을 마치려 함에는 나의 생명을 조금도 귀한 것으로 여기지 아니하노라"(행20:24). "그는 흥하여야 하겠고 나는 쇠하여야 하리라"(요 3:30).

나는 온 세계가 하나님의 주권적인 사랑 앞에 굴복하고 하나님 나라가 완성되며 온 우주에 "할렐루야!"(계19:1-6)의 오케스트라가 영원히 울려 퍼질 날이 올 것을 확신한다. 할렐루야!

# "내가 네게 보여줄 땅으로 가라" (창 12:1)

박기호

나는 1981년부터 1996년까지 대한 예수교 장로회 총회(합동) 세계선교회(Global Mission Society) 파송 필리핀 주재 선교사로 사역하였고, 1996년부터 현재까지 풀러 신학교 선교대학원 아시아 선교학 교수와 한국어학부 원장으로 봉직하고 있다. 1998년 아시아 선교 연구소(Institute for Asian Mission)를 설립하여 현재까지 원장으로 사역하고 있고, 2003년 아시아 선교학회(Asian Society of Missiology)를 설립하여 2009년까지 회장으로 봉사하였다. 그리고 2004년부터 현재까지는 한국교회의 선교 지도자 조동진 박사께서 설립 운영해 오시던 동서선교 연구개발원(EAST-WEST Center for Missions Research and Development) 원장의 책임을 맡아 일하고 있다.

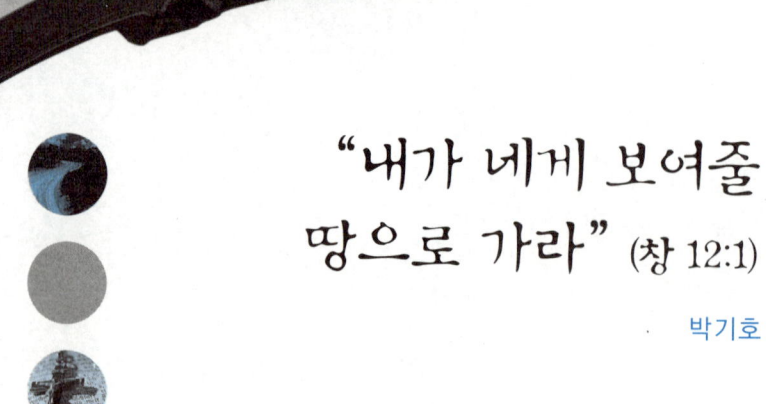

# "내가 네게 보여줄 땅으로 가라" (창 12:1)

박기호

나는 1981년부터 1996년까지 대한 예수교 장로회 총회(합동) 세계선교회(Global Mission Society) 파송 필리핀 주재 선교사로 사역하였고, 1996년부터 현재까지 풀러 신학교 선교대학원 아시아 선교학 교수와 한국어학부 원장으로 봉직하고 있다. 1998년 아시아 선교 연구소(Institute for Asian Mission)를 설립하여 현재까지 원장으로 사역하고 있고, 2003년 아시아 선교학회(Asian Society of Missiology)를 설립하여 2009년까지 회장으로 봉사하였다. 그리고 2004년부터 현재까지는 한국 교회의 선교 지도자 조동진 박사께서 설립 운영해 오시던 동서선교연구개발원(EAST-WEST Center for Missions Research and Development) 원장의 책임을 맡아 일하고 있다.

필리핀 주재 선교사로 사역하는 동안에 마닐라와 인근 지방 도시에서 원주민 교회들을 개척하여 목회하는 일과 필리핀 장로회 신학교를 설립하여 필리핀을 비롯한 아시아와 아프리카 지역에서 온 목회 후보생들을 교육하는 사역을 하였다. 풀러신학교 선교대학원에서는 한인 선교사들, 선교 지도자들, 그리고 선교사 파송교회 지도자들을 교육하는 일을 하면서 선교 현장들을 방문하여 선교사들을 자문하고 교육하는 일과 선교사들과 동역하는 현지인 지도자들을 교육하는 일들을 해 오고 있다. 또 아시아 선교연구소와 아시아 선교학회 사역을 통하여 아시아 선교에 대한 연구, 출판, 컨설팅, 그리고 교육하는 일들에 종사해 오고 있다. 그리고 동서선교연구개발원을 통하여 비서구 선교를 위한 연구 및 선교 지도자 개발 사역에 힘쓸 것이다.

### 나의 어린 시절

나는 1948년 11월 19일 전라북도 정읍시 이평면 장내리 459번지에서 부친 박락준과 모친 주옥례의 7남매 중 세 번째 아이로 태어났다. 위로 누나가 한 분 있고, 형님이 한 분 있으며, 세 여동생(새어머니를 통한 여동생이 하나 더 있음)과 남동생 한 명을 두고 있다. 나의 부친은 7남매 가운데 네 번째였고, 모친은 5녀 중 둘째이셨다. 모친은 시집 와서 첫 아이로 여아를 낳자 그도 자신의 모친처럼 딸들만 낳는 것은 아닌가 염려했던 것 같다. 전통적인 한국 사회에서 아들을 낳는 일은 참으로 중요한 일이었기 때문이다. 그러나 그 후 두 아들을 연속적으로 갖게 되자 걱정이 없어지고 안도하였으며, 두 아들을 갖게 된 데 대하여 몹시 자랑스러워 하셨던 것 같다. 그래서 어머니는 아들들에게 특별한 관심을 갖고 가죽잠바를 입히고 가죽신을 신겨 주고, 인삼을 먹이며 극진히 돌보아 주셨다.

부모님께서는 자녀 교육에 특별한 관심을 가지셨고, 희생적으로 자녀들의 학업을 뒷받침하여 주셨다. 그 결과 남자 형제들뿐 아니라 누이 동생은 그 지역에서 여자로서 처음 대학 교육을 받았다. 부모님은 풍족한 생활 가운데서 이웃들과 나누며 사셨고, 나는 도움이 필요하여 우리 집을 찾는 많은 사람들이 빈손으로 돌아가지 않는 모습을 보고 자랐다. 부모님께서는 당시 다른 대부분의 한국인들처럼 특정 종교를 가지시지는 않았지만 샤머니즘, 불교, 유교를 합한 혼합종교를 가지신 분들이었다. 나는 그분들이 특히 자녀들의 생일과 같은 때 그들의 신들에게 기도하는 모습을 보면서 자랐다. 다른 동네에는 예배당이 있었으나 우리 동네에는 예배당이 없었다. 그래서 우리 동네에는 교회 다니는 사람이 한 사람밖에 없었다. 다른 동네에 있는 교회가 우리 동네에 와서 가끔 전도집회를 가질 때에는 으레 상대적으로 넓은 우리 집에서 갖곤 하였다. 부모님은 기독교 신자들은 아니었으나 이웃 교회들에게 전도집회 장소로 사용하도록 너그럽게 허락하셨다.

### 주님을 만나기 전의 삶

나는 간혹, 특별히 성탄절과 같은 때에 교회에 출석하였다. 그러나 신앙이 있어서가 아니라 호기심에서 출석한 것이다. 교회에서 들은 메시지 가운데 기억에 남는 것은 없다. 예수를 믿기 전 나는 본능을 따라 살았다. 나는 놀기 좋아하였고, 반항적이었으며, 분노를 잘 다스리지 못했고, 열등의식에 사로잡혀 있었다. 원하는 삶을 살지 못하고 죄의 지배를 받으며 살았다. 자신이 너무 실망스러웠고 몇 차례 자살을 생각하기도 하였다. 그러나 죽음 이후 어떻게 될지 몰라 무서워서 죽지 못했다. 나는 다른 사람들에게 유익을 주지 못하는 삶을 살았다. 복음을 듣고 예수를 나의 주와 구주로 믿기 전까지 나는 우주의 기원을 몰랐고, 사람이 어디서 와서 어디로 가는지를 알지 못했다. 삶의 목적은 자주 바뀌었고, 마음에 참된 평화와 기쁨도 없었다.

## 나의 개종과 삶의 변화

나는 이평초등학교, 백산중학교, 정읍제일고등학교를 나왔다. 내가 고등학교 2학년 때(당시 열여섯 살)인 1965년 8월 마지막 주일 오후, 자취집 아주머니(신태인 신광교회 전점례 권찰)의 전도를 받고 예수님을 나의 구주로 영접하였다. 아주머니는 삶에서 자신의 신앙과 그리스도인의 사랑을 실천한 신실한 성도이셨다. 나는 나를 참으로 사랑해 주신 그분이 전하는 복음을 진지하게 받아들였다. 하나님의 은혜를 생각할 때마다 나는 그분을 인하여 하나님께 감사드린다.

그리스도를 나의 구주로 받아들인 다음 나의 삶은 전적으로 변하였다. 그리고 나는 하나님의 영광을 위해 살기로 하고 나의 삶을 그리스도에게 헌신하였다. 나의 삶이 극적으로 변화된 것은 내가 구원의 확신을 가지면서 시작되었다. 나는 말씀을 사랑하게 되었고, 하루에 40장씩 성경을 읽었으며, 새벽기도회를 포함한 교회의 모든 공적인 예배와 모든 활동에 참석하였다. 나는 주일학교에서 아이들을 가르치고, 성가대원으로 봉사하였다. 집에서 시간을 보내는 것보다 예배당에 있는 것을 더 좋아하였다. 나는 내가 어디에서 왔으며 어디로 가게 되는가를 알게 되었고, 삶의 목적을 가지게 되었다. 나는 가족들 가운데 맨 먼저 그리스도인이 되었고, 나의 나머지 가족은 나의 기도와 전도를 통하여 기독교로 개종하게 되었다.

### 사역자로 헌신과 준비

나는 삶을 변화시켜 준 하나님의 말씀을 다른 사람들에게 가르치기 위하여 성경학교에 들어갈 것을 고려하고 있었다. 그러나 내가 다니던 교회의 목사님은 성경학교는 고등학교 수준의 학교이므로 신학대학에 들어가는 것이 좋겠다고 말씀하셨다. 결국 나는 고등학교를 졸업한 후 곧바로 대학에 입학하지 않고 한 해 동안 신앙생활에 전념한 후 1968년에 총신대학교에 입학하여 기독교 철학을 전공하였다.

대학 시절 나는 신학 수업을 위한 언어인 영어, 독일어, 헬라어, 라틴어, 그리고 네덜란드어를 공부하였다. 그리고 칼빈주의 철학과 신학 예비 공부를 하였다. 대학에 다니면서부터 기도생활, 성경 읽기, 그리고 전도활동에 헌신하였다. 버스나 기차를 탈 때면 전도하였고, 공원이나 학교 주변 동네들을 다니며 전도하였다. 공부하는 일보다 기도하고 부흥집회에 참석하는 일들이 나의 주된 일이었다. 그 결과 대학 입학 후 첫 학기에 몇 과목 낙제를 했다. 성령께서는 기도하고 성경 읽는 데 시간을 많이 보냈다고 해서 공부 열심히 하지 않은 나에게 시험 문제들을 가르쳐 주지 않으셨다. 대학을 졸업한 후의 사역을 위한 준비로 1972년부터 1976년까지 총신대학교 신학대학원에 입학하여 신학(목회학 석사과정)을 공부하였다.

### 선교사로의 부르심

나는 하나님의 말씀을 읽던 중에, 그리고 선교대회에 참석하여 선교 지도자들의 선교 메시지를 듣던 중 선교사로 부름을 받았다. 예수를 영접한 후, 특히 구원의 확신을 갖게 된 후 나는 성경을 읽는 데 많은 시간을 보냈다. 성경을 읽던 중 사도행전 26장 말씀과 에베소서 3장 말씀에서 나의 사역이 한국인들을 위한 사역에 제한되지 않고 열방을 향한 것이어야 한다는 것을 깨달았다. 특히 사도행전 26장 17-18절은 다음과 같이 기록되어 있다. "이스라엘과 이방인들에게서 내가 너를 구원하여 그들에게 보내어 그 눈을 뜨게 하여 어둠에서 빛으로, 사탄의 권세에서 하나님께로 돌아오게 하고 죄사함과 나를 믿어 거룩하게 된 무리 가운데서 기업을 얻게 하리라 하더이다." 그리고 에배소서 3장 8-9절 말씀은 다음과 같다. "모든 성도 중에 지극히 작은 자보다 더 작은 나에게 이 은혜를 주신 것은 측량할 수 없는 그리스도의 풍성함을 이방인에게 전하게 하시고 영원부터 만물을 창조하신 하나님 속에 감추어졌던 비밀의 경륜이 어떠한 것을 드러내게 하려 하심이라." 이 말씀들은 앞으로의 사역이 한국인들뿐 아니라 다른 민족들을 위한 것이 되어야 한다는 사실을 명심하게 하였다.

나는 대학 1학년 때인 1968년 출석하며 봉사하던 서울 충현교회의 선교부흥회에 참석하여 다른 11명의 청년들과 함께 처음으로 선교사가 되기로 공적인 헌신을 하였다. 주한 미국 정통장로교회 파송 선교사이셨던 간하배(Harvie M. Conn) 교수, 총신대학교 교수이셨던

김의환 박사, 그리고 당시 서대문 동산교회 당회장이셨던 김성환 목사님이 인도하신 선교부흥회였다. 그리고 1971년 비서구 교회 선교의 선구자 조동진 박사께서 당회장으로 목회하시던 후암교회에서 열린 선교부흥회에서 두 번째로 선교사가 되기로 헌신하였다. 전 만주와 한국 주재 선교사이셨던 소열도(Stanley Soltau) 박사께서 로마서 12장 말씀에 근거하여 "너희 몸을 하나님이 기뻐하시는 거룩한 산 제사로 드리라!"는 말씀을 하실 때 나는 "부름받아 나선 이 몸 어디든지 가오리다!" 하며 선교사로 헌신하였다. 그리고 1975년 서울 정동에 위치한 한국대학생선교회 대강당에서 총신 신대원 학우회 주최로 열린 선교대회에서 세 번째로 선교사로 헌신하였고, 또한 1980년 여의도에서 열린 '세계 복음화 대성회'에 참석하여 네 번째로 선교사가 되기로 헌신하였다.

1970년대 초 총신대학교에 유학온 베트남 학생 바오(Guyen Xuan Bao)와 친밀하게 지내고 그의 설교를 통역하는 일을 하면서 베트남 선교에 관심을 갖게 되었다. 그리고 그의 중매로 아내 김선기와 결혼을 하였다. 아내는 약학을 공부하던 학생이었다. 바오는 우리를 결혼시켜 하나는 목사 선교사로, 하나는 약사 선교사로 초청하여 말씀 사역과 치유사역에 종사하게 하려고 하였다. 아내는 대학 시절 자신을 주님께 헌신하면서 "먼저 그의 나라와 그의 의를 구하라 그리하면 이 모든 것을 너희에게 더하시리라"(마 6:33)는 말씀에 따라 주님의 나라와 그의 의를 먼저 구하는 사람과 결혼하게 해달라고 기도해 오

다가 나를 만났고 다른 것들은 고려하지 않고 나와 결혼하였다.

그러나 1975년 베트남이 공산화되면서 베트남 선교의 꿈은 깨지고 말았다. 베트남 선교가 어려워지면서 나의 선교에 관한 꿈도 흐려졌다. 1976년부터 1979년까지 3년 동안 나는 대한민국 육군 군목으로서 군대 사역을 시작하여 군인들에게 복음을 전하고 인격지도교육을 실시하였다. 나는 군인들 가운데 사역하는 것이 무척 즐겁고 보람이 있었다. 열정을 가지고 사역하였으며, 첫 번째 해에 사령관 상을 받고, 두 번째 해에도 사령관 상을 받았다. 선교의 꿈이 희미해진 나는 군에 장기 복무 하는 문제를 심각하게 고려하였다.

그런데 내가 군목으로 일하는 동안 나는 간첩 작전을 하는 장병들을 돌보다가 급성 사구체 신장염을 앓게 되었고 그 질병 치료를 위하여 수도통합병원에 입원하게 되었다. 3개월 동안 국군 수도통합병원에 입원하여 치료를 받았지만 신장병은 도무지 회복되지 않았다. 함께 입원하여 지내던 장병들 가운데 죽어 나가는 사람들을 보면서 죽음에 대한 생각을 하게 되었다.

열심히 사역하고 있었는데 하나님께서 왜 내게 질병을 허락하셨고, 병원에서 고립된 시간을 보내게 하시는지를 이해할 수 없었다. 고통중에는 시편을 읽는 것이 좋다는 한 목사님의 말씀이 생각나서 시편을 읽기 시작하였다. 시편을 읽어 나가던 가운데 118편 5절을 읽게 되었다. "내가 고통 중에 여호와께 부르짖었더니 여호와께서

응답하시고 나를 넓은 곳에 세우셨도다." 영어 성경을 대조하여 읽어보았다. 영어성경에는 이렇게 기록되어 있었다. "I called on the Lord in dit ress; The Lord answered me and set me in a broad place" (NKJV). 이 말씀은 내게 하나님께서 나의 신장병을 치료해 주실 것이라는 확신을 주었다. 그런데 "나를 넓은 곳에 세우셨도다(He set me in a broad place)"라는 말이 이해가 되지 않았다. '넓은 곳(a broad place)'의 의미를 생각하며 기도하던 중 성령께서 내가 그동안 여러 차례 선교사가 되기로 헌신했던 사실을 생각나게 하셨다.

내가 장기 복무를 고려하던 군대 사회는 좁은 사회이고, 광활한 곳이 아니라는 것을 깨달았다. 광활한 곳은 군대와 한국을 떠나 선교지로 나가는 것이었다. 선교사로 부름받은 내가 일차적으로 생각했던 베트남 선교가 불가능하게 되었다고 하여 다른 선교지를 찾는 대신 군목으로 장기 복무하려고 한 것이 하나님을 기쁘시게 하는 일이 아니었음을 깨달았다. 군목으로서의 사역에 재미를 붙여 제대를 망설이던 나는 회개하고 선교사의 삶을 살기로 결심하고 군에서 제대를 하였다.

그런데 군에서 제대하는 일을 잠시 주저하게 만든 몇 가지 이유가 있었다. 첫째는 아직 건강이 완전히 회복되지 않은 상황에서 제대를 하면 군 병원과 달리 일반 병원에 입원을 해야 하는데 병원비가 문제였다. 그래서 건강이 회복될 때까지 제대를 미루는 것이 지혜로운 것이 아닐까 생각하였다. 그리고 군인으로 있을 때 죽게 되면 국립묘지에 안장이 되지만 제대한 후에 죽으면 가족 묘지에 묻히게 되는 것이 아닌가 생각하였다. 그리고 또 하나는 아직 선교지가 결정되지 않은 상황에서 군에서 받을 수 있는 특권을 포기하고 제대를 하는 것은 지혜로운 일이 아닌 듯 싶었다.

그러나 성령께서 전에 암송하였던 말씀을 생각나게 해주셨다. 창세기 12장 1절 말씀이었다. "너는 너의 고향과 친척과 아버지의 집을 떠나 내가 네게 보여줄 땅으로 가라." '내가 네게 보여준 땅' 이 아니라 '내가 네게 보여줄 땅(the land I will show you)' 이란 말씀에서 나는 아직 어느 선교지로 갈지 몰랐지만 하나님께서 앞으로 보여주실 것이라고 믿었다. 이 말씀과 더불어 전에 암송하였던 또 다른 말씀이 나의 결정을 도왔다. 히브리서 11장 8절 말씀이었다.

"믿음으로 아브라함은 부르심을 받았을 때에 순종하여 장래의 유업으로 받을 땅에 나아갈새 갈 바를 알지 못하고 나아갔으며(By faith Abraham……obeyed and went, even though he did not know where he was going.)." 아브라함이 부르심을 받았을 때 아직 갈 바를 알지 못했지만 부르신 분의 신실함을 믿고 나아갔듯이 나도 아직 나가야 할 선교지를 구체적으로 알지 못하지만 선교사로 부름받은 것이 확실했던 만큼 하나님의 인도하심을 믿고 제대를 한 것이다. 하나님께서 나를 재차 부르신 것이다. 선교사로 사역하는 동안 견디기 힘든 어려운 일들을 많이 겪었지만 하나님의 부르심에 대한 확신은 내가 선교사로서의 삶을 사는 데 있어서 한 번도 후회하거나 뒤돌아보지 않도록 해주었다.

## 선교 사역을 위한 준비

선교사로 헌신하였지만 내가 처음 선교사로 헌신했을 당시 한국에는 아직 선교사 훈련원이 없었다. 선교사로서 해야 할 준비는 우선 영어 공부라고 생각하고 OMF 선교사들 가운데 한 분이 인도하는 영어성경공부반에 참석하여 영어를 배우기 시작하였다. 나는 세계선교에 관심을 가진 신학교 친구들과 더불어 영어성경을 읽고, 영어로 대화하고, 영어 서적들을 번역하는 일들을 하였다. 그리고 외국인 설교자들과 강사들의 설교와 강의를 통역하는 일을 하였다. 외국 선교사들과의 교제를 통하여 선교사로서의 삶을 조금씩 이해하기 시작하였다.

조동진 목사님께서 세우신 국제선교협력기구(Korea International Mission)에 나가 선교사들을 위한 기도를 하고, 서적을 번역하고, 판매하는 일 등의 훈련을 받았다. 대학을 졸업하고 신학대학원에 입학하면서부터 당시 신학교에 다닐 때 배울 수 없었던 개인전도, 소그룹 성경공부, 제자훈련, 그리고 지도자 개발에 관한 교육과 훈련을 한국 네비게이토 선교회에 가입하여 받았다. 네비게이토에서 받은 훈련은 나의 삶과 사역에 든든한 기반이 되고 있다.

선교에 재헌신하고 군대에서 제대한 나는 아직 회복되지 않은 건강 회복을 기다리며 주님의 인도하심을 기다리고 있었다. 이때 아시아 신학연구원(ACTS)이 미국 풀러신학교 선교대학원과 공동학위 과정을 개설하고 선교학 신학 석사 과정 학생을 모집하고 있었다. 선교사로 헌신한 이래 선교학을 공부해 본 일이 없는 나는 하나님의 인도하심으로 알고 1979년부터 1981년까지 아세아 연합신학 연구원(ACTS)에서 선교학 신학 석사 과정 학위공부를 하였다. 선교지로 떠나기 전에 하나님께서 내게 선교에 대한 이론적 준비를 할 수 있는 기회를 주신 것이다.

## 선교지 선택

내가 선교사로 부름받을 때뿐 아니라 선교지를 결정할 때 나는 하나님의 육성을 들은 일이 없다. 환상을 본 일도 없다. 그리고 꿈을 꾼 일도 없다. 말씀으로 부르시고, 선교대회에서 선교 지도자들의 메시지를 통하여 부르시고, 먼저 선교지에 나간 친구를 통하여 나를 부르셨다. 또 선교에 대한 부르심이 희미해졌을 때 하나님께서는 나를 병원이라는 고립된 장소로 이끄시고, 다시 한 번 부르심을 확인하게 하셨다. 병원에서 고립된 상태로 지내게 하신 하나님께서 질병 치료를 위하여 기도하고 주님의 인도하심을 위하여 기도할 때 "내가 고통 가운데 부르짖었더니 여호와께서 응답하시고 나를 넓은 곳에 세우셨도다"(시 118:5)라는 약속의 말씀과 함께 "내가 네게 지시할 땅으로 가라!"(창 12:1)는 말씀으로 나를 불러주셨다.

하나님께서 선교지를 보여주실 것을 믿고, 아시아 연합신학연구원에서 선교학(Th.M. in Missiology)을 공부하고 있을 때 나에게 대학과 신학교 동기동창으로 당시 필리핀 주재 선교사였던 김활영 목사를 보내주셨다. 그는 나에게 필리핀으로 와서 지도자 양성을 위한 신학교 설립을 도와달라고 초청하였다. 그리고 동기동창 친구들로 구성된 한 선교회가 후원 약속을 하였다. 또 총회 세계선교회가 나를 총회 파송 필리핀 선교사로 인준해 주었다. 나는 1981년 3월 22일 총회 세계선교회의 파송을 받아 1981년 4월 28일 필리핀에 부임하여 1996년 6월 말까지 총회 세계선교회 소속 필리핀 주재 선교사로 일하게 되었다. 서울 대방교회가 나의 주 후원교회였다.

### 필리핀에서의 사역

1981년 4월 28일 나는 후원교회와 가족의 전송을 받고 3년 8개월 된 큰 딸 경주와 14개월된 둘째 딸 안나를 데리고 아내와 함께 마닐라 국제공항에 도착하였다. 필리핀의 언어와 문화를 습득한 후에 나는 필리핀 국립대학교에서 학원 전도를 하였고, 마닐라와 인근 지방도시에서 교회들을 개척하여 목회하는 일을 하였다. 그리고 동료 선교사들과 필리핀 장로회 신학교를 설립하여 필리핀 목회 후보생들과 아시아와 아프리카에서 오는 지도자들을 교육하는 사역을 하게 되었다.

선교사로 사역하는 동안 주님께서는 약속대로 나의 신장이 100% 기능을 발휘하도록 치료해 주셨다. 주님은 참으로 신실하신 분이시다. 성령으로 개인에게 약속하신 바를 이루어 주신 것이다. 필리핀 선교사로서 약 두 텀 동안의 사역을 마치고 나는 안식년을 얻어 풀러 신학교 선교대학원에서 선교학 문학 석사 학위와 선교학 철학 박사 학위를 취득하였다. 그리고 다시 필리핀으로 돌아가 다시 또 한 텀 넘게 사역하였다.

안식년을 갖던 기간을 제외하고 1981년부터 1991년까지는 주로 학원전도, 교회개척, 신학교 교수 및 행정 사역을 하였고, 안식년을 마치고 돌아온 후 1991년부터 1996년까지는 대한 예수교 장로회 총회(합동) 세계선교회(GMS) 필리핀 지부장과 필리핀 장로회 신학교 학장직을 맡아 행정 사역을 하였다. 그리고 주비 한인선교단체 협의회 회장으로 주비 한국 선교단체들과의 협력사역, 필리핀 주요 신학교와의 동반자 사역, 그리고 현장 선교사들을 위하여 풀러 신학교 선교대학원 마닐라 프로그램 책임을 맡아 선교사 연장교육 사역에 종사하였다. 약사인 아내는 자녀교육과 의료선교에 참여하였으며 나의 사역을 보필해 주었다.

### 안식년 연구가 가져다 준 변화

풀러에서의 공부는 매우 유익했다. 안식년 동안 풀러 선교대학원에서 습득한 지식은 나의 삶과 사역에 큰 변화를 가져다 주었다. 나의 사역은 활동 중심에서 기도 중심으로 바뀌었고, 풀뿌리 사역에서 지도자 개발과 동반자 사역으로 변하였다. 나는 실제를 이해하는 관점의 변화(paradigm shift)를 경험하였으며, 사람들에 대한 이해와 태도, 사역에 대한 관점이 크게 변하였다. 그래서 나는 동료 한국인 선교사들도 나를 변화시켜 준 풀러에서 공부할 수 있기를 원하였다.

많은 한인 선교사들이 안식년을 가질 수 없었고, 안식년을 가질 수 있다고 해도 토플시험에 합격하여 입학을 허락받는 것이 힘들었을 뿐 아니라, 입학을 허락받는다 해도 영어의 장벽으로 1년 안에 학위 공부를 마치는 일이 쉽지 않음을 알았다. 그래서 나는 그들이 패서디나 본교에 오기 전에 연장교육원에서 장학금을 받아 공부할 수 있는 기회를 갖게 해달라는 기도를 오랫동안 하였다. 1994년 내가 풀러 선교대학원에 객원교수로 와서 강의를 하게 되었을 때 나는 학교 당국에 호소하였다. 풀러가 나의 청원을 받아들여 1994년부터 풀러 선교대학원의 필리핀 연장교육원의 책임을 맡아 안식년을 갖지 못하거나 영어로 교육을 받지 못하는 동료 선교사들이 한국어와 한국어 통역으로 선교학을 공부할 수 있도록 그들을 섬겼다.

### 미국 풀러 선교대학원에서의 사역

강의차 필리핀 연장교육원을 방문하던 선교대학원 교수들에게서 풀러가 한국인 교수를 필요로 한다는 이야기를 들었다. 그리고 풀러가 내게 관심을 가지고 있다는 소식도 들었다. 그러나 나는 처음에는 풀러에 가서 사역하는 일에 별 관심이 없었다. 필리핀 장로회 신학대학에서 아시아와 아프리카 여러 지역에서 오는 선교사들과 사역자들을 교육하는 일에 너무 열정을 가지고 있어서 풀러 신학교의 필요를 진지하게 고려하지 않았던 것이다.

그러나 풀러 신학교의 거듭된 제안을 받고 나는 하나님께 기도하기 시작하였고, 동료 선교사들과 선교 지도자들의 자문을 구하였다. 대부분의 사람들이 풀러 신학교에 가서 사역하는 문제를 긍정적으로 검토하도록 내게 조언해 주었다. 필리핀에서의 사역도 놓고 싶지 않았고, 풀러에서의 사역도 중요하다는 생각이 들었다. 하나님의 뜻을 분별하기 위하여 매일 새벽예배에 나가 기도하기 시작하였다. 두 사역이 모두 중요하게 여겨져 결정이 쉽지 않아서 나는 하나님의 부르심의 뜻이 무엇인지 표적을 보여달라고 기도하였다.

나는 기한을 정해 놓고 만일 풀러 신학교가 그 기간까지 나에게 초청장을 보내 주면 하나님의 뜻으로 알고 그렇지 않으면 하나님의 뜻이 아닌 것으로 알겠다고 기도하였다. 그리고 학교에도 그렇게 통보하였다. 나는 풀러 신학교의 초청장을 받고 1996년 7월 아시아선교학 교수로 풀러 신학교에 부임하였다. 풀러 신학교 선교대학원에서 교수 사역을 하면서 나는 한국 각 교단과 선교단체들, 북미주 교회들과 선교단체들, 그리고 나아가 아시아 교회들과 선교단체들의 선교 지도력 개발을 위해 일하게 되었다. 선교 지도자 개발을 위해 일하는 데 있어서 풀러보다 내게 더 좋은 곳이 없다는 생각을 갖게 되었다. 선교 사역지를 풀러로 바꾸어 주신 것 또한 하나님의 또 다른 소명이었다. 하나님께서 나를 풀러에서 일하도록 부르셨다는 확신은 나로 하여금 열정을 가지고 일하게 하였고, 앞으로도 그렇게 할 것이다.

풀러 신학교에는 많은 한국인 학생들이 공부하고 있었다. 그런데 1.5세와 2세 한인들을 제외하고는 많은 한인 학생들이 훌륭한 자질들을 가지고 있었지만 언어와 문화 장벽으로 공부하는 데 적지 않은 어려움을 겪고 있었다. 이러한 학생들을 보면서 나는 그들이 그들의 마음의 언어인 한국어로 공부할 수 있는 기회를 갖도록 돕고 싶었다. 나는 이 일이 그들로 하여금 그들이 배우는 것을 확실히 이해하도록 할 뿐 아니라 그들이 배운 것을 다른 사람들에게 가르치는 데도 효과적이라고 믿었다. 그 결과 풀러 선교대학원에서는 선교 문학 석사 학위과정, 선교 신학 석사 학위과정, 그리고 선교 목회학 박사 과정을 한국어와 영어 강의의 한국어 통역으로 제공하게 되었다. 곧 선교학 박사 학위 과정도 이 같은 방식으로 제공할 계획이다.

하나님께서는 내가 책임 맡고 있는 한국어학부를 크게 축복하여 주셔서 선교대학원 한국어 학생수가 전체 학생수의 40% 정도가 될 만큼 성장시켜 주셨다. 많은 한인 선교사, 선교 후보생, 선교 지도자, 그리고 선교 후원자들이 한국어와 한국어 통역으로 풀러의 수준 높은 교육을 받을 수 있게 되었다. 비록 나의 주된 사역이 풀러에서 가르치고 논문을 지도하는 일이지만 나는 매년 세계 각처에서 사역하고 있는 한국인 선교사들을 방문하여 그들을 교육하고 자문하며, 그들과 동역하는 토착민 지도자들을 위한 세미나를 인도하고, 교회와 선교회 지도자들을 교육하고 자문하는 일들을 해 오고 있다. 또한 현재 한인 교회 지도자들과 크리스천 사업가들을 격려하여 풀러의 발전을 기도와 물질로 돕는 일을 하도록 하고 있다.

## 나의 소망

나는 아직도 대한 예수교 장로회 총회(합동) 세계선교회(GMS) 소속 선교사로 활동하고 있다. 선교사로 일하는 동안 적지 않은 어려움들이 있었다. 그러나 한 번도 선교사로서의 삶을 살고 사역하게 된 것을 후회하지 않고 감당해낼 수 있었던 것은 바울처럼 선교사로 부름받은 데 대한 확실한 소명감 때문이었다. 전에 나의 소망은 훌륭한 선교사가 되는 것이었고, 나 자신이 훌륭한 사역을 하는 것이었다. 그러나 지금 나의 소망은 나 자신이 좀 더 신실하고 유능한 사역자가 되는 것도 중요하지만 하나님께서 내게 주신 은사와 기회와 지위를 사용하여 다른 사람들을 세워 주고 그들이 하나님의 나라와 복음을 위하여 보다 신실하고 유능한 선교 역군들이 되도록 그들의 지도력 개발을 돕는 것이다. 그리고 나의 또 다른 소망은 한국교회를 포함한 아시아 교회가 21세기 세계선교 운동에서 매우 효과적이고 독특한 사역을 하는 것을 보는 것이다.

풀러 신학교는 나에게 선교대학원에서 70세 은퇴할 때까지 일할 수 있도록 종신직 교수를 보장해 주었다. 지금 나는 풀러 선교대학원에서 일하는 것을 나의 소명으로 생각하고 있기에 사랑과 열정을 가지고 사역하고 있지만 나를 이제까지 인도하신 에벤에셀의 하나님께서 다른 사역을 위하여 부르신다면 얼마든지 순종할 각오가 되어 있다.

세계에서 미국 다음으로 가장 많은 선교사들을 파송하였고, 머지않아 미국교회보다 더 많은 선교사들을 파송할 한국에 교파를 초월하는 국제적인 선교대학원이 필요하다. 만일 풀러 신학교 선교대학원이 하나님께서 주신 자산과 전통을 가지고 한국에 분교를 세워 한국교회 선교지도자를 포함한 아시아 선교 지도자들을 교육하고 개발하는 사역을 하지 않는다면 나는 선교지와 풀러 선교대학원에서 터득한 지식과 경험을 가지고 직접적이든 간접적이든 세계교회의 선교운동을 도울 선교대학원을 한국에 세우는 일에 기여하고 싶다. 그러나 내가 원하는 일이 아니라 하나님이 원하시는 일, 내가 하고 싶은 일이 아니라 하나님께서 원하시는 일을 하고 싶다.

  선교는 내가 하나님을 위하여 무엇을 해드리는 것이 아니라 하나님께서 나를 통하여 무슨 일을 하시는 것이라고 믿는다. "내가 네게 보여줄 땅으로 가라!" 나는 다만 소명에 따라 순종하는 삶을 살 뿐이다.

# 삶을 나눔으로써의 선교

김창환

나는 대한 예수교 장로회(통합) 목사이고 서울 서노회(총신교회 파송)와 외항선교회 선교사로 있으며 현재 영국 요크세인트존 대학교(York St John University) 신학부에서 정교수(Chair in Theology and Public Life)로 사역하고 있다. 또 〈International Journal of Public Theology〉의 주 편집인으로 사역하고 있다. 그동안 선교의 경험으로는 첫째, 평신도선교사로 파송되어 오엠선교회의 둘로스선교선에서 주로 선교 사역의 프로그램을 담당하였으며 마지막 6개월간은 둘로스의 프로그램을 책임지는 Program Manager로 사역하였다(1982-1984). 둘째, 인도의 유니온 신학대학(Union Biblical Seminary)에서 선교학을 강의하였으며 Centre for Mission Studies의 책임을 맡았었다(1993-1997). 그 후에는 2000년부터 현재까지 영국에서 사역을 하고 있다.

HERE I AM, SEND ME, LORD!

# 삶을 나눔으로써의 선교

김창환

나는 대한 예수교 장로회(통합) 목사이고 서울 서노회(충신교회 파송)와 외항선교회 선교사로 있으며, 현재 영국의 요크세인트존 대학교(York St. John University) 신학부에서 정교수 (Chair in Theology and Public Life)로 사역하고 있다. 또 〈International Journal of Public Theology〉의 주 편집인으로 사역하고 있다. 그동안 선교의 경험으로는 첫째, 평신도 선교사로 파송되어 오엠선교회의 둘로스선교선에서 주로 선교 사역의 프로그램을 담당하였으며, 마지막 6개월간은 둘로스의 프로그램을 책임지는 프로그램 매니저(Program Manager)로 사역하였다(1982-1984). 둘째, 인도의 유니온 신학대학(Union Biblical Seminary)에서 선교학을 강의하였으며 Centre for Mission Studies의 책임을 맡았다(1993-1997). 그 후에는 2000년부터 현재까지 영국에서 사역을 하고 있다. 그외 한국외항선교회 본부 사역을 했고, 영국 All Nations Christian College, 미국 Fuller Theological Seminary, 그리고 영국의 University of Cambridge에서 학위를 받았다. 주요 저서로는 《In Search of Identity: Debates on Religious Conversion in India》(Oxford University Press, 2003 & 2005) 와 《Christianity as a World Religion》(Continuum, 2008)이 있으며 그 외 현재까지 9권의 책을 편집하였다.

## 출생과 성장, 회심과 소명

나는 1955년 부산 동대신동에서 3남 2녀 가운데 부친 김영태와 모친 김남경 사이에서 태어났다. 아버님은 인쇄소 사업을 하셨고 1964년에 온 가족이 서울로 이사하였다. 학교는 부산의 남일초등학교와 서울의 은평초등학교와 보성중·고등학교를 다녔다. 우리 가정은 부모님이 관습적으로 유교와 불교를 믿었으며, 가족 중에서는 형님이 처음으로 기독교 신앙을 가졌고 내가 중학교 1학년 때에 형님은 나를 교회로 인도하였다. 당시 교회는 강태국 목사가 개척한 성서교회(현 중앙성서교회)로 갈현동에 있는 성서신학교에서 모이고 있었다. 처음에는 단지 농구와 탁구를 하는 재미로 교회에 다니게 되었는데 점차 신앙이 자랐으며 중학교 2학년 때 여름 수양회에서 변영희 교사의 인도로 주님을 영접하게 되었다.

그 후 교회에서는 교사, 성가대 지휘, 대학부 임원 등 여러 부서에서 활동하며 신앙을 키우게 되었으나, 1974년 대학(한양대학교 전자통신공학과)에 들어간 후에는 신앙을 점차적으로 등한시하게 되었다. 그러던 중 교회 대학부 친구들의 권유로 '예수원'에 가게 되었는데 그때가 내 신앙의 중요한 계기가 되었다. 처음에 갈 때에는 단지 여름을 즐겁게 보내기 위해서 수영복을 준비하는 등 별다른 기대 없이 갔으나 그곳에서 말씀을 접하고 또한 몇몇 친구들의 성령충만의 경험을 보면서 마침내 나도 기도중 성령의 은혜를 체험하고 새로운 헌신을 다지게 되는 계기를 갖게 되었다. 그 후에 대학생활과 교회생활을 통해서 계속 신앙을 다지고 헌신하려는 마음을 갖게 되었다.

이 기간 중에 또 한 가지 중요한 경험은 대학 2년 때에 늑막염을 앓아 병원에 입원하게 되었던 것이다. 바로 치료되어 퇴원을 하였지만 주님 안에서 나 자신의 무력함을 경험하였으며 그동안의 교만함을 회개하는 기회가 되었다. 한편 그 때문에 병역면제를 받게 되었다. 그러나 이 일과 관련해 나는 면제받은 기간을 주님과 나라를 위해서 드리고자 하는 마음을 갖게 되었다. 1978년경부터 나는 이러한 경험을 통하여 소명에 대해서 생각하며, 막연하게나마 세계를 향한 구호단체를 설립할 계획을 하였다. 지금 돌아보면 단지 계획에 지나지 않았지만 당시에는 매우 진지하게 생각하며 기도하고 또 구체적인 계획을 나름대로 세웠었다.

그러던 중 대학 졸업 후에 컴퓨터 회사를 다니게 되었다. 당시에 교회에서 만난 두 명의 친구들과 미래의 계획에 대해서 서로 모여서 대화를 하게 되었다. 미래에 한 친구는 전도와 복음사역을 맡고, 또 한 친구는 경영과 재정, 그리고 나는 행정과 조직을 맡아서 구호선교센터를 1990년대에 설립하기로 하고 각자 맡은 분야에서 준비를 해나가기로 하였다. 이 시기는 나에게 주님께 소명을 구하고 나 자신을 준비하는 중요한 시기였다. 결국 서로가 각자의 길을 가게 되었고 지금은 소식이 거의 끊어졌지만 나는 항상 선교에 있어서 동역자들과의 협력을 중요시하는 생각을 계속하게 되었다.

이 시기에 마침 로고스 선교선이 인천을 방문했는데 나는 로고스를 다녀와서 앞으로 선교 사역에 대한 훈련을 받기로 결심하고 이에 대한 기도를 시작하였다. 1981년 8월, 한국에서 오엠(Operation Mobilisation) 선교회의 선교사 파송을 담당하던 외항선교회의 대표 최기만 목사님을 만나게 되었다. 이에 대한 준비와 함께 한국월드컨선 설립을 위한 모임에 참여하게 되었는데, 최 목사님은 계속해서 선교에 대한 도전과 격려를 통해서 나의 선교 여정에 매우 중요한 영향을 끼쳤다. 여러 가지 기도와 절차를 거쳐서 OM선교회에서의 정식 초청을 받고 회사에 사표를 내고 1982년 3월 14일 중앙성서교회에서 파송을 받아서 출국을 하였다.

어렵게 들어간 컴퓨터회사를 그만두고 선교지로 나가게 된 것은 여러 가지 계기가 있었지만 이를 위해서 기도해 주고 격려해 준 강태국 목사님과 최기만 목사님, 그리고 친구들의 도움이 무엇보다도 컸다. 더욱이 가족들이 반대할 때 부모님과 형제들을 설득해 주고 힘이 되어 주었던 형님 김동환 장로(현 탄현중가교회 시무)의 도움이 매우 귀중하였고, 그 후에도 중요한 결정을 할 때마다 큰 힘이 되곤 하였다. 선교를 하면서 마음에 부담이 되었던 부모님들에 대해서도 형님이 책임져 주시고 더욱이 그분들이 기독교 신앙을 받아들이고 신실한 신앙을 가지게 도움을 주신 것도 감사하다. 나의 모친은 신앙을 가지신 후부터 매일 새벽기도회를 빠지지 않고 나가시며 나의 선교를 위해서 기도해 주시고 있다.

## 선교훈련과 둘로스 선교선에서의 1차 선교(1982-1984)

일단 한국을 출발해서 오엠선교회에 정식으로 가입하기 전에 나는 일본 요코하마에서 목회와 선교 사역을 하고 있는 임도신 목사님

내외의 사역을 도우며 선교훈련을 받았다. 그들은 요코하마에 있는 한인교포와 일본인들을 위해서 사역하는 헌신된 분들로, 선교의 첫 경험을 하던 나는 그들의 열정과 한 영혼을 귀하게 여기는 모습을 배울 수 있었다. 또한 그곳에서 미국 선교사인 파울 베네딕트(Paul Benedict) 선교사 가정의 사역을 돕게 되었는데 그들은 일본에서 오랫동안 선교활동을 하며 주로 요코하마 항구에 정박하는 외국선원들에게 전도사역과 복지사역을 하는 사역자들이었다. 가족 모두가 헌신하며 매일 꾸준하게 선원들을 방문하여 그들에게 그리스도의 사랑을 나누는 사역을 담당했는데, 나는 약 2개월간 일본에 머물면서 좋은 선교의 첫 경험을 할 수 있었다. 그 후에 말레이시아에서 개최되었던 아시아 OM 단기선교에 참석하여 쿠알라룸푸르를 중심으로 현지교회에서 숙식을 하며 중국인들과 말레이 원주민들에게 사역하였다. 이 기간중에 오엠의 아시아 단기선교사들과 지도자들과의 교제를 통해서 또한 그들의 헌신된 삶을 통해서 좋은 경험을 하게 되었다. 또한 그들과 계속해서 유럽으로 가서 유럽에서 개최했던 여름 캠페인에 동참하였다.

벨기에서 일주일간 개최되었던 오엠 세계대회는 매년 전 세계에서 수천 명의 젊은이들이 서로의 소명을 확인하며 격려해 주는 귀한 모임이었다. 그 후에는 유럽의 각지로 가서 10명 내외의 팀을 구성하여 지역 교회에 머물면서 2개월간 단기선교를 했는데 나는 아시아에서 온 친구들과 함께 런던으로 가서 사역을 하기로 하였다. 우리 팀원은 모두 9명으로 싱가포르, 말레이시아, 인도네시아, 미국, 캐나다, 네덜란드 2명이었다. 매일 일정은 경건회와 성경 토론, 그리고 교회 사역 혹은 근처의 주택지에 호별 방문을 통해서 전도지를 나누어 주고 주말마다 있는 특별행사에 초청하는 것이었다. 때때로 어떤 가정에서는 우리 팀을 초청하여 대화를 나누던 중 주님을 영접하기도 해서 우리는 많은 격려를 받았다. 교회가 위치해 있는 곳은 서아시아(인도, 파키스탄, 방글라데시)에서 이주해 온 이들이 많은 지역이라 종종 이들을 만나 그들과 종교에 대해서 장시간 대화를 나누기도 하였다. 매일의 일정은 빠듯하고 힘들었지만 유럽에서 겪는 새로운 경험과 교회 젊은이들과 팀원들과의 교제로 인해 기쁨이 많았다. 한편으로는 다양한 국적과 배경을 가진 젊은이들이라 갈등과 충돌도 자주 있었다. 때로는 사소한 일부터 신학적인 견해, 그리고 일을 처리하는 방법 등으로 인해서 팀원 간에 혹은 팀장과 팀원 간에 갈등이 있었다. 나는 이러한 경험을 통해서 팀사역의 어려움과 기쁨을 배웠다. 이는 또한 앞으로의 선교를 위한 좋은 경험이 되었다. 특히 이때 사귀었던 팀원들과 지역교회의 교인들과 지금까지도 서신을 주고받으며 때로는 만남을 통해서 주님 안에서 귀한 교류를 하고 있다. 이는 선교를 통해서 얻은 좋은 열매이다.

영국에서의 사역을 마친 후에는 둘로스에 승선하기 위해서 본부가 있는 독일의 모스박에 가서 얼마 동안 있은 후에 드디어 1982년 10월 페루의 칼라오에서 합류하였다. 승선의 기쁨은 잠시이고, 실제로 여러 문제에 부딪혔다. 뜻밖에 배의 닻이 끊어져서 그냥 다음 항구인 칠레의 발파라이소로 운행했는데 결국 다음 항구에서 떠나기 바로 전에 극적으로 닻을 트럭으로 운송해 와서 출항할 수 있었다. 당시 남미 경제의 어려움 때문에 배의 재정도 어려워서 간절하게 기도하는 시간을 갖기도 하였다. 결국은 남미에서 합류한 팀원들의 3분의 2 가량이 배를 떠나야 했고, 보통 300여 명이 승선한 둘로스는 1983년 6월 유럽으로 떠날 시기에는 200여 명이 남았다.

개인적으로는 원래 둘로스에 있는 컴퓨터 책임자가 내가 합류할 당시 떠나기로 했는데 예정을 바꾸어서 1년 더 체제하기로 해서 나의 사역부서에 혼동이 생겼다. 결국 배의 특별훈련 프로그램인 IT에 바로 합류하여 4개월간 훈련을 받았다. 나로서는 배의 경험을 하기 전에 바로 하는 것이어서 매우 벅차기도 하였지만 한편으로 귀한 경험을 하였다. 특히 훈련 중에 두 명씩 조를 지어서 배에서 멀리 떨어진 마을로 가서 개인전도를 하는데 음식이나 돈을 지참하지 않은 채 단지 믿음으로 누구에게도 도움을 청하지 않고 며칠 동안 전도사역을 마치고 다시 배로 돌아오는 훈련이 있었다. 나는 이 훈련을 통해서 하나님께서 기도를 통해 필요한 것을 공급해 주시는 분이심을 경험하였다. 전도 도중에 우리는 한 믿음의 가정을 만나 그들과 함께 마을 전도에서 좋은 결과를 가지고 다시 돌아올 수 있었다.

훈련을 마친 후에는 배의 프로그램을 담당하는 부서에서 사역을 하게 되었는데 이 부서에서는 배의 프로그램 즉, 배 안에서 하는 컨퍼런스, 평신도세미나, 지도자 세미나, 환영행사 등과 배 밖에서 하는 '둘로스의 밤' 등과 각 교회로 주일에 팀을 파송하는 일 등을 도맡아 하였다. 배가 다음 항구로 항해할 때 잠시 쉬는 시간을 제외하고는 매우 바쁜 부서였다. 그리고 외부인을 상대로 하는 행사를 주관하기 때문에 많은 긴장 가운데 사역을 담당하게 되었다.

배는 아르헨티나와 우르과이, 그리고 브라질에서 무사히 사역을 마치고 스페인으로 항해를 하였다. 유럽의 여러 나라를 거쳐서 북아일랜드의 벨파스트에서 사역할 당시 프로그램 매니저로서 부서의 프로그램 책임을 맡았다. 아마 이때가 나에게는 오엠 사역에 있어서 가장 도전이 되는 기간이었을 것이다.

벨파스트에서의 사역은 배 사역이 시작된 후 처음으로 둘로스와 로고스가 같이 나란히 정박하여 공동으로 1984년 2월 한 달간 사역을 하는 의미깊은 기간이었다. 마침 로고스의 프로그램 책임자가 라인업(배의 일정을 위해 수개월 전에 항구로 미리 가서 정부 관계자들과 교회 관계자들과 배의 프로그램을 조정하는 역활을 하는 사역)을 위해서 배를 떠나서 두 배의 공동 프로그램을 책임지고 진행해야 했다. 물론 팀이 있어서 같이 담당하는 것이었지만 원만하게 진행하는 책임이 나에게 있었기에 부담이 컸다. 그러나 기도하는 가운데 주님의 도우심을 경험하는 귀한 기간이었다.

아침 일찍부터 저녁 늦게까지 여러가지 프로그램을 확인하고 점검하는 일 때문에 매우 피곤하였지만 어려움 없이 두 배의 프로그램을 잘 진행할 수 있었다. 그 후에는 라인업을 담당 맡아서 핀란드의 헬싱키로 가서 약 6개월간 팀과 함께 사역을 하였다. 이 기간에 만난 여러 핀란드의 교회 책임자와 젊은 사역자들과의 교제는 귀했고, 배의 일정과 프로그램을 조정하는 중요한 책임을 수행하는 가운데서도 휴식과 함께 앞으로의 사역을 위해서 기도하고 자신을 돌아보는 귀한 시간을 가졌다.

핀란드에서의 사역은 그 해 10월에 마무리되었고 아울러서 나의 2년간의 OM 사역도 마무리하고 귀국할 시기가 되었다. 그때 마침 인도의 오엠 지도자가 둘로스를 방문하여 한국으로 귀국하는 도중에 인도에 들렀다가 가라고 권유하였다. 나는 이것을 하나님의 인도하심으로 받아들이고 흔쾌히 동의하였으며 나와 같은 생각을 가진 토니라는 동료 한 명과 같이 인도로 갔다. 이 형제는 뉴질랜드 출신으로 인도에서 여행 중에 주님을 영접하고 오엠에서 2년간 선교 사역을 마치고 귀국하는 중이었다. 우리 둘은 인도의 봄베이, 켈커타, 마드라스, 방갈로 등 주요 도시를 방문하면서 간증과 특송, 그리고 전도 사역을 하면서 약 2개월간 다녔는데 이로 인해서 인도에 대해 깊은 애착을 가지게 되고 인도인을 사랑하는 마음을 품게 되었다.

12월 말에 마침내 2년 반 동안의 선교를 마치고 한국에 돌아왔다. 오엠에서의 기간이 장기선교를 위해서 나에게는 더없이 귀중한 경험과 훈련이 되었다. 처음에 떠날 때에는 2년간 주님을 섬기는 데 나를 드리겠다고 떠났는데 돌아오면서는 전적으로 헌신하려는 마음을 굳히고 바로 외항선교회 서울 본부에서 선교사 파송과 훈련을 맡게 되었다. 이러한 중에 주님께서 사역의 방향을 훈련과 가르치는 일로 인도하는 것을 감지할 수 있었다. 이 일을 위해서 기도하던 중 영국의 올네이션스 대학에서 선교학을 공부하기로 결정하고 1987년 9월에 출국하여 2년간 공부에 전념하게 되었다. 이 기간 중에 여러 가지 선교학에 대한 이론과 실제를 공부함과 동시에 동료 학생이었던 컬스틴 선교사와 교제하여 졸업을 하면서 결혼을 하여서 한국으로 다시 돌아오게 되었다.

컬스틴 선교사는 영국인으로 브리스톨에서 고등학교 수학선생을 했으며 OMF 선교사와 함께 단기 선교를 한 경험이 있었고, 앞으로 중국에서의 선교를 위해서 기도하며 준비하던 중이었다. 서로의 선교 비전이 일치하고 또한 교육사역에 관심이 있어서 앞으로의 선교 동역에서 서로가 격려하고 비평해 주는 동반자로서 사역을 하게 되었다. 올네이션스에서 또 한 가지 중요한, 앞으로의 선교 계기가 되었던 일은 마침 방문교수로 와 있던 인도인인 Dr. Brian Wintle이 후에 인도의 유니온 신학대학(Union Biblical Seminary: UBS)의 학장이 되어서 우리가 후에 인도로 가는 데에 후견인이 되어 준 것이다.

우리는 결혼 후에 한국으로 귀국하여 외항선교회에서 총무로서 사역하며 타문화권 선교사훈련원(Cross-Cultural Missionary Training Institute: CCMTI)을 설립하여 부부로서 같이 후배 선교사를 양성하는 데 전념하였다. 이 일을 하는 데는 둘로스에서의 선교의 실제 경험과 올네이션스 대학에서의 이론이 크게 도움이 되었다. 우리는 우리의 경험을 한국 실정에 맞추어서 여러 모로 시도하여 약 6개월의 훈련 과정을 정착시켰다. 특히 외항선교회는 인천, 부산 등 주요 항구에 지회가 있기 때문에 실제 외국 선원들에게 선교하는 실제 경험이 가능하여 더욱 알찬 선교훈련을 할 수 있었다.

이 기간 중에 충신교회를 다니게 되어 박종순 목사님의 격려와 도움을 크게 받았다. 충신교회에서 성가대와 설교 동시통역, 그리고 대학부서에서의 사역을 통해서 목회를 배우고 교인들과 깊이 있는 교제를 나누었다. 이 관계는 지금도 계속되어 박종순 목사님의 격려와 사려 깊은 조언은 나의 선교의 방향과 지표에 지대한 영향을 끼쳤다.

특히 앞으로의 장기선교를 위하여 최기만 목사님과 박종순 목사님의 조언으로 선교지로 바로 나가려는 계획을 바꾸어서 장신대 신대원에 입학하여 목사 수업을 받게 되었다. 장신대에서는 신학에 대해서 폭넓게 접하고 교단 간의 협력에 대해서 배웠고 앞으로 인도에서의 선교에 많은 도움이 되었다. 특히 나는 중앙성서교회에서 자라난 배경으로 해서 매우 보수적인 신앙과 함께 오엠과 올네이션스에서 익혔던 복음주의 선교관을 가지고 있었는데 장신대의 경험으로 인해서 초교파적인 선교운동과 타 교단과 다른 신학을 이해하고 동역하는 선교의 개념을 배우게 되었다.

장신대를 졸업하고 그동안 계속 선교에 대한 열망을 가졌던 인도로 가기 위하여 1992년 5월 충신교회의 파송을 받아서 교단선교부와 외항선교회 공동으로 제2차 선교를 가게 된다. 인도를 가기 전에 먼저 풀러 신학교에서 Th. M. 과정을 일 년간 마치고, 다섯 살된 아들 재영이를 데리고 1993년 6월에 인도의 푸네에 도착하였다.

## 인도의 유니온 신학대학에서의 2차 선교(1992-1997)

인도의 UBS는 봄베이(현 뭄바이)에서 기차로 4시간 가량 떨어진 푸네라는 교육도시에 있는 인도의 대표적인 신학대학이다. 유니온 신학대학은 신대원 과정을 가르치는 초교파적, 복음주의 신학대학으로, 학생수는 350여 명이었다. 그리고 교수진은 40여 명으로 학생과 교수, 그리고 가족들 모두가 전원 캠퍼스에서 생활하는 하나의 공동체를 이루고 있다. 신학교는 푸네의 도시 중심에서 남쪽에 위치한 장소로, 언덕에 학교 건물과 기숙사, 교수 숙소들이 함께 있으며 다른 일반건물들과 떨어진, 도시를 내려다 볼 수 있는 좋은 위치에 있다.

이곳에서 우리 부부는 바로 도착하는 대로 선교학을 가르치며, 선교학센터(Centre for Mission Studies: CMS)에서 당시 책임을 맡고 있던 교수를 도와서 사역하게 되었다. 특히 UBS에서는 그 해에 처음으로 선교학 전공 M. Div.를 시작하게 되었는데 이것은 인도에서는 처음 시도하는 과정이었다. 우리가 도착할 당시 교과과정은 단지 몇 과목만이 준비되어 있어서 가르치면서 다음 과목의 교과과정을 준비하는 상황이었다. 학생들은 전체 이수하는 과목 중 절반은 일반 목회학에서, 그리고 나머지 절반은 선교학 과목인 14과목과 논문을 작성하여 과정을 이수하게 되었다. 우리는 그동안 올네이션스와 풀러에서 배웠던 과정을 토대로 하여 학과를 준비하여 강의를 하였다. 교수들과 학생들이 공동 생활을 하며 전인적인 목회자로서, 그리고 선교사로서의 훈련을 받게 되는데 이들은 앞으로 인도의 교회와 선교를 이어나갈 귀한 사역자라는 점에서 우리 부부는 최선을 다해서 강의하며 인도 문화에 적응하기 위해서 노력하였다. 인도인들이 가지고 있는 따뜻함과 포용 때문에, 그리고 새로운 관습과 문화에 대한 흥미와 감동으로 처음 1년은 시간 가는 줄 모를 정도로 만족스런 시간이었다. 재영이는 캠퍼스 안에서는 친구들과 잘 놀았지만 학교에는 잘 적응하지 못해서 애를 먹었는데 아마 약 6개월이 걸렸던 것 같다. 지금 생각하면 릭쇼(인도의 대표적인 교통수단인 삼륜차)를 8-10명의 아이들이 같이 타고 신학교에서 40여 분 떨어진 학교에서 말도 잘 통하지 않는 아이들과 함께 공부하는 것이 여간 힘들지 않았을 것이라고 느껴진다. 아무튼 UBS에서의 첫 해 사역은 신혼 생활같이 지나갔다.

UBS에는 인도 전체에서 온 학생들과 교수진들이 모여 있기에 다양한 문화와 관습으로 늘 풍성한 경험을 하게 된다. 하지만 이러한 다양한 문화와 배경으로 인해서 갈등이 있을 수 있다. 2년째 되는 해부터 학교 내에서 지역 갈등이 시작되어서 학교의 교수진이 두 편으로 나뉘고 몇몇 교수진들이 자의반 타의반으로 신학교를 떠나는 사태가 일어났으며, 학생들도 이 분쟁에 합류하게 되어 분쟁이 심각해졌다. 신학교 수업이 중지된 상황에서 이러한 사태를 접한 우리는 참으로 대처하기가 어려웠다. 학생들은 급기야 현 학장을 위시한 지도부를 반대하는 금식투쟁에 들어가서 뙤약볕에서 데모를 하였고, 우리 부부는 학생들이 탈진하여 쓰러지는 것을 도와주면서부터 사태에 개입하게 되었다. 외국인으로 인도의 복잡한 지역적 그리고 카스트의 갈등을 깊이 이해하지 못하는 우리로서는 어느 편에 서는 것도 어려웠지만 일단 학생들을 보호하는 차원에서 개입하여 적극적으로 해결을 모색하였다.

사태가 일어난 몇 달간은 잠 못 이루며 기도하고 동료 교수들과 학생들과 토론하는 시간이 많았으며 하나님의 인도하심을 간절히 바라는 기간이었다. 또한 이러한 과정을 겪으면서 인도의 그리스도인이 겪는 문제에 대해서 피부로 느끼며 동참할 수 있는 귀한 경험을 할 수 있었다. 제3자인 외국인 교수로서 참여하지 않을 수도 있었지만 그들의 역경에 동참함을 통해서 실제로 그들에게도 크게 격려가 되었다고 후에 전해 들었다. 선교지에서는 매순간 성령님의 분별력과 인도하심이 필요하다는 것을 다시 한 번 확인하는 계기가 되었다. 결국 이사회진이 개입하여 학장을 퇴임시키고 임시 학장을 선임하여 비상 운영을 하게 되었다. 인도의 대표적인 신학교에서의 분쟁은 많은 이들에게 우려를 갖게 하였고 이를 기회로 신학교 문을 닫으려는 교회 내부와 외부의 시도도 있었지만 다른 한편에서 교수들과 여러 지도자들의 노력으로 정상화가 점차적으로 이루어져서 하나님께 감사드린다.

이러한 분쟁의 와중에서 1995년 4월 19일 우리는 둘째 아이 선영이를 근처 병원에서 낳았다. 수술을 통해서 낳아야 했는데 마침 주 전체가 정전이 되어 병원의 발전기가 고장이 나서 다른 병원에서 발전기를 빌려오는 등 어려움을 겪으면서 낳았다. 그러나 신학교 사태의 어려움과 4·19의 역사적 의미를 생각하며 오히려 건강한 아이를 낳아 주님께 감사드렸다. 이 사태로 인해서 우리에게 주어진 변화는 CMS의 책임을 맡은 교수가 떠나 선교학 M. Div. 과정을 모두 책임지게 된 것이었다. 그외에도 CMS에서 진행하던 학술대회 등의 행사와 출판을 둘이서 주관하였다. 어려웠지만 보람이 있었고 도전이 되는 기간이었다. 그 사태로 인해서 비자 연기가 어려워져서 우리는 매년 인도를 나와서 비자를 발급 받아서 다시 들어가는 어려움을 겪게 되었고, 또한 신학교에서 계속 강의하기 위해서는 박사 학위가 필요하다는 생각을 하게 되었다. 이러한 계기로 파송교회와 교단, 선교회와 상의하여 결국 1987년 인도를 떠나서 영국의 케임브리지에 와서 Ph. D. 과정을 시작하게 되었다.

인도에서의 사역을 통해서 가장 보람을 갖는 것은 우리가 같이 생활하고 가르쳤던 학생들이 지금은 인도 전역에서 목회를 하거나 그 외 선교회와 기독교 단체를 통해서 활동하며 아름다운 사역을 하는 것이다. 실제로 인도에서는 내가 신학교에서 무엇을 가르쳤다거나 공헌했다기보다 많은 것을 배운 시기였다. 인도는 우리에게 많은 것을 생각하게 하고 기존의 생각과 고정관념에 도전을 주는 곳이라고 믿는다. 특히 인도의 신학과 인도의 철학을 조화시켜 깊이 있는 발전을 도모하는 과정에서 나 자신을 많이 연구하게 되었다. 이는 나의 개인적인 선교 방향에도 많은 영향을 주었다. 인도의 선교신학회(Fellowship of Indian Missiologists: FOIM)와의 교류를 통해서도 교단을 초월해서 학문의 대화를 할 수 있었고, 인도의 선교에 대해서 실제적이고 이론적인 논문들을 접할 수 있었다. 무엇보다도 인도에서 강의하면서 접한 개종에 대한 실제적인 문제에 대해서 깊이 있게 다루기를 원했고, 후에 이러한 내용을 케임브리지 대학에 학위논문으로 제출하고 책으로 발간하였다.

인도에서의 기독교 선교는 힌두교인의 견해를 존중하고 이해하는 가운데 진행되어야 한다. 그러나 이것은 대화(dialogue)의 시도만으로는 부족하다. 기독교와 힌두교는 근본적으로 다른 견해를 갖고 있기 때문에 결국은 기독교와 힌두교의 만남에는 구원에 대한, 진리에 대한 개인이나 공동체의 '결정'(개종)이 필요하다. 한편 이러한 과정에서 비록 그리스도인들이 힌두교인들의 개종을 원하더라도,

그들의 신앙관을 존중하는 것이 필요하다. 힌두교인들의 전통적인 종교관으로는 기독교로의 개종에 대해서 이해할 수 없는 많은 요소가 있으며 이에 대해 선교사들은 깊은 이해가 필요하며 인내를 가지고 복음을 나누어야 할 것이다. 더욱이 개종은 하나님이 성령을 통해서 하시는 것이라는 기독교 신학의 기본을 이해하고, 우리가 최선을 다해서 복음을 전한 후에는 하나님의 역사하심에 의뢰하는 자세도 인도에서의 선교에서 중요한 부분이라고 본다. 개종의 의미와 적용에 대해서 인도 신학자들의 시도는 인도의 선교뿐 아니라 다른 지역의 선교에 있어서 개종의 문제에 대해서 우리에게 시사하는 바가 크다고 본다. 특히 개종을 통한 교회의 배타적인 공동체 구성을 추구하기보다는 기존의 사회에 들어가서 사회를 내면적으로, 그리스도의 정신으로 변화시키려는 시도는 매우 중요하다. 현재 인도의 교육계, 자선단체, 그리고 사회, 문화 여러 방면에서 기독교 정신이 크게 영향을 미치고 있다. 이러한 사실을 거울 삼아 우리는 교회 공동체가 포용적으로 사회 내에서 사회의 한 부분으로 전체 사회를 복음의 정신으로 변화시키는 선교 자세를 견지해야 할 것이다.

## 영국에서의 3차 선교(2000 - 현재)와 앞으로의 계획

박사 학위를 마친 후에는 케임브리지에 있는 동안 인도의 장기 비자를 받는 일이 여의치 않아서 기다리는 중 마침 헨리마틴센터(Henry Martyn Centre)에서 1년간 센터 책임을 맡아서 케임브리지에 있는 신학교에서 선교학을 강의하게 되었고, 그 후에는 버밍엄 대학에서 Research Fellow로서 Asian Initiated Mission이라는 프로젝트를 맡아서 진행하였다. 또 2003년에는 장신대에서 1년간 초빙교수로 선교학을 강의하였다. 그 후에는 다시 케임브리지 대학에 와서 3년간 아시아 기독교 프로젝트(Christianity in Asia Project)에서 디렉터로 있으면서 박사논문 지도와 세계 기독교(World Christianity)와 관련된 여러 과목을 강의하였다. 이 기간은 주님의 인도함을 구하는 기간이었으며 앞으로의 사역의 방향과 사역의 내용, 그리고 신학연구의 초점에 대해서 고민하고 기도하는, 쉽지 않은 기간이었다. 하지만 이 기간 동안 앞으로 선교학을 현대 사회에 적용하는 학문적 성과를 거두었고 영국에서 신학 활동을 하는 것에 대해 하나님의 인도하심을 받았다고 생각한다.

그러던 중 York St. John University에서 새로이 석좌교수(Chair in Theology and Public Life)를 설정하였는데 신청을 해 보라는 주위의 권유가 있었다. 기도하던 중 신청하여 여러 과정을 거친 후에 임명이 되어서 지난 2005년 4월부터 현재까지 사역하고 있다. 이 대학은 1841년에 영국 성공회 교단에 의해서 세워졌으며, 그동안 여러 과정을 거쳐서 최근 종합대학으로 승격되었으며, 대학의 전체 학생은 6,500명이며 신학부는 학생이 650명, 교수진은 요크 캠퍼스에 16명이 있다. 이 교수직은 공공 신학(public theology)을 발전시키며 신학을 현대 사회의 여러 가지 정치, 경제, 문화적 상황에 도전하고, 신학적 조명을 하는 작업으로 선교학을 현대 사회에 폭넓게 적용하는 사역을 담당한다. 이곳에서 나는 강의와 박사 학위 지도 외에 여러 프로젝트를 담당하였는데 그중에 〈International Journal of Public Theology〉라는 학술지를 발간하는 일을 하였고 거기서 편집장직을 담당하였다. 이 학술지는 1년에 4번 발행하며 세계적으로 23개의 대학교 내의 센터가 동참하고 있다. 기독교 신학이 그리스도인이나 교회에서만 적용하는 학문만이 아닌 사회에 영향을 끼치는 학문이 되기 위해서 신학의 영역과 방법론을 넓히는 작업을 하는 것이 이 학술지의 취지이다. 그 외 Centre for Religion in Society(CRiS)라는 연구소를 설립하여 현대의 종교와 사회와의 갈등의 원인과 바람직한 관계성, 기독교와 세속화, 근본주의와 종교분쟁, 평화와 화해를 위한 종교의 역할, 종교와 정치 등의 주제를 연구하고 있다. 나는 연구소의 실행위원회 위원장을 맡아서 여러 가지 학술대회, 연구논문 발제, 세미나 개최 등을 진행하고 있다.

선교를 하면서 매번 중요한 결정을 할 때마다 믿음의 귀한 선배나 동료들의 조언과 대화를 통해서 주님의 인도함을 받았다. 이분들을 만나게 된 것은 참으로 귀한 특권이었다. 주님께서는 이들을 통해서, 나눔을 실천하는 그들의 삶을 통해서 나를 인도하신 것을 믿는다.

나의 선교의 소망은 그리스도께서 자신의 삶을 나눔으로 우리에게 생명을 허락하였듯이(막 14: 22) 나의 삶을 나누는 선교가 되기 원한다. 앞으로 계속 영국에서 사역하게 될지 혹은 다른 지역으로 가게 될지는 하나님께 맡기기로 하였다. 현재 나의 사역의 초점은 계속해서 연구하고 있는 공공 신학을 발전시켜서 선교에 학문적으로 기여하는 역할을 담당하며, 비서구 세계에서 토론되는 새로운 신학의 제시들을 비평적으로 영입해서 서구 신학과 대화하는 작업을 하는 데에 있다.

선교는 데이비드 보스치(David Bosch)가 강조하는 대로 끊임없이 변혁하는 선교가 되어야 한다고 본다. 선교를 통해서 사회와 개인이 변화되는 것뿐만 아니라 선교의 개념과 방법이 장소와 시대에 맞추어서 개혁되어야 한다. 이러한 변혁의 운동에 나 자신이 조금이나마 기여하고자 하는 바람으로 최선을 다하려고 한다.

# 너는 나의 종이 되라!

이재환

일본이 우리나라를 통치하던 식민지 시절에 다다미를 만들어서 파는 일본 사람과 우리 아버님은 같이 일하셨다. 그분 밑에서 일본 말로 시다바리를 했다고 해야 맞는 말일 것 같다. 그런데 일본이 항복하고 한국을 떠날 때 그 일본 사람은 그 집과 재산을 우리 아버님께 물려주고 떠났다. 그곳이 바로 정주라고 불리던 전북 정읍이었다.

# 너는 나의 종이 되라!

이재환

### 나와 우리 가정

일본이 우리나라를 통치하던 식민지 시절에 다다미를 만들어서 파는 일본 사람과 우리 아버님은 같이 일하셨다. 그분 밑에서 일본 말로 시다바리를 했다고 해야 맞는 말일 것 같다. 그런데 일본이 항복하고 한국을 떠날 때 그 일본 사람은 그 집과 재산을 우리 아버님께 물려주고 떠났다. 그곳이 바로 정주라고 불리던 전북 정읍이었다.

이곳에서 우리 아버님(이판성)은 어머니 문옥순과 결혼을 하고 첫째인 누나를 낳고, 둘째인 나를 1949년 8월 14일 음력 대보름 전날에 낳으셨다. 그 후에 3명의 아들을 더 두셨으니 아버지는 4남 1녀의 가장이었다. 일본 사람이 물려준 기술과 재산은 유복하게 살 수 있는 조건이 되었고 작은 도시이지만 도시 생활을 즐거워하셨다. 그런데 6·25 전쟁이 발발하고 그 도시 안에서 위험스러운 공산주의자들과 이른바 빨치산이라는 용공 분자와 게릴라들 때문에 괴로움을 당하게 되었다. 그래서 아버님은 집을 아주 헐값에 매각하고 고향인 김제로 피난을 떠나게 되었다. 물론 평생을 농촌에 살면서 두고두고 후회하셨다. 도시를 떠난 것과 집을 헐값에 팔고 떠난 것을 못내 아쉬워하며 농촌에서의 생활을 시작한 것이다. 가난한 살림은 어머님의 바느질에 생계를 의지해야 했다. 피난 올 때에 어머니는 오직 한 가지만 가지고 떠났다. 그것이 우리 생계의 중요한 일을 맡아서 도와준 재봉틀이었다. 놀랍게도 우리가 살고 있던 사방팔방에는 재봉틀을 가진 집이 우리 집밖에 없었다.

밤낮을 주무시지 아니하고 어머니는 바느질을 하셨다. 우리집은 바느질집이 되었고 그것이 생계를 위한 중요한 수단이 된 것이다. 지금 같으면 바느질 집이 많지만 그때는 우리 면 안에는 우리집 밖에 없었다. 어머님의 근면과 노력으로 우리 가족은 밥을 먹고 살았다. 지금도 밤마다 자장가 대신 어머님의 미싱 소리를 들으며 잠들었던 기억이 생생하다. 밤새껏 미싱소리가 그치지 않았었다. 참으로 놀라운 어머니의 무거운 노동이었다.

본래 어머님은 건강하시지 않았다. 형제들 중에서도 가장 약했다고 한다. 그러나 가난은 그분을 편안한 인생으로 살게 두지 않았다. 집안 일과 돈 버는 일을 다 해야 했다. 결국 어머님은 간경화라는 중병에 걸리게 되셨고 56세의 나이로 하나님 나라에 부르심을 받았다.

어머님은 한학자인 할아버지의 셋째딸로 태어나서 아버님께 시집을 왔다. 외할머니가 일찍 돌아가셔서 많은 사랑을 받지 못하셨지만 늘상 귀한 외할머니 얘기를 많이 하셨다. 아버님을 만나 결혼해서 평생 한 번도 싸우지 않고 살았다. 두 분은 착하고 온순하셔서 싸울 일을 잘 참고 넘기신 것 같다. 두 분이 싸우시는 걸 본 적이 없었던 것 같다.

우리 형제들의 가정이 화목한 이유는 부모님이 결코 부부 싸움을 하지 않은 열매라는 생각이 든다. 어느 날 어머님은 스스로 교회에 나가셨다. 말씀인즉 교회의 종소리가 "어서 교회로 오라, 어서 교회로 오라"는 음성으로 들렸다고 한다.

어머님은 누구의 인도함 없이 스스로 교회에 가셨다. 그 후 어머님은 평생 새벽기도를 하시고 돌아오신 후에는 큰소리로 집에서 가족들을 위해서 다시 기도를 하시곤 했다. 어려서는 재봉틀 소리를 듣고 자랐고, 커서 소년이 되어서는 기도소리를 듣고 자라게 된 것이다. 아버님은 무병장수 하셔서 91세가 되시던 2008년 5월에 소천하셨다.

내가 신학교를 가기 전에 아버님께 무릎을 꿇고 전도를 했다. 어머님은 이미 그리스도인이 되셨고 교회 집사로 일하고 계셨지만 아버님은 좀처럼 기독교를 좋아하지 않으셨다. 때로는 어머니가 교회에서 늦게 돌아오시면 성경을 집어서 마당에 던져 버리시기도 했다. 아버님은 좀처럼 교회에 관심이 없어 보이셨다.

그런데 그날은 내가 작정을 하고 아버님께 전도를 시도했다. "아버지, 저의 효도를 받아 주시죠!" 아버님은 놀라서 의아해 하면서 나를 바라보셨다. 그래서 나는 "아버지! 저는 예수를 믿기 때문에 지금 죽어도 천국에 갑니다. 그러나 아버지는 저를 낳아주시고 길러주셨지만 지금 돌아가시면 지옥에 가십니다. 그러면 제가 무슨 효자입니까? 그리고 부자지간에 영원히 만나지 못하면 무슨 부자지간입니까? 아버지! 예수 믿으시지요!"

그 말을 한 후 약 10분은 아무 말 없이 흘렀다. 그리고 나서 아버님은 한숨을 한 번 쉰 후에 "그래! 그러면 내가 교회에 가지!"라고 대답을 하셨다. 그때부터 아버님은 우리와 함께 교회에 다니시게 되었고 주님을 믿었다. 이리하여 모든 가족이 그리스도를 믿게 되었다.

## 나의 회심

우리 동네는 시골 깡촌이었다. 익산(이리)이라는 도시에서 약 20km정도밖에 떨어져 있지 않았지만 걸어서 장에 가야 하는 곳이었다. 내가 중학교(익산 남중)에 다닐 때에는 대다수의 학생들이 다 걸어서 학교를 다녔다. 새벽에 일찍 일어나 가방을 메고 컴컴한 길을 따라서 학교에 가곤 했다. 하루에 적어도 40-50km의 거리를 걸어야 했다.

밤이면 너무 지쳐서 숙제를 겨우 마치면 복습도 예습도 없이 잠자리에 들어야 했다. 잠자리에 들었다기보다는 쓰러져 잠에 빠지곤 했다. 여유가 있는 집은 아들에게 자전거를 사 주어서 자전거로 통학을 했다. 나는 1년이 지난 후에 아버지가 고물 자전거를 사 주어서 그 자전거로 통학을 했다. 비록 오래된 자전거였지만 내가 가진 최초의 보물이었다. 고물 자전거를 얼마나 아끼고 보살폈는지 모른다. 그 후에 우리 동네에 시내 버스가 생겼다. 그러나 시내 버스를 타는 일은 중노동에 가까웠다. 학생들이 너무 많았기 때문에 자동차를 흔들어서 가득 채워 떠나곤 했고 우리는 마치 시루에 담긴 콩나물처럼 채워졌고 내릴 때쯤에는 파죽이 되어버렸다.

이런 곳에서 살던 어린 시절은 참으로 아름다운 추억이 가득했다. 초등학교에 들어가기 전에 우리 동네의 초등학교(공덕초등학교)

에 새로운 교장 선생님이 부임하셨고 이사를 왔다. 그분의 얼굴은 전혀 기억이 나지 않지만 모든 가족이 그리스도인이었던 것 같다. 그분의 딸이 주일에는 다른 동네에 있는 교회에 다녔다. 우리 동네에는 교회가 없었다. 그런데 그 딸이 나를 데리고 교회에 갔다. 그래서 내 평생에 처음으로 교회에 가게 되었다. 할렐루야!

세월이 지나 예수를 바로 알고 믿은 후에 그분을 찾아보려고 했다. 그러나 그때는 이미 그 교장선생님의 딸이 하늘 나라에 간 후였다. 하늘 나라에서 뵐 수밖에 없게 되었다. 그러나 나는 평생 그 분에 대한 고마움을 간직하고 있다. 그분 때문에 나는 그리스도인이 된 것이다. 물론 아주 어린 때에 주님을 만난 것은 아니지만 그분 때문에 교회에 발을 디디게 되었기 때문이다. 그 후 나는 초등학교와 교회의 주일학교도 함께 다니게 되었다. 중학교를 졸업하고 이제 고등학교에 갈 때가 되었다. 그러나 시골의 우리 가정은 나를 고등학교에 보낼 형편이 못 되었다.

나는 장남으로 밑에 있는 다른 동생들을 생각해야 했다. 그래서 나는 전주에 있는 두 개의 야간 고등학교 가운데 기독교 학교로 가기로 결심을 하고 영생고등학교의 원서를 사가지고 왔다. 그러나 담임선생님은 나를 극구 말리셨다. 좋은 고등학교를 갈 수 있는데 왜 하필이면 좋지 않은 학교를 가려고 하느냐고 꾸짖는 것이었다. 실제로 당시의 미션 스쿨은 실력이 매우 낮았다. 그러나 나는 담임선생님을 설득하여 야간고등학교를 지원하였고 낮에는 우유배달을 하며 힘겹게 공부를 하였다.

미션 스쿨에서 참 많은 신앙생활을 배우고, 귀한 선생님과 믿음의 친구들을 만나게 되었다. 그 친구들은 대부분 목회의 길을 가거나 교회의 장로님들이 되어 귀하게 봉사하고 있다. 힘들게 고등학교를 졸업했다. 나중에 공부를 위해서 주간으로 옮겨 공부할 수 있었다. 하나밖에 없는 누나의 덕이었다. 중학교를 나온 누나는 공장에 취직하여 번 돈으로 나의 학비를 대 준 것이다. 나의 나 된 것은 주님의 은혜이다. 사람의 공로는 평생을 기도해 주신 어머님이요, 학비를 대 준 누님과 남동생이다. 고등학교를 졸업하고 대학 시험을 치렀으나 예비고사에서 낙방을 했다. 물론 나는 합격을 했어도 대학에 갈 수 있는 형편은 되지 못했다. 그냥 시험을 쳐 본 것이다.

그러던 어느 날, 벽에 공군 하사관 모집 광고를 보게 되었다. 그 밑에는 실력이 있는 사람은 군에서 대학을 진학시켜 준다는 글이 쓰여 있었다. 눈이 번쩍 뜨였다. 나는 몰래 공군 하사관에 지원을 했다. 가족들 몰래 군에 입대를 했고 나중에 이 사실을 알고 난 후 부모님은 많이 우셨다고 한다. 군에 들어온 나는 그 광고가 가능성이 보이지 않는 일종의 유혹이었음을 알게 되었다.

어느 날 나는 절망하고 낙심하여 술을 마시게 되었다. 그런데 술을 마신 후 복통이 일어나 약국에서 약을 사먹었으나 오히려 더욱 고통을 느껴 결국 엠불런스에 실려 국군 광주통합병원에 입원하게 되었다. 병원은 심한 통증으로 입원한 나를 여러 모로 조사하였으나 병명을 알아내지 못했다. 통증의 모양을 보면 급성 맹장염 같으나 맹장염은 아니었다. 병원에 있었던 3개월은 지옥 같은 생활이었다. 물 한 모금도 마실 수 없었다. 통증은 24시간 쉬지 않고 물레방아처럼 돌아가며 나를 짓어댔다. 통증을 없애기 위한 모르핀을 맞았고, 그 간격은 3시간에서 2시간, 2시간에서 1시간으로 점점 더 짧아졌다. 체중이 38kg까지 내려가 마치 살아 있는 시체처럼 되고 말았다.

의사들은 나의 병명을 알아내지 못했다. 중환자실에서 죽는 날을 기다리고 있어야 했다. 장장 3개월을 이 고통 가운데서 보냈고, 아침이면 빨간 색연필로 기록된 8병의 포도당 주사 링거병이 순서를 기다리고 있었다. 내 생명은 그 포도당에 의해 연장되고 있었다. 결국 10개월이라는 긴 시간을 병원에서 보내야 했다.

그러던 어느 날, 한 환자 집사님이 나를 방문했다. 같은 병원에 입원한 척추 수술을 한 분이셨다. 그는 나에게 놀라운 하나님의 능력에 관한 간증을 하셨다. 그리고 그는 주님의 놀라운 사랑을 전해 주셨다. 그는 수술을 시작할 때부터 끝날 때까지 단 한 번도 통증을 느끼지 않았다고 말했다. 그날 저녁 나는 중학교 3학년 때 나를 부르신 주님을 기억해 낼 수 있었다.

중학교 3학년 여름날 목이 말라서 수돗가로 가고 있었다. 막 물을 마시려는 순간 어디선가 "너는 내 종이 되라"는 음성이 들려왔다. 나는 놀라서 물을 마시지 않고 주위를 돌아보았다.

속으로 '어떤 녀석이 장난하는 거야?' 라고 생각하면서 몸을 세워 돌아보았다. 주위에는 아무도 없었다. 그때 내 몸이 전기가 통한 듯 모골이 송연해졌다. 주님의 음성이었음을 느꼈기 때문이다. 내 생애에 처음 들은 하나님의 음성이었다. 나는 놀랐지만 진정을 하고 황급하게 그곳을 떠났다. 그리고 나는 결단했다. '나는 결코 목사는 되지 않는다' 라고…….

왜냐하면 시골 교회 목사님이 너무도 가난하게 고생하는 모습을 어릴 때부터 보았기 때문이다. 우리집도 가난해서 공부하기도 힘든데 목사는 왜 되겠느냐고 생각을 정하고 마음에 하나님의 음성을 숨겨 두고 아무에게도 말하지 않았다. 그런데 어머니께서 첫아들은 '하나님의 것' 이라는 생각에 이미 주께 바치고 주의 종이 되기를 기도하고 있었음을 알지 못한 것이다. 바로 이 주님의 부르심이 병원에서 떠올랐다.

나는 그날 밤 병원이 떠나가도록 통곡하고 자복하고 회개하였다. 정말 다윗이 회개의 눈물로 침상을 적신 것처럼 나도 회개했다. 병원에서 자살을 시도하다가 의사에게 발각되어 난리를 친 적도 있었다. 그러나 지금은 살아서 주의 길을 가야겠다는 결단 앞에서 죽도록 회개하며 통곡의 눈물을 흘렸다. 놀라운 기적이 일어났다. 내게 그렇게 고통을 주던 급성맹장의 통증이 거짓말처럼 사라진 것이다.

다음 날 전북대학교 의대 병원 원장이 되신 안득수 박사와 전남대 의대 의사인 최경재 박사가 날 찾아와서 진찰하게 되었다. 기다림도 없이 그는 '만성 췌장염'이라고 진단하고 떠났다. 의사는 투덜대며 "이렇게 쉬운 병을 왜 내가 몰랐지?"라고 혼잣말을 했다. 나의 회개가 없는 한 병명은 숨겨져 있었을 것이다. 그 후 퇴원하여 고향 교회로 돌아와서 다시 대학 입학 공부를 하였다. 그리고 1973년 총신대학에 입학하여 신입생이 되었다.

## 선교의 도전

선교의 도전을 받게 된 이유로 몇 가지가 있었다. 손님으로 오시는 외국 강사들은 너도나도 선교에 대한 설교를 하셨다. 그리고 우리에게 성경을 가르쳐 주신 김의환 박사님의 선교적 도전과 선배들의 도전이 있었다.

나에게 구원을 구체적으로 증명하고 생각하게 만든 분은 박기호 교수였다. 신학교에 막 입학하자마자 대뜸 "형제는 구원받았습니까?"라고 물어 나를 겸손하게 만들고 구원에 대한 확신을 생각하게 하셨다. 그리고 인도에서 사역하고 계시는 정윤진 선교사님은 지금의 선교의 길로 들어서도록 직접 도우신 선배요, 동역자였다. 영국까지 가서 WEC에서 훈련을 받고 감비아까지 가도록 도우신 분이시다. 한국에 있을 때는 조동진 목사님을 통한 KIM의 훈련과정을 통해 배우게 하셨다.

이 과정 중에 한국에 알렉스 헤일리의 《뿌리(Roots)》라는 소설과 영화가 소개되어 흑인 노예들의 역사를 보여주었다. 여기서 나는 감비아라는 서부 아프리카에 연민을 느꼈다. 그 소설 가운데 "우리들도 백인들처럼 뛰어나고 영리했으나 백인들이 아니라고 말했다"라는 말이 내 심령에 각인되었다. 그리고 대학 때에 읽은 '조지 워싱턴 카버'가 이미 내 안에는 영웅으로 남아서 삶을 조정하고 있었다.

화려한 교회의 파송 예배도 없이 1982년 7월 1일 아프리카로 가기 위해 비행기에 올랐다. 물론 나는 이때 미국 이민을 위한 여권이 준비되어 아내와 함께 일단 미국으로 들어갔다. 그러나 미국에서 잠시 언어와 윌리엄 캐리 대학에서 이슬람에 대해 공부하고 가족들의 만류에도 불구하고 곧 미국을 떠나 영국의 WEC로 향했다. 약 1년간의 오리엔테이션 공부를 마치고 1984년 5월 1일 감비아로 떠났다. 그곳에서 WEC의 도움으로 2년 동안 일하고 그들의 도움으로 한국 선교부인 West Africa Mission을 세우게 되어 오늘에 이르게 되었다.

그 전에 나는 대학 졸업반 때부터 선교사로 파송을 받은 평안교회에서 교육전도사, 강도사, 목사안수, 교육목사, 결혼 등의 과정을 거쳤고, 마침내 선교사 파송까지 받게 되었다. 나에게는 모 교회가 된 것이다. 그러나 교회의 사정으로 감비아에서의 15년 동안 선교비를 한 번도 지원 받지 못하는 어려움을 겪었다. 그러나 이로 인하여 평생 동안 나의 선교의 길잡이가 되는 '믿음 선교'를 배웠다. 이것은 정말 놀라운 최고의 축복이었다. 그리고 바른 선교를 이해하는 위대한 기회가 되었다. 나는 결코 후원을 하지 않은 교회에 대하여 부정적인 생각을 갖거나 누를 끼치고 싶지 않다. 오히려 감사할 따름이다. 여기에서 나는 개인적으로 온누리교회와 관계를 맺고 하용조 목사님과 함께 목회와 선교 선상에서 동역자가 되는 하나님의 인도하심을 경험하였다. 한 번도 선교비 때문에 고민하지 않는 믿음의 선교를 철저하게 배웠다. 현재 소속된 컴 미션에서도 여전한 방법으로 살아가고 있다.

### 감비아의 사역과 현재의 컴 미션

영국 WEC으로부터 철저하게 선교를 배운 나는 그들의 도움으로 서부 아프리카 선교회를 세웠다. 국가로부터 20에이커의 땅을 받아 학교 사역을 시작했다.

유치원, 그리고 가나안 기술학교(Canaan Technical Institute)를 설립하여 학생들을 가르쳤다. 주님을 믿고 직장이 없는 젊은이들에게 직업교육과 기술을 가르치며 가나안 공동체를 운영하여 신앙을 가르쳤다. 성경학교도 운영하여 적은 학생들이지만 영적 지도자 훈련을 시켰다. 다른 지역에 유치원을 세우고 세네갈의 국경에는 초등학교 과정의 학교를 세워서 아이들을 가르쳤다. 15년 동안에 특별히 만딩고 종족을 향해 복음을 전하고 졸라 종족, 그리고 훌라 종족들도 복음 전도의 대상으로 삼았다. 다행히 졸라 종족이나 훌라 종족들도 만딩고어를 알아 들어서 만딩고어로 사역을 하였다. 특별하게 우리의 공동 생활은 지금까지 미국에서도 함께하는 삶이 되었다. 아내는 만딩고어로 찬송가를 처음으로 만들기도 했다. 말라리아로 여러 차례 죽음의 문턱을 밟기도 했지만 15년 동안의 감비아의 삶은 내 인생 최고의 기간이었다. 지금은 한병희 선교사님과 현지인에게 이양을 하고 떠나올 수 있었던 것은 후임이 참으로 귀한 선교사였기 때문에 가능하였다.

컴 미션이 가능하게 된 것도 박재옥 선교사님의 귀한 헌신과 기도 때문에 가능했다. 평생을 일구어 놓은 선교의 노하우와 하드웨어인 건물과 재산을 깨끗하게 컴 미션으로 이양해 주었기 때문이었다. 그리고 서울의 온누리교회가 지금까지 나를 돌보아 주며 LA 온누리교회에서도 선교사로서의 사역을 위해 오랫동안 후원해 주었는데 이 모든 것이 나의 선교 사역을 가능케 하였다.

감비아에서 일어난 모든 일들은 기적이라고 표현해야 할 것이다. 모두가 하나님의 은혜였다고 말하고 싶다. 실제로 오늘의 선교를 배운 것은 감비아에서 사역을 하는 동안에 성경과 실제의 사역에서 배운 것이다. 컴 선교부의 가장 중요한 선교와 마지막 때(mission and end time, M2414의 마태복음 24장 14절)나 성육신 선교, 믿음 선교, 팀 사역과 공동생활, 전방 개척선교, 중요한 선교의 전략 그리고 삶으로서의 선교는 다 이때에 깨달은 것이다. 참으로 복된 시간이었다.

물론 이런 일들은 두란노 출판사를 통해서 《검은색이 아름답다》는 책에 모두 썼다. 현지인들과 선교사들이 함께 공동생활을 하며 사람들을 양육하고 성경을 가르치며 주님을 전하는 특권을 누렸다. 그러다가 1999년 5월 1일에 3명의 감비아인을 목회자로 안수하고 미국의 KFM(Korean Frontier Mission, 박재옥 선교사가 창립자)의 책임자로 초청을 받아서 2000년부터 사역을 시작했다. 그 후 이름을 Come Mission이라는 이름으로 바꾸고 선교단체로서의 사역을 시작했다. 목적은 철저한 미전도 종족을 위한 선교로 시작해서 오늘에 이르렀다.

지금은 한국, 호주, 프랑스의 훈련원, 캐나다 그리고 미국에 본부를 두고 있고 아프리카의 기니, 케냐, 감비아, 모로코, 웨스턴 사하라, 예멘, 중국, 몽고, 베트남, 라오스 그리고 인도네시아에서 사역자가 일하고 있다.

우리는 마태복음 24장 14절을 이루려는 영적 소망에 생명을 걸고 사역을 한다.

나의 저서로는 《미션 파서블》, 《검은 색이 아름답다》, 《골방에서 열방을 품는 무릎 선교사》가 있고 변영우 화백이 나의 미션 파서블을 만화로 그린 《만화로 보는 미션 파서블》이란 책이 두란노에서 발간되었다.

## 나의 가족

아내는 선우 순애이고 아들은 주열이다. 아내는 나의 70%이고 아들은 20%이고 나는 10%인 것 같다. 아내의 도움이 없었으면 나는 70%가 모자라는 사람이 되었을 것이다. 또한 선교사의 대를 잇는 아들의 도움으로 나의 20%가 채워진다. 아내의 말대로 우리 집에는 아들의 선교사 헌신으로 "집안 경사가 났다"고 본다.

컴 미션에서 함께 일하는 모든 선교사들도 나의 가족이다.

## 나의 소망

나의 소망은 마태복음 24장 14절(M2414운동)의 말씀을 이루는 것이다. 주님의 오심이 선교를 통해서 오는 것임을 알고 전방 개척 선교에 나의 삶 모두를 거는 것이다.

13억 인구의 모슬렘에 대한 복음의 연민의 정과 8억의 힌두교, 4억의 불교, 1,400만의 유대인의 회복을 위한 간절한 소원 그리고 미전도 종족의 복음화이다. 물론 진정한 선교의 목적은 요한계시록 7장 9절 이하에서 그 본질을 찾을 수 있다. "각 나라와 족속과 백성과 방언에서 수도 없는 사람들이 모여 어린양과 보좌에 앉으신 하나님을 찬양하는 예배"가 목적이다. 그리고 그 일이 일어나기 위해 모든 족속으로 여호와를 찬양하게 하라는 다윗의 소원이 나의 소원이다.

이 비밀을 알게 해주신 하나님을 한없이 찬양하며 감사한다.

하나님이 나에게 베풀어 주신 은혜는 이루 말로 다할 수 없이 많고, 주신 은사를 사용하시도록 하신 하나님께 감사한다. 나의 우스운 은사 얘기가 있다. 아내의 말을 빌리면 '영 분별 못하는 은사'를 받았다고 한다. 이 은사가 감비아에서 선교를 할 수 있도록 만든 중요한 은사였다. 사람들을 무조건적으로 사랑할 수 있었던 것은 그들의 약점이 보이지 않았기 때문이라는 것이다. 또한 진정으로 감사하는 것은 '선교의 비밀'을 주님이 열어서 보여준 것이고 작은 경험과 연약함을 사용해 주신 것이다. 부족한 경험과 지식이지만 《미션 파서블》을 써서 사람들을 깨우치고, 말씀을 증거할 때 하나님이 내 입술을 사용하셔서 복음 전하는 능력을 주신 것이다.

나의 소원은 성령충만으로 늘 영이 불처럼 타오르는 것이다. 목회자의 은사가 아니라 선교사의 은혜를 베풀어 주심은 참으로 측량할 수 없는 은혜이다. 만족하고 감사하고 부족함이 없는 삶을 주신 주님을 찬양한다.

# 선교의 부르심이요?
# 글쎄요, 딱히 뭐라고……

마원석

선교사가 제일 많이 받는 질문은 "어떻게 선교에 부르심을 받았는가?" 하는 소명에 관한 것이다. 그럴 때마다 나는 무척이나 곤혹스럽다. 딱히 언제, 어떻게 선교를 향한 부르심을 알아챘는지 분명하지 않기 때문이다. 그럼에도 선교를 향한 부르심이 나에게 있다는 것은 조금도 부정할 수 없는 사실이다. 이는 마치 나의 회심(回心)에 대한 시기나 과정에 대해 꼬집을 만한 특이한 전기가 없다는 것과 사뭇 흡사하다.

HERE I AM. SEND ME, LORD!

# 선교의 부르심이요?
# 글쎄요, 딱히 뭐라고……

마원석

**선교사가** 제일 많이 받는 질문은 "어떻게 선교에 부르심을 받았는가?" 하는 소명에 관한 것이다. 그럴 때마다 나는 무척이나 곤혹스럽다. 딱히 언제, 어떻게 선교를 향한 부르심을 알아챘는지 분명하지 않기 때문이다. 그럼에도 선교를 향한 부르심이 나에게 있다는 것은 조금도 부정할 수 없는 사실이다. 이는 마치 나의 회심(回心)에 대한 시기나 과정에 대해 꼬집을 만한 특이한 전기가 없다는 것과 사뭇 흡사하다.

동시에 어느 사역을 위한 부르심이 그러하듯이 나의 선교적 부르심도 한 번으로 끝나지 않았다. 물론 선교라는 삶과 사역의 방향을 정하는 부르심은 초기에 일어났다. 그러나 "어떤 선교 사역을 어디에서, 어떻게, 누구를 대상으로 할까?"와 같은 문제들을 결정하는

데는 새로운 부르심의 인식이 끊임없이 필요했고 앞으로도 계속될 것이다.

## 선교를 위한 부르심

### 필리핀 땅을 처음 밟았을 때

1979년 여름, 가족을 한국에 남겨 두고 숨이 확 막히는 필리핀 땅에 이른 것은 순전히 공부를 위한 것이었다. 물론 섬기던 교회에서는 '선교사'로 가면 어떻겠느냐고도 물었다. 당시 우리가 인식하고 있던 '선교사'라고 하면 두 부류로 나뉘었다. 첫째는 신학교 근처에 이방인으로 살아가는 서양 사람들이고, 둘째는 미국이나 독일에서 교포들을 목회하는 사람들이었다. 한번은 우리 교회를 방문했던 독일주재 선교사가 멋있는 검정 옷에 그때는 무척이나 생소하던 렌터카를 몰고 나타난 적이 있었다. 당시 교단의 큰 어른이셨던 우리 교회 담임목사님조차 겨우 '자가용'을 가질 수 있던 때였다. 이와 같은 이유로 필리핀으로 향하는 나에게 '선교사'라는 호칭은 매우 적절치 않다고 생각했다. 나를 비롯한 당시 사람들의 선교에 대한 기본적인 이해가 얼마나 일천했는가를 보여주는 한 예이다.

돌이켜보니 신학교 4년 동안 선교에 대해 제대로 들어 본 기억이 전혀 없는 것 같다. 물론 선교라는 단어야 여기저기에서 등장하기는 했지만, 가령 우리 교회나 한국의 교회가 선교의 주체가 되어야 한다는 내용과 같은 선교에 관련된 본질적이고 심도 깊은 내용은 다루지 않았다. 여기에 대해서는 서양 선교사나 한국인 교수간에 아무런 차이가 없었다. 내가 다닌 학교가 선교적인 성령론을 가지고 있는 하나님의 성회라는 오순절 교단의 신학교임을 생각할 때 무척이나 아이러니컬한 이야기가 아닐 수 없다. 사도행전에서의 성령의 강림은 전적으로 '땅끝까지 이르러 증인됨'(행 1:8)이 주된 신학적 모티브였고, 사도행전 전체가 성령이 선교의 주체임을 기록하고 있다.

같은 맥락에서 근대 오순절 운동의 산실이었던 아주사 부흥운동(Azusa Street Revival)도 성령의 능력 주심과 종말에 대한 오리엔테이션, 그리고 영혼 구원을 향한 부르심을 그 핵으로 하고 있다. 또한 오순절 운동 100년 후, 세계 기독교의 판도에서 오순절적 뿌리를 가진 교인이 5억을 상회하는 숫자 -이는 기독교 전체에서 가톨릭 다음으로 두 번째로 큰 메가 블럭이다 -로 성장하였다. 이와 같은 것들은 선교적인 성령론이 오순절 교회의 신학적 강조점임을 증명하는 것이다. 문제는 왜 이런 신학적인 전통이 신학교 4년 동안 한 번도 나의 지성이나 영성에 자리를 잡지 못했는가이다.

공부를 하러 간다면 다 미국이나 유럽으로 가던 때였으니 필리핀 자체가 어쩌면 '이등 유학처' 정도였는지 모른다. 하여튼 교단의 신학대학원이 필리핀이라는 녹록한 데 있었던 것이 다행이었다. 비자 때문에 큰 곤욕을 치를 필요도 없었고, 사는 것 자체가 어렵던 시절에 이런 곳이 있다는 사실이 신기할 정도였다. 그래서 큰 기대를 갖지 않고 필리핀으로 향했다. 그런데 뜻밖에도 공항에는 멋있게 생긴 일본인 학생처장이 나를 맞기 위해 기다리고 있었다. 수직적인 사회에 익숙해 있던 나에게는 무척이나 송구스럽기도 하고 한편으로는 존경심이 느껴지는 경험이었다. 코이치 키타노 박사(Dr. Koichi Kitano)는 그때부터 늘 변치 않는 좋은 표상으로 남아 있다.

하지만 Far East Advanced School of Theology(FEAST)라는 학교는 마닐라 북쪽의 시계(市界)에 가까운 변방, 발렌주엘라(Valenzuela)에 위치하고 있었고 참으로 초라한 모습이었다. '그래, 이 나라에 무슨 쓸 만한 것이 있으려고…….' 그러나 나는 이러한 생각을 곧바로 접어야 했다. 학교가 필리핀 땅에 있는 것은 사실이지만 그렇다고 필리핀 학교는 아니었기 때문이다. 아시아의 지도자를 키우겠다는 소위 역내(regional) 국제학교였다.

긴급한 사고의 전환은 공부가 시작되면서 바로 일어났다. 영어는 단순히 언어의 범주를 넘어서고 있었다. 한 개인이 다국적, 다문화 환경에서 얼마나 건강한 사회성을 갖고 그 일원으로서 제 몫을 하느냐가 영어라는 주머니 속에 다 들어 있었다. 까무잡잡한 민다나오의 처녀가 하는 말에 연신 어정쩡한 웃음으로 응대해야 했던 나의 모습이 참으로 한심스러웠다. 어쩌면 다른 누구보다 더 준비가 되었다고 자부했던 나에게 뼈아프지만 지당한 자아발견이었다. 이렇게 나의 한심한 선교의 여정이 시작되었다. 아직 선교가 뭔지도 몰랐고, 더군다나 선교사가 된다는 것은 상상도 못한 채로…….

## '노느니' 뭘 한다고

이렇게 어영부영 시작한 선교의 발걸음은 몇 달이 지나면서 변하기 시작했다. 선교에 대한 부르심은 극구 부정하면서도 사역에 대한 관심은 상당했던 것 같다. 새로운 문화와 사회에 대한 호기심과 하나님의 부르심을 입은 사역자로서의 자기 인식이 겹쳐 유엔에 등재되어 있는 유명한 톤도(Tondo)라는 슬럼 지역을 따라갔다. 쓰레기더미에서 뭔가를 찾아 연명하는 사람의 숫자가 수만 명이나 되었고, 또 눈에 띄게 많은 맨발의 어린이들이 쓰레기에서 흘러나오는 오수(汚水) 속에서 살아가고 있다는 것이 놀라웠다. 이런 환경만큼이나 범죄자들이 무법천지를 이루고 살아가는 이곳을 한 주도 거르지 않고 찾아가는 사람이 필리핀 시골 출신 아가씨라는 사실이 더 충격적이었다. 사역에 대한 기본적인 부르심이 발동하기 시작했고 그것이 문화를 넘나들면서 '선교'라는 이름이 붙는다는 것을 나중에야 알았다.

돌 지난 아이와 아내를 떼어 놓고 살았던 일 년 반 동안은 새로운 문화와 사역 환경, 그리고 선교를 몸으로 부딪치는 데 무척이나 귀중한 시간이었다. 18개월을 떨어져 살았던 아내가 필리핀에 도착해 나를 보자마자 드는 생각이 '너무나 변해 있는 남편'이었단다. 자기 눈에는 이미 '선교사가 다 되어버린' 상태였단다. 그녀에게는 무척이나 충격적이었고 심각한 현실이었던가 보다. 오자마자 시작한 기도가 '이 사람과 같이 살기 위해서는 나에게도 선교의 부르심을 주시든지 아니면 그에게서 선교의 부르심을 끊든지 해달라'는 것이었다니……. 말하자면 나는 어느새 선교에 빠져 있었던 것이다. 그런데도 나에게 선교는 한시적인 사역이었다. 그렇지 않아도 누군가가 그런 말을 한 적이 있었다. "필리핀에서 선교사로 사역하면 어때요?" 그때마다 나의 대답은 한결같았다. "아니요. 나는 우리 나라로 돌아가 하나님을 섬길 겁니다." 솔직히 말해 나의 귀한 시간과 은사가 그래도 좀 더 가치 있는 곳에서 쓰이기를 바라는 마음이었다. 무척이나 비뚤어진 신학적 생각임이 분명한데도 나는 이를 당연하게 여기고 있었다.

선교에 대한 두 번째 패러다임의 도전은 생각지 않은 곳에서 일어났다. 우연히 알게 된 필리핀 사업가가 예수를 믿게 되었고, 상식에서 벗어나는 그의 생활의 변화를 보게 되었다. 사업은 매니저에게 맡기고 매일 자기 집에서 성경공부에 전념하고 있었다. 여남은 명이 거대한 저택에 모여 자기보다 몇 달 먼저 예수를 믿은 한심한 성경선생과 매일 몇 시간씩 성경공부를 하는 것이었다. 더욱 가관인 것은 이 사람도 틈만 나면 성경책을 펼쳐 놓고 예수에 대해 가르치기 시작한다는 것이다. 급기야 그는 온 가족들을 데리고 마닐라 남쪽에 있는 국립교도소를 찾아가 전도하기 시작했다. 이 가족이 택한 곳은 중장기 수감자들이 갇혀 있는 곳이었다. 온 가족들이 하루 종일 준비한 햄버거를 교도소 광장에 풀어 놓으면 금방 벌떼처럼 사람들이 모여들었다. 대학에 갓 들어간 딸들도 수형자들의 날카로운 눈길조차 아랑곳하지 않고 열심히 음식을 나누어 주었다. 그러고는 곧 이 친구의 성경공부가 시작되었다. 어제 배운 실력을 오늘 써먹는 수준이지만 그의 생애를 변화시킨 예수에 대한 설파는 대단한 설득력을 발휘했다. 신학대학원생이었던 나보다 월등한 실력이 있는지는 모르지만 이 친구가 갖고 있는 열정과 경험에서 생겨난 깊은 설득력을 따라가기에는 턱없이 부족했다. 우리 가족이 한 달에 한 번씩 엄청나게 먼 길을 따라 이 친구가 있는 문띤루빠(Muntinlupa)를 찾은 것은 어쩌면 친구의 모습에서 선교의 큰 가르침을 얻고자 함이었는지도 모른다.

### 잘 계산된 선교 헌신

이즈음이면 이젠 선교도 알 만하고 또 선교를 향한 헌신도 생길 법하건만 나는 아직도 선교를 향한 부르심을 알아채지 못하고 있었다. 4년의 공부 과정을 마칠 무렵 가족으로서 우리의 사역과 삶의 다음 단계를 생각하고 있었으니까……

첫 번째는 머리를 굴리는 계산의 과정이었다. 내가 가진 보잘것 없는 자격으로 어디에서 더 그럴싸하게 쓰임받겠는가 하는 질문이었다. 물론 순복음교회라 일컫는 하나님의 성회의 신학교육이 아직도 학사 학위 수준이지만 M.Div.라는 학위가 대단한 가능성을 열어

줄 것 같지 않았다. 줄을 잘 서야 한다는 한국 사회구조도 자신이 없는 부분이었다. 이에 비해 필리핀과 대부분의 아시아 지역은 신학교육 환경이 더욱 열악했다. 그렇다면 내가 가진 것이 더 가치 있게 평가되는 곳에 남아 있는 것이 당연하다는 생각에 이르렀다. 철저하게 하나님을 소외시킨 인본주의적인 발상이었고, 나는 참으로 한심한 '주의 종'이었다.

두 번째 동기는 좀 고상한 편에 속한다. FEAST라는 학교는 하나님의 성회 교단 역사상 아시아에서는 처음으로 M. Div. 졸업생을 배출하게 되었다. 다른 교단에 비하면 일천하지만 매우 중요한 역사였다. 특히 미국에서 시작된 근대 오순절 운동이 다분히 반지성주의 (anti-intellectualism) 성향이 강했다는 점을 감안한다면 M. Div. 자체가 갖는 상징성은 대단하다. 어떻게 보면 오순절이라는 다이내믹한 영성의 전통이 학문을 숭상하는 아시아라는 환경과 접하면서 이 둘을 아우르는 아시아적인 오순절 신학을 태동시킨 것이 아니겠는가 하는 생각이 들기도 하였다. 이런 점에서 첫 졸업생 다섯 명은 모일 때마다 마치 아시아의 오순절 신학의 선구자나 되는 양 책임감 짙은 생각들을 나누곤 했다. 필리핀, 인도네시아, 말레이시아, 한국 학생들은 어떻게 하면 아시아 교회가 서구의 생각에 전적으로 의존하지 않고 아시아의 필요로 이루어진 신학으로 교회의 내면을 형성시킬 수 있을까 하고 논의했다. 결론은 늘 같았다. 우리 다섯 중 하나가 남아 이 학교를 서구의 주도권에서 조금이라도 벗어나도록 노력하자는 것이었다. 그런데 막상 졸업 때가 다가오니 모두 돌아갈 생각으로 분주했다. 자기 나라의 교회를 위한 포부들이 대단했다. 결국 나만 남게 된 셈이었다.

졸업을 몇 주 앞두고 우리 부부는 많은 기도와 생각을 했다. 학장을 만나 나답지 않은 황당한 제안을 했다. "한국에서 온 선교사를 공짜로 교수로 두면 어떻겠느냐"고……. 첫 번째로 교수는 모두가 선교사였으니 아시아에서 온 교수도 당연히 선교사여야 한다는 생각이 있었다. 서구 교수처럼 아시아 교수도 파송한 교회에서 생활을 감당해야 한다는 상당히 발전된 생각이 있었다. 두 번째로는 한국교회가 이를 충분히 감당할 시점에 와 있다는 확신이 있었다. 비록 우리 세 가족이 날마다 살아가는 것이 여전히 큰 과제였지만, 어느 모로보나 한국교회가 말레이시아, 인도네시아, 필리핀보다는 더 많은 것을 갖추고 있다고 믿었다. 물론 문제는 내가 얼마나 자격을 갖추고 있느냐는 것이었다. 그런데 학교에 아직도 학사 학위과정 4학년 차 과정이 있어 필요한 만큼은 갖췄다고 생각됐다. 물론 가르쳐야 하는 위치에서의 영어는 또 다른 큰 과제이지만 말이다.

여태까지 기회가 있을 때마다 '아시아화(Asianization)'를 부르짖던 학장도 막상 나의 황당한 제안에 무척 당황하는 기색이었다. 시간을 달라며 고민하는 모습이 역력했다. 하지만 또 한편으로는 '밑져야 본전'인 제안이기도 했다. 하여튼 나는 1983년 FEAST에 최초의 한국인, 아니 아시아인 선교사 교수가 되었다(앞에 언급했던 일본인 교수는 미국교단 파송 선교사였다).

나중에 학교 이름도 Asia Pacific Theological Seminary(APTS)로 바뀌고 바기오(Baguio)라는 도시로 이사를 가서 큰 터를 잡게 되었다. 내가 이 학교에 23년 동안 봉직한 가장 오랜 선교사 교수가 될 줄은 꿈에도 몰랐다. 더구나 학장 제의가 있을 때도 '학교의 혼을 만들어내는' 교학담당부 학장 자리를 고집하는 엉뚱한 고집도 생겨났다. 학술지와 박사 학위 등을 통해 아시아 오순절 연구에 두각을 나타내는 학교로 키워내는 데도 일조하는 큰 영광과 복도 얻었다.

### 어디서, 어떤 선교를? 또 다른 부르심

앞에서 말한 대로 APTS에서 가르치게 된 것은 잘 계산된 나의 결정이었다. 그럼에도 불구하고 하나님의 손길이 이 사역을 위해 일찌감치 역사하고 계셨음을 나중에야 알게 되었다.

첫째, 하나님은 나에게 일찍이 가르치는 것에 큰 기쁨과 보람을 느끼게 하셨다. 다니던 작은 교회에서는 열여섯 살 고등학생이던 나에게 쉽게 주일학교 학생들을 가르치는 기회를 주었고, 그때부터 하나님께서 나에게 가르치는 기쁨과 작은 은사를 주셨다고 믿게 되었다. 한때 나는 고등학교 선생님이 되고 싶었다. 청소년 시절이 삶의 목표와 가치 등을 결정하는 중요한 시기라는 생각이 들어 그랬던 것 같다. 만일 읍(邑) 정도 작은 규모의 커뮤니티라면 작은 책방도 하나 곁들여 갖고 있으면 더욱 좋겠다는 생각을 했다. 물론 돈을 벌지는 못하겠지만…….

둘째, 신학교를 졸업하고도 나는 스스로를 목회할 재목이라고는 생각하지 않았다. 동급생 중에는 이미 교회를 개척한 엄연한 전도사님들이 더러 있었다. 더구나 성령의 충만함과 능력을 덧입기 위한 철야기도와 금식기도로 수업시간에 조는 사람이 드물지 않던 것이 당시의 광경이었다. 그런데도 나는 성령충만함의 성서적, 신학적 근거와 어떤 것이 바른 성령충만함의 생활인지에 대한 의구심으로 가득해져만 갔다. 어쩌면 금식기도를 번번이 하는 목회자의 길이 자신 없었는지도 모른다. 하여튼 나는 가르침이 참 좋았다. 그래서 목사 안수를 받은 다음 공부하기 위해 필리핀으로 떠나는 나의 모습이 조금도 생소하지 않았다.

이런 학문에 대한 관심은 나로 하여금 가르치는 사역에 자연스럽게 들어서게 했고, 또 계속해서 학문의 길을 걷게 했다. 구약을 전공으로 택했을 때에도, 박사 학위 논문으로 "이사야서에 나타난 하나님의 영"을 택할 때에도 무척 의도적인 동기를 갖고 있었다. 어떻게 하면 오순절 운동이라는 특이한 영적 전통을 더욱 깊이 이해하여 하나님의 교회를 튼실하게 할 것인가가 나의 관심이었기 때문이다. 물론 구약과 오순절 운동이라는 학문적인 관심을 어떻게 하면 선교라는 환경에서 꽃 피울 수 있을까 하는 쉽지 않은 목표를 세웠다. 그럼에도 이런 학문적 목표가 남다른 연구를 할 수 있도록 독려했고, 저술들은 쉽게 동료 학자들과 세계 선교계의 눈에 띄었다. 2005년 그리스에서 열린 '세계교회협의회 선교분과위원회'에서 주관한 '13차 세계 선교와 전도 컨퍼런스'에서 주제강연으로 발표된 논문도, 또 2007년 케냐에서 열린 '글로벌 크리스천 포럼 컨퍼런스'에서 발표한 주제강연도 나의 학문적인 관심과 맥을 같이 한다.

## 이고롯 부족을 위한 전도 사역

1997년 풀러에서의 박사 학위 도중 다시 필리핀으로 돌아왔을 때, 섬기던 학교는 필리핀 북부 산간지역의 수도라 할 수 있는 바기오(Baguio)로 옮겨와 있었다. 필리핀 인구의 80% 이상이 가톨릭 교인이었지만 유독 북부 산악 지역에는 아직도 정령숭배가 계속되고 있었다. 깊은 산골뿐 아니라 도회지를 조금만 벗어나도 공산 반군의 출몰이 더러 일어나는 어려운 상황이 야기되기도 했다. 이때 우리 부부는 교수 생활과 함께 본격적인 전도와 교회 사역을 시작하게 되었다. 동기는 크게 두 가지였다고 본다.

첫째는 사역자로서의 본능 같은 것이었다. 위에서 '노느니' 뭘 한다는 동기와 크게 다르지가 않다. 학교가 자리를 잡은 곳은 바기오 시내에서도 한참 떨어진 산등성이였다. 이발로이(Ibaloi) 부족이 진을 치고 있는 지역에 깐까나이(Kankanaey) 부족이 바기오 인근으로 이주해와 살고 있었고, 학교는 그곳에 자리를 잡고 있었다. 인근에 있는 마을 역시 복음이 전혀 들어가지 않은 곳이 허다했다. 조금 깊은 곳엔 여러 시간 동안 산길을 걸어 들어가야만 하는 마을이 수없이 많았고, 대부분은 복음이 들어가지 않은 곳이었다. 특히 이고롯(Igorot)이라 불리는 부족의 문화와 종교 행태는 공부할수록 깊은 흥미와 함께 복음을 전해야 한다는 깊은 부르심을 느끼게 하였다.

둘째는 다분히 순수하지 못한 동기였다. 일꾼을 키우는 학교 사역으로는 선교지원을 받는 데 무척이나 많은 어려움이 있었다. 당연히 좋은 신학대학원에 초빙되어 좋은 보수를 받는 것으로 알고 있기 때문이었다. 한국 선교사가 세운 학교에서는 무보수로 사역하는 것을 당연한 것으로 이해하면서도 말이다. 결국 이 귀중한 사역을 뒷받침하기 위해서는 쉽게 선교지원을 받을 수 있는 또 다른 사역의 필요성을 느꼈다. 물론 인간적으로는 의심이 들 수밖에 없는 동기이지만 첫째 동기와 함께 4개의 부족군에게 복음을 전하는 귀한 사역을 시작하게 되었다. 우리가 필리핀을 떠날 때는 160여 개 교회가 세워지고, 또 이로써 아내의 박사논문이 나왔으니 무척 귀하고도 열매 있는 사역이었다.

## 선교지를 옮길 때 필요한 부르심

선교의 소명에 대해서는 이미 다 해결된 사안이라고 잊고 살아갈 즈음 다시 한 번 소명에 대한 갈등이 찾아왔다. 30여 년 가까이 같은 선교 환경에서 생활하며 사람을 사귀고 살다 보니 이제는 필리핀이 한국보다 더 편안해졌다. "선교지에서 생을 마친다"는 멋있는 말이 그리 어려워보이지 않는 때가 된 것이다. 학교사역이나 전도, 교회를 세우는 사역에도 열매가 맺히기 시작했다. 실제로 해가 갈수록 사역의 결과가 눈에 띄게 증가했다. 그럼에도 불구하고 목표를 향해 열심히 달려왔던 일들이 하나둘씩 다 이뤄졌다는 생각과 함께 변화의 때가 왔다는 생각이 들기 시작했다. 오랫동안 같은 일을 하다 보니 이제는 좀 지겨워졌다는 생각과는 전혀 다른 것이었다. 어쩌면 둘째 아이가 고등학교를 졸업할 때가 되었다는 사실이 우리에게 변화가 올 수 있는 적절한 시기에 이르렀다는 발상을 갖게 한 것일 수도 있다.

이때 가장 결정적으로 전기를 마련한 것이 아내의 '하나님의 음성을 듣는' 영적인 체험이었다. "이제는 때가 다 되었다"는 거역할 수 없는 강한 메시지가 우리로 하여금 뒤를 돌아보게 했다. 때로는 왜 이런 은사가 나에게는 없어 아내를 의지하게 하는지 되묻기도 했다. 동시에 왜 우리가 이곳의 사역을 마무리해야 하는가를 생각하기 시작했다. 그동안 심었던 사역의 씨앗이 이제는 왕성하게 열매를 맺기 시작한다는 점을 감안한다면 솔직히 떠나고 싶지가 않았다. 그럼에도 떠나야만 한다면 이는 필시 여기에서는 이룰 수 없는 무엇인가가 있을 거라는 생각이 들었다. 또 다음 사역은 지금까지의 경험이 중요한 바탕이 되리라는 생각도 들었다. 곧 지금까지의 사역에 대한 재고(inventory)에 들어갔다. 아시아에서 지도자를 키우는 일, 아시아 오순절 운동 연구를 위한 노력들, 학교를 키워내는 경험, 그리고 타 문화에 깊이 들어가 복음을 전한 일들……. 그렇다면 다음 단계에서는 아시아 대신 글로벌이라는 짐작이 왔다. 그리고 지도자를 키우는 일이 한 차원 더 나아가 글로벌 리더를 키우는 일일 거라는 생각이 들었다. 그렇다면 필시 어떤 학교 형태의 구조일 것이고 서구일 가능성이 높다는 결론에 이르게 되었다.

우리 둘은 몇 가지 원칙을 세웠다. 첫째로 우리가 일터를 옮길지 모른다는 사실을 알리지 않기로 했다. 그런데도 우리에게 심각하게 숙고할 만한 길이 열리면 시도해 보기로 마음먹었다. 곧 미국의 어느 학교의 문이 열렸고 얼마 후에 닫혔다. 한동안 다른 가능성이 없어 조바심이 생기기 시작했다. 기도의 통로였던 아내 역시 초조함을 감추지 못했다. 그렇지만 곧 두 번째 문이 영국의 한 학교에서 열렸다. 첫 번째와 두 번째 학교는 모든 면에서 많은 비교가 되었다. 특히 환경적인 면에서는 영국에서의 가능성이 훨씬 마음에 내키지 않았다. 날씨도 그렇고, 모든 것이 그랬다. 그럼에도 불구하고 이 학교에 대한 하나님의 부르심은 선명해져 갔고 2006년 가을, 우리 내외는 두 번째 고향이던 필리핀을 떠나 음산한 옥스포드로 옮겨왔다. 무척이나 많은 기도와 준비를 요구했던 부르심이었다.

## 소명을 돌아보며

30년간 계속된 선교 사역의 동기와 시작은 생각보다 심심할 정도로 그냥 그렇다. 선교는 아직도 진행형이고 그동안 선교의 환경도 여러 번 바뀌었다. 지금은 선교지 같지 않은 옥스포드에서 선교를 하고 있다. 처음 선교를 시작할 때만큼이나 생소한 선교의 환경이 또 다른 선교로의 부르심과 이해를 요구한다. 따라서 나의 선교에 대한 이해나 선교의 소명에 대한 생각도 더 자랄 것이며 또 깊어지기를 기대한다. 하지만 지금 이 시점에서 되돌아 보면 선교의 소명에 대해 다음의 몇 가지를 생각할 수 있겠다.

  첫째로 나에게 선교의 첫 부르심은 어떤 결정적인 계기나 경험 없이 다가왔다. 선교에 대한 열의가 있어 많은 시간을 공부하고 생각하며 기도한 경험이 전혀 없다. 그렇다고 거부할 수 없는 어떤 음성을 들은 적도 없다. 인간적으로 보면 '그냥' 찾아온 것이다. 또 언제라고 딱히 말하기도 힘든 과정이었다. 점진적으로 이루어진 것이기 때문에 오랜 시간이 필요했던 것이다.

  이런 양태의 부르심의 과정은 특성상 오랜 시간을 두고 진행되고 이루어진다는 점에서 선교 사역에 대한 많은 생각을 하고 완숙시키는 충분한 시간적인 여유를 제공해 주었다. 이러한 점에서 하나님께 감사드린다. 최소한 주위에 있는 서구 비서구의 선교사들을 눈여겨 보고 또 이들의 사역을 나름대로 분석할 수 있는 시간적인 여유를 가질 수 있었던 것이다.

  한편으로 소명이 교감되는 양태나 이를 알아채는 과정 자체가 삶이나 사역의 성격에 영향을 미치지 않는다는 점이다. 다시 말하자면 비전을 본다든지 음성을 듣는 등의 센세이셔널한 소명의 경험이 그렇지 않은 것보다 더 가치가 있다거나 더 많은 사역의 결과를 예시하지 않는다는 점이다. 물론 뚜렷한 소명의 시기나 정황을 경험했다면 부르심에 대한 확신이 더 강할 수 있다 하겠다. 그렇지만 경험에 의하면 꼭 그렇다고도 보기 힘들다. 왜냐하면 소명도 한 번 경험으로 끝나는 것이 아니라 끊임없이 확인되고 강화되고 완숙해지는 과정이 계속되어야 하기 때문이다.

  둘째로 초월적인 경험보다는 환경과 나의 사고의 과정이 많은 역할을 했다고 생각한다. 이를 개인의 특성이나 인성에 따라 하나님께서 역사하시는 것으로 설명할 수도 있겠다. 어떻게 보면 나에게는 여러 가지 환경과 경험에서 수집된 데이터를 나름대로 분석하여 수긍할 만한 결론에 다다르게 하는 하나님의 인도하심이 있다고 본다. 오순절 사역자로서 초자연적인 하나님의 역사에 열려 있음에도 불구하고 나의 마음의 됨됨이는 이런 '자연적인' 과정을 잘 받아들이는 것 같다.

그런데 이런 자연적인(naturalistic) 과정은 하나님의 역사하심을 이성(rationalistic)의 틀 속에 가두고 이성으로 설명되지 않는 것은 신앙생활에서 배제하는 인본주의로 흐를 가능성이 다분하다. 서구의 기독교 형태가 바로 이런 성향임을 봐도 그렇다. 그렇지만 이런 인본주의적 경향만 경계한다면 하나님께서 우리에게 주신 사고를 당신의 뜻을 위해 마음껏 쓰신다고 보는 것이 당연하다.

셋째로 선교의 부르심은 가족, 특히 부부가 함께 공유해야 한다는 사실이다. 그래서 부부가 어떻게 사역의 의미있는 동반자가 되어야 하는가는 중요한 과제이다. 다행히도 나는 딱 하나 가장 훌륭한 결정을 내린 것이 있다. 아이들이 크기 전에 아내가 자신의 사역의 영역을 갖고 또 이를 위해 준비할 수 있도록 한 것이다. 당시에 이런 멀리 보는 안목이 있었던 것은 아니었겠지만 아내로 하여금 끊임없이 학업을 계속하게 한 결정은 가히 선견지명이 아닐 수 없다. 물론 하나님의 손길이 있었지만 말이다.

아내의 영적인 은사가 계발되면서 부르심을 알아채고, 준비하고, 또 맞이하는 과정이 더욱 다이내믹해졌다. 그럼에도 논리적인 생각도 중요한 몫을 차지했다. 어떻게 보면 나에게는 아내와 같은 '영적인 은사'가 없다기보다는 '논리적 사고'라는 하나님의 귀한 은사가 있는 셈이다. 이렇게 서로 다른 인식의 과정이 어우러져 우리는 가정으로서의 부르심을 인식하고 받아들이고 따른 셈이다.

마지막으로 이러한 '부르심'의 경험은 역사를 섭리적(providential) 관점으로 보게 한다. 가령 예를 들자면 나는 중학교 시절 이모가 운영하던 고아원을 도왔던 때가 있다. 원생들이 미국에 있는 양부모와 주고받던 편지를 번역하는 일이었다. 스태프가 없던 터에 궁여지책으로 이루어진 일이지만 이때부터 영어는 학과의 한 과목이라기보다는 살아가는 하나의 도구로 이해하게 되었다. 베트남에서 2년을 보낸 경험도 하나님의 예견하심에 따라 이뤄진 선교의 준비라고 여기게 되었다. 물론 이런 역사관은 자칫 모든 것을 아전인수격으로 해석하게 하고 모든 환경을 비판 없이 받아들이게 하며, 더 나아가서 자신의 모든 결정을 정당화하는 부정적인 요소들이 있다는 것을 배제할 수는 없다. 그럼에도 불구하고 그리스도인들이 과거를 돌아보며 하나님의 섭리를 볼 수 있게 하는 사관(史觀)임에는 분명하다.

## 하나님의 사랑을
## 모든 언어로

정민영

나는 성경번역선교회(GBT: Global Bible Translators) 소속으로 인도네시아 파푸아(West Papua, 전 Irian Jaya)의 모스꼬나(Moskona) 부족말로 신약성경을 번역하는 사역(1986-1996)에 참여했다. GBT 공동대표(1996-2001)로 섬긴 후 2002년부터 GBT가 속한 국제 위클리프(Wycliffe International) 소속으로 아시안 디아스포라 동원사역(Asian Diaspora Initiative) 책임을 맡아 중국, 일본, 필리핀, 인도, 한인 디아스포라 교회들의 동참을 촉진하는 일을 감당해 왔다. 2008년부터는 국제 위클리프 부대표로 섬기고 있다. 부대표의 역할은 위클리프의 대사로서 다양한 선교 네트워크와 교류하면서 성경번역선교의 중요성과 시급성을 알리고 동역을 일궈내는 일인데, 특히 21세기 선교의 새로운 동향에 발맞춰 비서구 선교운동에 초점을 맞추고 있다.

HERE I AM, SEND ME, LORD!

# 하나님의 사랑을 모든 언어로

정민영

나는 성경번역선교회 (GBT: Global Bible Translators) 소속으로 인도네시아 파푸아(West Papua, 전 Irian Jaya)의 모스꼬나(Moskona) 부족말로 신약성경을 번역하는 사역(1986-1996)에 참여했다. GBT 공동대표(1996-2001)로 섬긴 후 2002년부터 GBT가 속한 국제 위클리프(Wycliffe International) 소속으로 아시안 디아스포라 동원사역(Asian Diaspora Initiative) 책임을 맡아 중국, 일본, 필리핀, 인도, 한인 디아스포라 교회들의 동참을 촉진하는 일을 감당해 왔다.

2008년부터는 국제 위클리프 부대표로 섬기고 있다. 부대표의 역할은 위클리프의 대사로서 다양한 선교 네트워크와 교류하면서 성경번역선교의 중요성과 시급성을 알리고 동역을 일궈내는 일인데, 특히 21세기 선교의 새로운 동향에 발맞춰 비서구 선교운동에 초점을 맞추고 있다.

## 나의 어린 시절

나는 1952년 12월 20일 전라남도 광주에서 부친 정복현과 모친 정숙현의 여섯 자녀(3남 3녀) 중 넷째로 태어났다. 한국전쟁의 막바지 상황에서 넷째를 갖는다는 게 많이 부담스럽고 힘들었으리라 짐작된다. 나의 부모는 당시 목회자로 사역하던 외조부와 함께 전쟁 고아들을 돌보는 일을 시작했고, 한국 선명회(World Vision)의 태동에 기여했다. 덕분에 나는 고아원에서 어린 시절을 보냈고, 지금도 많은 친구들이 고아원 출신이다. 멀쩡하게 부모가 있는 우리가 왜 고아들과 함께 살아야 하는지 당시 어린 마음에 이해하기 힘들었는데, 그 경험이 우리 형제들 마음에 부정적이면서도 긍정적인 흔적을 남긴 것으로 보인다. 부정적 흔적은 부모님께 대한 서운함인데 세월이 흘러 철이 들면서 사라진 듯하고, 긍정적 흔적은 우리보다 어려운 상황에 처한 이들을 향한 연민과 책임감이 아닌가 싶다.

한국교회 초기 목회자였던 외조부는 호남 지역 여기저기에 교회를 개척했는데, 개척교회 건물을 짓기 위해 시냇가에서 자갈과 호박돌을 주워 나르던 일이 아직도 기억에 생생하다. 외조부는 한때 제주도에서 이기풍 선교사와 동역했는데 훗날 나의 선교 여정에 외조부의 DNA가 어느 정도 작용하지 않았을까 억지를 부려본다. 외조부가 개척한 지역 교회의 장로로 사회사업에 헌신한 부친은 대부분의 옛날 어른들이 그러하듯 신앙 지도나 자녀교육 방식이 매우 엄한 편이었다. 때문에 내게 교회 생활은 선택이 아닌 의무였고, 그 테두리를 벗어난 삶을 상상조차 할 수 없는 미성년기를 보냈다. 대학입시를 앞둔 고3 시절에도 주일날 학교에 가거나 공부한다는 것은 있을 수 없는 일이었다.

선한 목적을 위해 어느 정도 매이는 것은 필요하고 또한 엄격한 훈육을 요구하던 당시 한국교회와 사회의 관행을 고려할 때 부친을 십분 이해하고 존경한다. 그러나 경직되고 율법적인 신앙교육은 오히려 역효과가 나는 방식이라 여겨 훗날 나의 가정을 이루고 세 자녀를 양육할 때는 부모로서 최선을 다하되 자유로운 선택을 보장해 주려고 의식적으로 노력했던 것 같다. 신앙이란 주님과 인격적 관계를 맺는 쌍방통행이므로 어린아이라도 스스로 사랑의 관계를 선택할 때 비로소 성립되는 것이라고 믿기 때문이다. 이러한 관점은 나의 선교 사역에도 영향을 미쳤다.

### 결신과 삶의 변화

이미 언급한 대로 나는 모태신앙의 복을 누렸다. 신앙적인 유산이란 자손 대대로 전승되어 켜켜이 쌓이는 것이므로 믿음의 부모를 만나는 것처럼 큰 축복도 드물다고 생각한다. 다소 엄격한 신앙교육으로 어린 시절에 신앙적 반감을 키우는 부작용이 있긴 했지만, 믿음의 가정에서 태어난 축복의 크기가 부정적 측면을 묻어버리기에 충분했다.

그러나 주님을 인격적으로 만나 영접하고 구원에 이르는 믿음을 갖게 된 것은 대학생이 되어 부모의 슬하를 떠난 이후였다. 결신이란 한두 사람의 전도행위를 통해 순간적으로 일어나는 사건이 아니라, 여러 그리스도인들의 노력이 쌓이면서 마침내 결실하는 과정(고전 3:6)이라는 점에서 내 신앙의 튼실한 기초는 조부모와 부모 슬하에서 조성되었다고 믿는다. 그러나 당시 한국교회에는 하나님의 말씀을 체계적으로 가르치는 성경공부가 부재했기 때문에 말씀에 근거한 확실한 믿음을 위해 하나님께서는 내 발걸음을 한국대학생선교회(CCC)의 성경공부 모임으로 인도하셨다.

나의 원래 계획은 대학생이 되어 고향을 떠나면 부모의 감시를 벗어나 자유로운 삶을 누리는 것이었다. 그러나 서울 자취방에는 이미 대학생선교회의 열심당이던 누나가 나를 기다리고 있었다. 상경 후 첫 주일 아침, 누나는 나를 챙겨 주변의 지역교회 예배에 참석케 했을 뿐 아니라 오후에 있는 대학생선교회 모임에 함께 가자고 졸라 댔다. 물론 나는 강력히 저항했지만 누나의 눈물에 그만 승복하고 말았다. 돌이켜 생각해 보면 그날 그 사건이 내 신앙여정의 중요한 전환점이 되었던 것 같다.

대학생선교회 첫 모임은 누나의 강권으로 참석했지만, 다음 주부터는 누나의 역할이 필요 없이 자발적으로 찾아가게 되었다. 첫 모임에서 접한 김준곤 목사와 홍정길 총무(현 남서울은혜교회 담임목사)의 참신하고도 강렬한 메시지가 저항하기 힘든 흡인력이 되었기 때문이다. 그날 배정받은 순모임에서 난생 처음 성경공부에 참여하게 되었는데, 대학생활 4년간 이어진 다양한 성경공부가 내 신앙에 새로운 지평을 열어 주었다. 구원에 이르는 믿음은 교회생활이나 종교적 관행이 아니라 그리스도의 말씀을 들음으로 말미암는다는 사실(롬 10:17)이 너무도 분명하게 검증되는 경험을 하게 되었다.

대학 4년간 대학생선교회 활동을 통해 나는 최소한 두 가지 중요한 사역적 기본기를 터득했다. 하나는 사영리라는 탁월한 전도방법을 통해 주변의 불신자에게 복음을 나누는 것이었고, 다른 하나는 성경공부를 통해 결신자를 양육하는 것이었다. 뒤돌아보면 나의 대학 4년은 전공 공부보다 전도와 양육에 더 매진한 기간이었다. 주말마다 공원이나 캠퍼스 전도를 나가느라 그 흔한 미팅도 한 번 못한 채 대학 졸업장을 받게 되었지만, 그 어간에 아내를 만나는 축복을 누렸으니 세상 기준으로도 손해 본 건 없는 셈이다. 한편 순모임을 통해 갈고 닦은 실력은 대학생선교회 모임뿐 아니라 내가 다니던 대학 캠퍼스의 성경공부 모임에서 십분 발휘되었다.

## 사역자 헌신과 준비

전도와 성경공부는 대학 졸업 이후에도 내 삶과 사역의 고정 메뉴가 되었다. ROTC 훈련을 마치고 공병부대 소대장으로 군생활을 하면서 내 휘하의 소대원들에게 복음을 제시하고 사병들과 일대일 성경공부를 진행했다. 한편 영외 거주가 허락되는 장교의 신분을 활용하여 부대 주변의 지역교회에서 청년 중심의 성경공부 모임을 시작하여 여러 젊은이들에게 복음을 전하고 양육하는 축복을 누렸다. 제대 후 건설회사에 입사한 후에도 그 일은 계속했다.

전임사역의 소원을 품게 된 것은 바로 이즈음이었다. 전도와 양육의 기쁨이 커지는 만큼 그 일에 전적으로 뛰어들고자 하는 소원의 크기도 자랐다. 특히 '열 단계 성경공부'라는 당시 유일한 교재에 의존하다 보니 일 년쯤 지난 후에는 더 이상 진행할 내용이 없는 한계에 부딪치게 되면서 무궁무진한 하나님의 말씀을 특정 교재에 제한받지 않고 독자적으로 천착하고 싶은 강한 욕구가 일어났다. 군복무와 짧은 회사생활은 이 새로운 소원을 품고 고민하는 기간이었다. 중동특수로 건설 경기가 사상 최대의 호황을 누리던 제3공화국 당시 건설회사에서 일한다는 건 주일이나 휴일이 없는 강행군을 의미했다. 현실의 요구(직업)와 사역적 소원 사이에서 우유부단하며 방황하던 나를 지켜보던 한 믿음의 선배가 나를 후자 쪽으로 밀어주면서 결국 신학 공부라는 새로운 도전을 선택하게 되었다. 지금은 굳이 신학교를 가지 않아도 성경을 체계적으로 공부할 수 있는 양질의 기회들이 얼마든지 있지만, 당시에는 신학교가 유일한 대안이었다.

## 선교 헌신

합동신학대학원에서 보낸 3년(1978-1981)은 난생 처음 공부를 즐겁게 한 기간이었다. 내 마음의 강력한 동인이 공부를 즐기며 최선을 다하게 해준 원동력이었던 것 같다. 신학공부를 마친 후 구체적으로 무슨 일을 어떻게 해야 할 것인지에 대한 분명한 그림은 없었고, 그저 막연히 기독교 문서나 출판 분야의 사역에 종사하게 되지 않을까 하는 생각을 가지고 있었다.

당시 내가 출석하던 교회는 대학생선교회에서 만난 이래 내 신앙의 멘토가 되어 주신 홍정길 목사님이 1970년대 중반에 구반포 지역에 개척한 남서울교회였는데, 내가 신학공부를 시작하자 홍 목사님이 나를 교육전도사로 초청해 주셔서 함께 동역하는 축복을 누리게 되었다. 그런데 남서울교회는 개척한 지 불과 2년도 채 안 되어 선교사를 파송하는 파격적인 결정을 내렸다. 당시 한국교회에 세계선교는 아직 생소한 개념이었는데, 자체 건물도 없이 지하상가에서 셋방살이 하던 남서울교회는 첫 선교사에 머물지 않고 지속적으로 선교사를 파송하는 경이로운 행보를 이어갔다. 이 놀라운 교회공동체가 나의 선교 헌신에 결정적인 영향력을 미치게 된 것은 너무나 자연스런 귀결이었다.

명색이 선교하는 교회의 전도사인 내가 세계선교에 대해 너무 무지하다는 부담감 때문에 나는 1978년 여름에 당시 유일한 국내 선교단체였던 KIM(Korea International Mission) 주최의 여름선교대학원(Summer Institute of World Mission)에 참석했다. 거기서 위클리프 성경번역선교회 소속 칼 렌치(Carl Rensch) 선교사를 만났다. 선교로 소문난 교회의 전도사다운 최소한의 소양을 길러보겠다던 나의 얄팍한 의도와 달리, 하나님은 렌치 선교사와의 만남을 선교 헌신과 사역방향 결정이라는 두 마리 토끼를 한꺼번에 잡는 계기로 사용하셨다. 하나님 말씀에 대한 갈증 때문에 신학교를 선택했던 내게 아직도 자기네 말로 기록된 성경이 단 한 줄도 없는 미전도 종족이 (당시) 3천 개나 남아 있다는 사실은 엄청난 충격이자 거부할 수 없는 부르심으로 다가왔다.

### 선교 사역의 준비와 훈련

성경번역 선교에 헌신하게 되자 기왕에 시작한 신학 공부에 강력한 동기가 부여되었고 특히 성경 원어를 집중적으로 공부하게 되었다. 미전도종족의 언어로 성경을 번역하려면 우선 성경 원어를 잘 다룰 수 있어야 하기 때문이다. 한편 위클리프 미국지부가 한국에 파송한 스티브 트레셔(Steve Thrasher) 선교사를 통해 언어학 입문 과정을 병행하게 되면서 남서울교회 전도사 사역과 신학 공부와 언어학 입문이라는 세 마리 토끼를 좇는 분주한 삶이 시작되었다. 육체적으로는 매우 피곤했지만 마음은 하늘을 날아가는 나날이었다. 주께서 내 마음에 두신 거룩한 부담을 향해 구체적인 준비와 훈련을 쌓아가는 과정이었기 때문이다.

 1981년 봄에 신학대학원을 졸업한 나는 성경 원어를 더욱 깊이 있게 공부하기 위해 그해 여름 미국 유학을 떠났다. 당시에는 위클리프 한국지부(GBT)가 아직 출범하기 전이라서 준비와 훈련을 위한 공식 상담창구가 없었다. 그래서 신학교 교수님들에게 조언을 구했는데, 당시 한국 신학교에서 배운 수준으로 성경을 번역하기에는 역부족일 거라며 유학을 통해 원어 실력을 보강하라는 권면을 받았다. 지금 돌이켜보면 그렇게까지 할 필요는 없었다는 생각이 든다. 한국 신학교에서 배운 수준이면 성경번역을 위한 최소한의 준비가 된 셈이기 때문이다. 그렇다고 후회하는 건 아니다. 유학생활 자체의 유익이 컸고, 미국 칼빈신학교(Calvin Theological Seminary)에서 추가로 공부한 것이 성경번역 사역의 질을 높이는 데 공헌했기 때문이다. 그렇지만 후배들이 성경번역을 위해 유학을 가야 할지 물으면, 나는 한국 신학교에서 성실하게 배우면 족하다고 조언해 준다.

 성경번역 선교사가 되기 위해서는 성경 원어 외에 언어학을 공부해야 한다. 성경원전을 적절히 다룰 뿐 아니라, 번역할 대상 언어를 체계적으로 분석할 수 있어야 하기 때문이다. 언어학(linguistics)이란 일종의 언어과학(language science)으로 언어의 문법적, 음운학적 체계를 찾아내고 분석함으로써 특정 언어로 성경을 번역하기 위한 준비 작업을 돕는 학문이다. 나는 1983년 여름부터 2년 반에 걸쳐 텍사스 대학교(University of Texas at Arlington)에서 언어학 석사과정을 이수함으로써 본격적인 성경번역 선교 사역에 뛰어들 최소한의 준비를 마쳤다.

### 선교지 선택

선교지 선택은 그리 어렵지 않았다. 사람에 따라 특정 나라나 종족에게 거룩한 부담을 느껴 그곳으로 향하는 경우도 있지만, 나는 성경번역이 필요한 대상이라면 어디든 가겠다는 열린 생각을 가지고 있었다. 지구촌 어디든 나를 필요로 하는 곳이면 기꺼이 달려갈 용의가 있었지만, 한국인으로서 아무래도 아시아가 언어문화적으로 유리하지 않을까 생각했다. 700가지 이상의 언어가 사용되고 있어서 성경번역의 필요성이 가장 높은 인도네시아를 최종적으로 낙점한 것은 자연스러운 논리적 결과였다. 게다가 인도네시아에는 김의정, 박연화 선배선교사 가정이 사역하고 있어서 기왕이면 그곳으로 가서 피차 격려하면서 자녀교육 문제도 함께 해결할 수 있으리라 생각했다.

### 인도네시아 사역

인도네시아 사역은 크게 3기로 나눌 수 있다. 제1기(1986-1991)는 기초를 놓는 기간, 제2기(1991-1996)는 위기와 혼란의 기간, 제3기(1996-2001)는 반전 및 완성의 기간이라고 말하고 싶다. 제1기는 우리 가정이 전적으로 현지사역에 참여한 기간으로, 인도네시아 동쪽 인접국인 파푸아뉴기니에서 진행된 현지적응 훈련과 현지본부 사역기간(1986-1987), 파푸아(전 이리안자야)로 이동하여 진행된 공용어(Bahasa Indonesia) 습득과 언어 탐사 사역기간(1987-1988), 그리고 모스꼬나(Moskona) 부족을 선정해서 언어와 문화를 습득하고 분석하여 성경번역을 위한 최소한의 준비를 마치는 기간(1988-1991)으로 세분된다.

구체적인 사역 내용을 다 말하기엔 지면이 부족하니 자세한 정보에 대해서는 위클리프 웹싸이트(www.gbt.or.kr, www.wycliffe.net)를 참조할 것을 권한다. 제1기는 가정적으로 가장 행복하고 축복된 기간이었고, 마가복음 초안이 구체적 열매로 결실하는 흥분된 기간이기도 했다. 기나긴 물밑 작업의 터널이 끝나고 이제 본격적으로 생산적인 단계로 돌입하려던 상황이었는데, 1991년부터 인도네시아에 이슬람교 근본주의가 득세하면서 선교사들을 추방하기 시작했다. 모스꼬나 성경번역 사역에 위기가 닥친 것이다.

제2기는 모스꼬나 사역의 미래가 보이지 않는 위기와 혼란의 기간이었다. 우리 가정은 일단 현지를 떠나야 했고, 나와 아내는 종종 인도네시아 여행비자를 발급받아 잠깐씩 모스꼬나 지역을 드나드는 것으로 사역의 명맥을 유지했다. 그런 방식으로 성경번역의 구체적인 진전을 기대할 수는 없었으나 모스꼬나 사람들과 관계를 유지하기 위해 그렇게라도 해야만 했다. 우리 가정이 그들을 포기하거나 잊은 게 아니라는 사실을 알려주면서 상황이 호전되기를 기다리자고 모스꼬나 사람들을 다독였다. 선교 사역에서 기술적이고 전문적인 일도 중요하지만 사역 대상과 신뢰 관계를 쌓고 유지하는 것은 더욱 중요하기 때문이다.

도무지 사역의 대안이 보이지 않을 뿐 아니라 가정적으로도 견디기 힘든 기간이었다. 우리 세 아이들이 모스꼬나 마을을 떠날 때 곧 다시 돌아가리라고 생각했기 때문에 심리적으로 정리되지 않은 상태에서 정서적 고통이 매우 큰 수년간이었다. 그렇다고 아무런 일도 하지 않은 채 기회가 열리기를 무작정 기다릴 수도 없는 상황이었다. 그래서 제2기는 한국 선교본부(GBT) 사역에 부분적으로 참여하면서 모스꼬나 사역을 재개할 길을 모색했다.

## 제3기 및 국내본부 사역

제3기는 모스꼬나 사역에 예기치 못한 반전이 일어나면서 나의 사역 방향이 본부사역으로 전환되는 기간이었다. 위클리프 성경번역선교회는 현재 40여 개 나라가 파송한 6,500명의 선교사가 동역하는 국제적인 선교단체이다. 위클리프 현장에는 성경을 번역하거나 문맹퇴치 사역에 종사하는 일꾼뿐 아니라 다양한 전문성을 가지고 선교 인프라를 구축하는 일꾼들이 함께 참여하고 있다. 위클리프에서 활동하는 사역의 유형만 무려 300가지가 넘는데, 그들 중 전산 분야 전문가들의 역할이 특히 중요하다.

1990년대 중반, 언어학과 전산을 전공한 전문가들이 유사 언어들 간의 성경번역을 돕는 혁신적 프로그램(CARLA: Computer-Assisted Related-Language Adaptation)을 개발하여 아프리카 대륙에서 현장 시험을 성공적으로 마친 후 아시아 대륙에서도 실험하기 원한다는 정보를 입수하게 되었다. 당시 모스꼬나와 연관된 메야(Meyah) 말로 신약성경 번역을 마친 미국 선교사 가정(Gilles & Gloria Gravelles)이 제2의 성경번역 기회를 찾고 있다는 소식을 들은 우리는 그들에게 CARLA 옵션을 제안했고 그들은 우리의 제안을 흔쾌히 받아들였다.

1996년 여름, 우리 두 가정은 CARLA를 이용한 모스꼬나 신약성경 초안 추출을 위한 준비 작업에 들어갔다. CARLA가 요구하는 자료의 수집과 입력이 끝나면서 모스꼬나 성경번역 프로젝트의 공식 책임이 그레벨 선교사 부부에게 넘어가게 되었고 마침내 2001년 5월 4일 모스꼬나 신약성경이 봉헌되었다. 비록 우리 가정이 끝까지 참여하지 못하는 인간적인 아쉬움은 있었지만, 오랜 우여곡절 끝에 모스꼬나 사람들에게 하나님의 말씀이 전해진 사실 자체로 기쁘고 행복했다. 누가 일을 끝냈느냐가 중요한 게 아니라, 모스꼬나 사람들이 이해할 수 있는 말로 하나님의 말씀이 전해지는 게 중요했기 때문이다.

모스꼬나 사역의 책임을 벗은 즉시 나는 한국본부(GBT) 공동대표로 위촉되어 국내사역에 참여하게 되었다. 그간의 사역 경험을 살리고, 내 마음을 꽉 채우고 있던 거룩한 부담을 전달함으로써 새로운 선교사들을 동원하고 훈련하는 일에 뛰어들게 된 것이다. 국내사역의 경험을 통해 내 안에 숨어 있던 동원사역의 은사가 드러났고, 뒤이은 국제본부 사역의 발판이 되었다.

### 국제본부 사역

2002년부터 나는 위클리프 국제본부의 초청으로 지구촌에 흩어진 아시안 디아스포라 교회들을 성경번역 선교에 동원하는 사역(Asian Diaspora Initiative)을 맡게 되었다. 20세기까지 주로 서구교회가 주도하던 세계선교의 흐름이 하나님의 섭리 가운데 중심축이 비서구로 이동하면서 위클리프도 비서구 선교운동에 주목하게 된 것이다. 지난 7년간 진행된 국제본부 사역은 다시 두 기간으로 나뉘게 된다. 제1기는 아시안 디아스포라 동원사역 기간(2002-2007)이고, 제2기는 국제 위클리프 부대표로 비서구 리더십을 발휘하는 기간(2008-현재)이다.

아시안 디아스포라 동원사역은 그동안 한인 디아스포라를 포함하여 중국(화교), 일본, 필리핀, 인도 디아스포라 교회를 대상으로 활발하게 진행되었고, 금명간 인도네시아, 태국, 베트남, 말레이시아, 중앙아시아 등 다른 전략 집단으로 사역을 확장할 계획이다. 2008년부터 새로운 리더십 팀(global leadership team)을 짜서 새 술을 새 부대에 담기로 한 국제 위클리프는 70년간 미국에 소재하던 국제본부를 싱가포르로 옮기는 상징적인 변화를 단행하고 나를 부대표로 초청했다. 능력이나 연륜 면에서 전통적 리더십의 자리를 메우기에는 크게 역부족인 나 자신을 잘 알기에 처음에는 극구 사양했으나, 비서구 리더십을 요구하는 시대적인 요청을 생각하며 부족하지만 내가 독특하게 공헌할 부분이 있겠다 싶어 용기를 내었다. 새롭게 급부상하는 비서구 선교운동 앞에 세계선교계와 공헌을 주고받으며 시너지를 창출하는 동역을 일궈내야 할 과제가 놓여 있는 셈이다.

### 나의 소망 - 하나님의 사랑을 모든 언어로

내가 세계선교에 헌신한 때가 1978년 여름이었으니 어언 30여 년의 세월이 흐른 셈이다. 이 사역에 헌신한 이래 단 한 번도 곁눈질하거나 뒤돌아보지 않고 여기까지 달려오게 하신 하나님을 찬양한다. 지난 30년간 나를 한결같이 한 방향으로 몰아부친 원동력은 독생자를 아낌없이 보내 주신 하나님의 위대한 사랑을 세상의 모든 종족에게 전달하고 모든 언어로 표현해야 할 절박한 필요였다. 국제 위클리프는 아직도 자기네 말로 기록된 하나님의 말씀이 단 한 줄도 없는 2,000여 미전도종족의 말로 성경을 번역하는 일이 늦어도 2025년까지는 시작되게 하자는 목표(비전 2025)를 세우고 세계교회와 전략적으로 동역하기 위해 최선을 다하고 있다. 이 거룩한 부담이 이 글을 읽는 모든 이들의 부담이 되기 바란다.

# 주님의 영광으로 가득할 아시아를 꿈꾸며

김병윤

사방이 산으로 둘러싸여 하늘만 빼꼼히 보이는 마을.수리울. 50여 호의 초가집에 살던 이들은 동네 앞에 있는 약간의 논과 산 비탈을 일구어 만든 밭에서 하루 종일 일을 했고 저녁에는 등잔불을 켜두고 새끼를 꼬거나 이웃집에 마실을 가서 이런 저런 이야기를 나누면서 살아가는 순박한 사람들이었다. 종교적인 면에서 수리울은 돌아가신 이들에 대한 공경을 예의로 간주하면서 자연과 사람이 공존하는 세상이었다. 나는 이 작은 수리울이라는 동리에서는 내놓을 만한 지주 집안에서 태어났는데 근동의 상당한 토지가 우리 소유였기 때문에 어린 시절은 매우 유복한 편이었다.

HERE I AM. SEND ME, LORD!

# 주님의 영광으로 가득할 아시아를 꿈꾸며

김병윤

### 수리울 - 내 마음의 고향

사방이 산으로 둘러싸여 하늘만 빼곡히 보이는 마을, 수리울. 50여 호의 초가집에 살던 이들은 동네 앞에 있는 약간의 논과 산비탈을 일구어 만든 밭에서 하루 종일 일을 했고, 저녁에는 등잔불을 켜두고 새끼를 꼬거나 이웃집에 마실을 가서 이런저런 이야기를 나누면서 살아가는 순박한 사람들이었다. 종교적인 면에서 수리울은 돌아가신 이들에 대한 공경을 예의로 간주하면서 자연과 사람이 공존하는 세상이었다. 나는 이 작은 수리울이라는 동리에서는 내놓을 만한 지주 집안에서 태어났는데 근동의 상당한 토지가 우리 소유였기 때문에 어린 시절은 매우 유복한 편이었다.

내가 기억하는 바로는 우리 집안은 교육에 대한 열의가 상당했고 양반이라는 우월의식도 제법 있었던 것 같다. 내가 자란 곳은 지금은 폐교가 된 오생초등학교가 오솔길로 한 시간 반 남짓한 거리에 있었고, 가까운 중학교는 두세 시간을 걸어가야 하는 벽지 마을이었다. 아버님(고 김대식)은 서울에서 고등학교를 다니시다가 할아버님의 위독으로 내려와 간병을 하시면서 학업을 중단하였고, 어머님(안병을 권사)은 고등학교를 졸업하신 뒤 교편을 잡으셨다고 한다. 장남이었던 아버님은 고등학교를 중퇴하시고 수리울에 돌아와 농부로서의 삶을 시작하셨지만 두 분 삼촌들을 대학교와 대학원에 보낼 정도로 의식이 있던 분이셨다. 지금이야 대학에 다니는 것이 별 것 아닌 것 같지만 60여 년 전에, 그것도 산골 마을에서는 흔한 일이 아니었다.

　당시 사회적 환경에서 아버님은 조상을 숭상하는 유교적 가문의 가부장으로, 지역의 유지로서 존경과 인정을 받는 분이셨다. 새마을 운동이 시작되자 마을의 도로를 넓히기 위해 우리 논을 기증하셨고, 초등학교와 중학교 육성회 회장으로 어려운 학생들과 학교를 돕거나 마을 사람들에게 의복이나 음식 등을 자주 대접하셨다. 내가 초등학교 2학년 때 큰 누님 결혼식이 있었는데 그때 초등학교와 중학교가 오전 수업만 하거나 아예 수업을 하지 않고, 교사들과 학생들이 누님의 결혼식이 열렸던 우리 집으로 모두 찾아왔을 만큼 그 지역에서는 영향력이 있었다.

　어머님 역시 어려운 이웃에게 적절한 일거리를 드리면서 후한 인심을 베푸셨고, 마을을 찾아온 사람들에게 숙소와 음식을 제공하는 등 어려움에 빠진 분들을 도와주셨는데 이때 만난 손님들은 하늘과 산등성이만 바라보고 자란 내게 외부 세계에 대한 호기심을 풀어주는 역할을 했다. 산골 마을이었지만 아버님이 여러 종류의 신문을 정기적으로 구독하셨기 때문에 나도 자연스럽게 신문을 읽게 되었다. 신문 구독은 별로 읽을 거리가 없던 당시에 내게 풍부한 어휘력을 심어 주었고 세상에 대한 안목을 길러 주었다. 산간 벽지 마을이어서 전기가 들어오지 않았지만 등잔불을 켜 두고 신문을 읽거나 트랜지스터 라디오를 들으면서 풍부한 상상력을 키워 나갔다.

수리울에서 멀지 않은 산에 정각사라는 절이 하나 있었지만 누가 다니는지도 모를 만큼 우리의 관심을 끌지는 못했다. 오히려 나는 면 소재지에 갔을 때 보았던 교회당에 대해 궁금증을 갖고 있었다. 하지만 그 교회가 정작 어떤 곳인지, 어떤 사람들이 다니는 곳인지에 대해서는 잘 알지 못했다. 초등학교 4학년 때였던 것으로 기억하는데 교과서에 아메리카 대륙을 발견한 콜럼버스 일행이 찬송가를 불렀다는 내용이 있었다. 찬송가라는 노래가 어떤 노래인지 전과를 들여다 보아도 시원한 설명이 없었고, 선생님에게 찾아가 질문을 해도 "글쎄다……"라는 대답만 들었다. 아마 이것이 내가 기억하는 최초의 기독교에 대한 관심이었고 연결점이 된 것 같다.

### 서울 - 그 고단한 삶의 현장에서 만난 예수님

1969년 늦가을, 서울에서 신혼 살림을 차린 누님 댁에 몇 차례 다녀오신 어머님은 상급학교에 다니기 어려운 시골에서는 소망이 없다고 하시면서 서울로 이사를 가겠다고 선언하셨다. 그러나 조상의 묘소가 있는 선산을 두고 서울로 갈 수 없다고 고집하시는 아버님 사이에 냉전이 흐르기 시작했다. 결국 어머님은 우리 형제들을 데리고 서울로 이주하면서 우리는 장작불이 타 들어 가는 것을 바라보던 신비로운 세상 수리울을 떠나 서울에서 연탄 가스 냄새를 맡으며 살게 되었다. 맑은 물이 콸콸 솟아 오르는 샘물 대신에 물지게를 지고 수 돗물을 사다가 마시는 달동네에서 고단한 도시생활을 시작하였다.

서울에서의 생활은 사춘기에 들어가는 나로서는 삶에 대한 고민이 시작되는 시기였고, 경제적으로도 매우 어려운 시기였다. 어디론가 떠나고 싶은 마음이 들었고 새로운 세계를 만나고 싶었다. 중학교 2학년 때 옆 자리에 앉은 신철호라는 아이가 교회를 다닌다면서 예수님의 열두 제자의 이름을 외워보는데 그 모습이 멋있어 보였다. 나도 교회에 다니면 새로운 세계에서 살 것 같았다. 용기를 내어 그 친구에게 "나도 너희 교회에 다니면 안 되니? 너희 교회에 나를 데리고 가 줄 수 있니?" 하고 부탁을 했는데 이 친구는 나를 포함한 어느 누구도 교회로 인도하지 않았다. 그러다가 중학교 3학년 때 다른 친구의 인도로 서대문에 자리했던 순복음 중앙교회(지금의 여의도 순복음교회)에 처음 나가기 시작하면서 신앙생활을 시작했다. 나는 교회에 다닌다는 이유만으로도 왠지 모를 행복감이 들어서 열심히 교회에 다녔고 성가대에 들어가 찬양을 하면서 교회 생활을 했다. 지금 여의도 순복음교회의 담임인 이영훈 목사가 성가대 지휘를 했고, 중학생들에게는 대작이라 좀 어렵다는 헨델의 '메시아'를 연습하여 부른 적도 있다.

나는 어릴 때부터 국문학자나 정치가가 되고 싶었다. 아마 어릴 때 읽었던 신문의 영향이 아니었나 싶다. 세계 지리에도 관심이 많아서 세계 거의 모든 나라 이름들과 수도 이름을 줄줄 외웠다. 순복음 중앙교회가 여의도로 이전을 하면서 버스를 두 번이나 타고 다시 마포에서 한강 다리를 걸어서 건너가야 했기 때문에 동네에 있는 장로교회에 다니기 시작했다. 그 후에 다시 친구들의 요청으로 동네에 있는 순복음교회에 출석하기 시작했다. 그러다가 용산고등학교 1학년 여름에 처음으로 학생 수련회에 따라 갔고, 거기에서 성령 세례를 받았다. 구원에 대한 확신이 생겼다. 이것은 암울한 시기에 생수와 같은 경험이었다. 그 후부터 나는 교회에 가서 철야기도를 자주 했고 금식기도도 자주 했다.

고등학교를 졸업할 무렵에 국문학과를 지원해야 할지 정치외교학과를 지원해야 할지 갈피를 잡지 못했다. 진로 문제를 놓고 고민하다가 기도원에 가서 기도하던 중 주님의 종이 되는 환상을 보게 되었다. 다른 사람들이 환상을 보았다고 할 때 매우 회의적인 마음을 가졌는데 주님이 나를 부르시는 환상은 매우 선명하게 다가왔고, 나는 자연스럽게 교회의 어른들과 상의를 한 뒤 교회가 소속된 교단의 신학교에 들어가게 되었다. "다른 신학교는 신학교 기숙사에 술병이 나돈다더라", 혹은 "자유주의 신학이라더라" 하는 교회 어른들의 이야기는 내게 거역할 수 없는 어떤 권위가 있었고 기도를 많이 하고 성령의 역사하심이 강력한 신학교에 들어가는 것이 주님의 인도하심이며 은혜라고 믿었다.

신학교는 생각했던 것과 많이 달랐다. 학문적으로 부족했고, 신학적 이슈들을 토론하기보다 은혜로 넘기는 식이었다. 방황이 시작되었다. 조용히 신학교를 떠나고 싶었지만 그것은 마치 주님을 떠나는 것 같아 갈등이 컸다. 그러나 이런 고민을 주변에 있는 분들에게 내놓기가 쉽지 않았다. 이런 고민은 대개 믿음이 적어서 그렇다고 하거나 금식하라는 대답이 되돌아올 것이기 때문에 누구와도 상의할 수 없었다. 그 시기에 좋은 멘토들이 있었다면 하는 아쉬움은 지금도 크다. 신학교 공부도 자주 결석하거나 대충대충했기 때문에 성적이 별로 좋지 않았다.

## 파인애플 이야기 - 선교사로의 부르심

신학교를 졸업하고 나면 대부분 교회를 개척하는 분위기 때문에 나도 그런 길로 가겠지 하는 막연한 생각은 했지만 정말 내가 어디서 무엇을 해야 할 것인가에 대해서는 고민이 많았다. 군대에 입대를 해서 복무를 할 때는 일부러 세상으로 들어가 살려고 몸부림을 쳤고 주님을 부정하고 싶은 마음도 컸다. 그러다가 제대를 6개월 정도 남겨두고 별로 큰 병도 아닌데 후송을 가게 되었다. 몸이 아파서 후송을 간 것이 아니라 몸이 좀 피곤하다는 생각에 부대장에게 보고를 했더니 휴가를 내 주면서 서울에 나가 수도통합병원에 가서 진찰을 받도록 해 주었다. B형 간염인 것 같다는 군의관의 진단서를 받았고 부대에 돌아가 그 결과를 보고한 뒤 나 스스로 짐을 꾸려 야전병원에 가서 입원하는, 사병으로서는 다소 이상한 일을 겪었다.

투병생활이라고 하기에도 민망한 후송생활을 하면서 나는 진로를 놓고 고민은 했지만 주님께 기도하지는 않았다. 지루하고 따분한 병원 생활을 달래기 위해 책을 읽기 시작했다. 수백 권의 책을 읽어 내렸다. 그러다가 대구통합병원에서 주님이 나를 만져 주셨다. 어느 날 형식적으로 교회에 가서 새벽예배를 드리고 병실로 돌아오는데 미루나무에 새순들이 돋아나기 시작하는 것을 보았다. 아침 햇살에 비친 새순들이 그렇게 아름답고 사랑스러울 수가 없었다. 미루나무에 번져오르는 초록의 새순들을 보면서 나도 모르게 주님께 기도를 드렸다. "주님. 저에게도 미루나무에 새순이 돋듯 주님을 향한 새로운 마음이 피어 오르게 하여 주십시오." 단순한 기도였다. 그런데 그때 내 마음 안에 오랫동안 간직하고 있던 묵은 짐이 떨어져 나가는 느낌이 들었다. 그리고 설명할 수 없는 기쁨이 나를 덮기 시작했다.

그 때부터 나는 새벽예배에 나가 기도하고 미친 듯이 성경을 읽기 시작했다. 그리고 전도하기 시작했다. 어떤 날은 하루에 30명 이상을 주님께 인도하는 날도 있었다. 처음 새벽예배 설교를 맡았을 때는 20명 가량이 참석하였는데 한 달도 안 되어 120명 정도가 참석할 정도로 열심히 전도하고 말씀을 전했다.

여전히 어떻게 살아야 할지, 무엇을 해야 할지는 잘 몰랐지만 조금씩 주님께서 안개를 걷어내시듯 내 삶에 들어오셔서 나와 동행하심을 인식하게 되었다. 어느 날인가 우연히 《파인애플 이야기》라는 작은 책자를 읽는데 나도 모르게 주님이 나를 선교사로 부르신다는 확신이 들었다. 집안에 외국에 나가 본 분들이라고는 베트남전에 참전한 외삼촌과 형님 한 분 정도가 있는 정도여서 '주님께서 나를 해외 선교사로 부르셨다'는 확신이 생기는 것은 무척 생경한 느낌이었다. 선교사들이 거의 없던 시절이었기 때문에 선교사로 부르셨어도 어디로 가야 하는지, 무엇을 준비해야 하는지 전혀 알지 못했다. 다만 《파인애플 이야기》의 배경이 남태평양이었기 때문에 그곳으로 가겠다는 생각을 막연하게 하는 정도였다.

## 필리핀 - 선교의 발걸음을 시작하다

고민을 하다가 신학교를 졸업하고 선교사로 가는 것이 좋겠다고 마음을 먹고 복학을 했다. 남태평양에 있는 섬 나라들의 이름을 불러 가며 기도하던 어느 날, 필리핀에 선교사로 나가 사역하는 마원석 선교사가 학교로 찾아왔다. 그분과 몇몇 신학생들이 소모임을 가졌는데 나는 지나는 길에 우연히 그 모임에 참석하였고, 그분의 안내를 따라 필리핀으로 가게 되었다. 유학을 간 것이 아니라 선교사로 첫 걸음을 뗀 것이었지만 방향을 잘 몰랐기 때문에 자연스럽게 마원석 선교사의 도움으로 FEAST(지금의 APTS)에서 공부를 하게 되었다. FEAST에는 아시아와 태평양의 여러 지역에서 온 다양한 학생들이 있었는데 나와 한 방을 쓴 친구중에 웨스턴 사모아에서 온 티모테오 왈랏스라는 분이 있었다. 이분과 교제하면서 들어 보니 태평양 지역은 이미 상당히 복음화가 진행되었다고 했다. 다시 어디로 선교사로 들어가 일할 것인지 혼동스러워졌다.

돌이켜 보면 내 주변에는 나의 진로에 대해 올바른 방향을 제시해 줄 사람들이 거의 없었던 것 같다. 필리핀을 한 번도 나의 선교지로 생각해 본 적은 없지만 일단 필리핀에 있으니까 그 땅에서 선교를 해 보는 것도 좋겠다 싶었다. 아무래도 도시에서 선교하는 것 보다는 산악지역에서 사역을 하고 싶어서 고민하며 기도하다가 민도로 섬에 망얀 종족이 있다는 이야기를 전해 듣고 그들을 찾아갔다. 그러나 그곳은 이미 OMF라는 단체가 오랫동안 선교를 해왔기 때문에 새롭게 들어갈 필요가 없어 보였다. 민도로 섬에 들어갔을 때 쓴 시 한 편을 소개한다.

### 불랄라카우의 밤

바탕가스에서 빵까라는 나룻배로 2시간
코코넛 숲을 마주한 채
깊게 들어 앉은 푸에르토 아줄의 사파이어
물빛 안에는 산호와 색색의 열대어가
현란하다

민도로 처녀림의 한 켠 해안을 따라 달리는
지프니의 지붕에 앉으면
하늘과 바다가 함께
가슴에 밀려온다

호수를 지나고 대나무 숲을 지나
탐스러운 람부딴 열매를 바라보며
남단으로 내려가는 버스에서 만나는
시골 사람들의 순진무구한 눈빛을 대하면
나는 작아지고
그들의 작은 키는 커지는 신비로운 경험과
마주하게 된다

칼라판에서 다섯 시간
반띠 아공 부락으로 가는 산길은
내 유년시절의 고향 길

예닐곱 시간을 걸어 들어가면
문명과는 아예 상관이 없는
망얀 하누누오를 만난다
말은 통하지 않아도
하하 허허
웃음으로 가슴을 열면
오랜 지기처럼 정이 드는 사람들

원시림의 산악지역에
대나무로 집을 짓고
겨우 G-스트링을 걸치고
고구마와 바나나를 먹으며 살아가도
넉넉한 마음살림들을 하나 보다

옷을 입은 이가 옷을 벗은 이 앞에서
만나는 부끄러움과
더 가진 이가 갖지 못한 이 앞에서
만나는 부끄러움이 밀려 온다

저녁놀이 코코넛 잎새를 지나
바다에 잠기는데
하룻밤 쉬어 가려고 들른
민도로 섬 남동단의 바닷가 작은 부락
불랄라카우의 이을은 밤에
별똥별 하나 스러지는데
곁에 앉은 소녀가 나직이
"불랄라카우~"를 뇌인다

별똥별이 떨어져 생겨난
이 마을의 전설은
바람결에 흐드러진
늦여름의 메밀꽃밭처럼
눈이 시리도록 별이 가득한데

시골마을 소녀의 전설 이야기도
별이 되어 흐른다

### 이고롯 부족 선교 - 하나님의 마음으로

민도로 섬을 다녀온 이후 사역할 곳을 놓고 기도하는 중에 클라크 공군기지에서 성경공부 그룹을 인도하게 되었고, 그분들을 중심으로 사랑의 한인교회를 개척하여 섬기기 시작했다. 몇 사람과 시작한 개척교회가 3년 정도 지나면서 안정권에 접어 들었고 나는 선교사로 본격적으로 일하고 싶어 바기오로 옮겨가 침례신학대학원에서 학업을 계속하는 한편, 이고롯 부족을 중심으로 현지인 교회 개척 사역을 시작했다. 침례신학대학원에서 삶과 신앙의 일치를 추구하시던 알버트 게메이지(Albert Gammage) 박사를 만나게 되었고 그분의 영향으로 선교학을 전공하였다. 게메이지 박사는 내게 정신적 멘토의 역할을 해 주신 분인데 선교 현장에서 나는 비로소 인생의 방향을 잡아 주는 스승들을 만나기 시작하였다.

이고롯 부족은 얼핏 보면 한 종족인 것 같지만 그 안에 열다섯의 더 작은 규모의 부족으로 세분화된다. 내가 섬겼던 사람들은 이고롯 종족 가운데에서 깐까나으이, 이발로이, 그리고 깔랑우야 부족 사람들이었는데 서로 사용하는 언어가 다르고 문화도 상이하다. 벵겟

(Benguet) 지역은 일 년 중 여섯 달은 건기인데 그때는 물이 부족하여 사람이며 식물들이 고통을 받고, 다시 여섯 달의 우기에는 엄청나게 많은 비가 퍼 붓는데 산사태가 나서 도로가 씻겨 내려 가거나 평지는 물이 불어서 다니기에 불편한 곳들이 많았다. 제대로 먹지 못하고, 옷차림도 남루하였지만 열심히 복음을 전하러 다녔다. 한 뼘의 땅도 없는 농부들이 많았고, 신발을 사서 신기 어려울 정도로 가난한 사람들 역시 많았다. 어쩌면 그들에게 전한 예수님은 그들이 이 땅에서 유일하게 기댈 수 있는 소망의 언덕이었을 것이다. 깐까나으이와 깔랑우야 사람들이 모이는 암바서두 부락에 교회를 개척하고, 그들과 이발로이 사람들의 마을인 벨리스 부락에 교회를 개척하였다. 그리고 좀 더 깊은 산골 마을인 뿌알 부락에도 들어가 교회를 개척하였다. 척박한 환경에서 살아가는 이고롯 사람들을 생각하면 지금도 마음이 아릿 아릿해지며 가슴이 저려 온다. 헤레라 아주머니에 대한 글로 대신 마음을 표현한다.

## 헤레라 아주머니 이야기

해발 2,000미터의 높은 산들에 둘러싸여 있는 깊은 산골 마을, 벨리스에서 가파른 산비탈에 불을 질러 돌을 골라 내고, 거칠게 뻗어 내린 나무뿌리를 뽑아 내어 고구마밭을 만들어 일년 내내 고구마로 근근이 끼니를 이어가며 살아오던 이

발로이 아낙네, 헤레라 아주머니. 키는 겨우 150센티미터나 될까? 까무잡잡한 얼굴에 성한 치아도 없는 산골짜기 작은 마을 빈농의 아낙네. 글을 제대로 읽을 줄 모르지만 순박하게 살아왔던 이 아주머니는 시아버지가 맘부농(토속제관)이었고, 남편도 술주정뱅이여서 그저 밭일하는 것을 낙으로 알고 살아왔지만 자식만큼은 공부를 시키고 싶어서 고생을 하면서도 자식들을 40리 떨어진 중학교까지 보냈다. 어느 날 중학교에 다니던 셋째 딸이 큰 딸 남편의 아기를 덜컥 갖는 바람에 그나마 다니던 학교를 중단하였을 때는 하늘이 샛노래지는 아픔이 파고 들었다.

이 깊은 마을에 선교사와 암바서두 교인들이 찾아와서 학교 마당을 빌려 성경을 가르칠 때부터 헤레라 아주머니도 예수를 믿게 되었다. 그 후 신학교에 보냈던 큰 아들 호셀리토는 광견에 물려 한 달을 앓다가 어려운 살림에 5000페소(약 13만 원) 되는 주사 약값이 무서워서 자기는 건강하니까 그냥 버티겠다고 고집을 피우다 끝내 숨을 거두었다. 훤칠하고 잘생긴 아들을 집 마루 밑에 묻던 날, 헤레라 아주머니는 커피나무 아래에 숨어 혼자 눈물을 훔쳤다. 그래도 둘째 딸 마일라가 신학교를 졸업하고, 뿌알에 있는 교회의 담임전도사로 가서 일하는 것을 자랑스럽게 생각하면서 소박한 기도를 해오는 기쁨으로 살아왔다. 아무리 아파도 참고 지내는 게 몸에 밴 시골 아낙이 근자에는 하도 몸이 아파 도립병원에 갔는데 의사가 "신부전증이 심해서 더 이상 가망이 없으니 집에 가서 죽음을 기다리는 것이 좋겠다"라고 하더란다. 가난이 온몸에 꾀죄죄 흐르는데 온몸의 피를 다 바꾸고, 계속 치료를 해야 하는데 그 치료비가 엄청나서 당신은 감당하기 힘드니 이제 집으로 돌아가 임종을 맞는 것이 좋겠다는 것이 의사의 소견이었단다.

엄마의 가슴에 못을 박았던 셋째딸이 그 가파른 산길을 걸어 올라와 아는 사람의 셀룰러폰을 빌려 오늘 내게 전화를 했다. 전화를 처음 해 보는 것이 분명한 이 자매는 연신 "목사님 목소리가 들리지 않는다"며 자기 어머니가 숨을 거둘 것 같으니 얼른 벨리스로 오라는 말만 되풀이한다.

　벨리스까지 가는 길은 여전히 풀이 무성하고 거칠다. 예전에 그토록 다녔던 커피나무 숲길은 그대로인데……. 이제 벨리스 사람들은 하나둘씩 마을을 떠난다. 젊은이들은 도회지로 나가고 늙은이들은 고단한 삶을 마감함으로 이 작은 마을을 떠나는 것이다. 예전에는 60명에서 많을 때는 80명 이상의 청소년과 어른들이 모였던 벨리스 교회에 지금 나오는 성도는 고작 12명에서 20명 안팎이다. 신실하였던 삥아삥 할아버지가 주님의 부르심을 받고부터 교회는 더욱 허전해졌다.

　산길을 서둘러 내려가 나무 침대에 누운 헤레라 아주머니의 작은 몸을 보는 순간 눈물부터 왈칵 쏟아졌다. 평지인들에게 멸시를 받는 산악의 이발로이 아낙네가 이젠 병원에서마저 거절을 당하고 고통을 못 이겨 낑낑거리는 모습이 민망하다. 퉁퉁 부은 손발이며 금방이라도 부서질 것 같은 연약한 육신을 보면서 아직 살아 있는지조차 모를 정도로 처절한 모습이어서 주님 앞에 기적을 보여달라고 기도했다. 지금 기적을 보여달라는 기도 외에 무슨 기도를 할 것인가? 한참을 기도한 후에 "자매님, 예수님을 구주로 영접하셨나요?" 하고 물었다. 대답을 들으려고 한 것은 아니었지만 놀랍게도 헤레라 아주머니는 고통으로 인상을 찡그리면서도 안간힘을 다해 고개를 끄덕인다. 아, 아직 살아 계시는구나. 성경 말씀을 몇 군데 찾아 읽어드리고, 다시 가족들을 불러 모아 기도를 했다. 그리고 동행했던 암바서두 교회의 비센테 목사님에게 다시 한 번 죄의 자복과 주님을 영접하는 것에 대한 확인을 부탁드렸다.

물컵만 덩그라니 놓여 있는 방에는 썩어가는 냄새가 난다. 이웃에 사는 에릭의 어머니는 줄곧 헤레라 아주머니의 몸을 끌어안고 울고 있다. 곁에 섰던 아주머니의 친척이면서 신실한 벨리스 교회의 교인들 역시 눈에 눈물이 가득 고여 있다. 아무리 슬퍼도 소리 내어 우는 법이 없는 이발로이 사람들. 나는 지금까지 이발로이 사람들에게 복음을 전하고 양육하는 사역을 하면서 한 번도 그들이 소리내어 우는 것을 본 적이 없다. 눈물이 너무 많이 고여 앞을 볼 수 없으면 옷자락을 끌어 당겨 눈물을 닦을 뿐, 이들은 도무지 울지 않는다. 너무 힘들고 고통스러운 삶이기에 우는 것마저 이들에게는 사치스럽게 보이는 것인가?

무거운 마음으로 집을 떠나려는데 부엌에 헤레라 아주머니의 남편이 황망하게 서 있다. 그의 손에 약간의 돈을 쥐어 주며 "그냥 이 돈으로 당신이 직접 당신의 아내가 가장 먹고 싶어 하는 것을 좀 사다 주세요"라고 부탁을 드렸다. 고구마마저 넉넉하게 먹을 수 없는 살림에 당신도 얼마나 답답했으면 술로 세월을 보냈을까? "이제 당신 곁을 떠나는 당신의 병든 아내에게 고기 한 근 먹일 수 있다면 좋겠습니다" 하는 마음이었다. 이발로이 사람들이 대개 그러하듯 손을 저어 거부하지도 않고 무덤덤한 표정으로 돈을 받아든 그가 어색한 웃음을 짓는다. 나는 오랜 경험으로 그가 얼굴로는 웃고, 마음으로는 운다는 것을 알고 있다.

작별 인사를 하고 산길을 걸어 오르는데 저녁 놀이 붉다. 그리고 그 아래 운무가 산자락을 타고 아름답게 피어오르고 있다. 한 사람의 고단했던 생애가 힘없이 허물어지는 모습을 보면서 그를 병원에

데려갈 돈이 없고, 그를 병상에서 일으킬 기적을 베풀 능력도 없는 나는 "왜 제가 가난한 이발로이 사람들을 섬기는 선교사가 되어 이런 가슴 아픈 일을 경험해야 하지요?"라고 주님에게 묻고 있었다. 그러나 이내 내 마음속에는 힘 없고 소외된 이발로이 사람들을 향한 사랑을 안고 함께 우시는 주님의 아픈 마음이 만져진다. "그들의 아픔이 곧 나의 아픔인 게야"라고 말씀하시면서 이내 고개를 돌리시는 주님의 눈에도 눈물이 가득하다.

## GCMC와 아시아 비전 프로젝트 - 선교 리더십 개발의 꿈

### 타문화권선교훈련원(GCMC)

처음 시작하는 일이 대개 그렇듯이, GCMC는 처음부터 방향을 설정하는 데 많은 혼돈과 어려움이 있었다. 1992년 가을에 훈련원을 개설하여 처음 3년간 한 일이라고는 몇 가정의 선교사들을 훈련한 것뿐이다. 훈련이라고 했지만 어떻게 보면 필리핀에서 여섯 달을 살아본다는 것 이외에는 특별한 의미가 없는, 즉 준비가 안 된 상태에서 훈련원 사역을 시작한 측면이 있다. 타문화권 선교사 훈련사역은 한국 선교에서는 개척 단계였기 때문에 선교부도 특별한 방향이 없었고, 나 역시 이 일을 계속해야 하는가 말아야 하는가 갈등을 하면서 사역을 했다. 아무도 가 보지 않은 길을 걷는다는 것이 생각만큼 쉽지 않았다.

GCMC가 사역의 방향을 잡게 된 것은, 침례교 해외선교회 단기선교사들의 타문화권 적응훈련을 위탁받으면서였다. 훈련원을 시작하면서 사역의 분량이 많지 않았던 나는 여기저기 선교세미나에 참석을 하면서 현장 선교에 대한 감각을 키워나가고 있었다. 이때 선교단체의 대표들과 교제권을 형성하고 다양한 강사들을 접하면서 어떤 분야에서 누가 강사로 일할 수 있는 적임자인지 알게 되었다.

훈련원을 하면서 처음부터 세계에서 가장 좋은 타문화권 선교훈련 프로그램을 개발하겠다는 욕심을 가졌기 때문에 이미 선교사 훈련 분야에서 탁월한 인지도가 있는 훈련원들을 찾아 보았고 미국, 싱가포르, 영국, 한국, 나이지리아에 있는 훈련원들을 알게 되었다. 직접 훈련원을 찾아가거나 훈련원 책임자들과 인터뷰를 통해 그들의 훈련 철학, 훈련 프로그램 등을 배웠고 더 나은 훈련 프로그램을 개발하기 위해 연구하고 노력을 많이 했다. 그런 노력 탓인지 몇 년이 안 되어 서구 선교사들이 감탄을 할 정도의 훈련 프로그램을 개발할 수 있었다.

**아시아 비전 단기선교 프로젝트**

1998년부터 2000년까지 한국에 들어가 GMP 선교부의 공동대표로 사역을 하면서 본부 행정에 대해 배우게 되었고, GMF를 통해 선교의 큰 그림을 보게 되었다. 이

때 이태웅 박사와 공적으로 사적으로 교류하면서 하나님의 왕국이라는 가치관을 갖게 되었다. 또 다른 좋은 멘토를 갖게 된 것이다. 2000년 8월부터는 필리핀 침례신학대학원에서 선교학 교수로 섬기게 되었다. 그러다가 2002년 캄보디아에 출장을 간 길에 뚜올슬렝 학살 박물관과 킬링필드를 돌아보면서 편하게 살고 있는 자신이 한없이 부끄러웠다. 캄보디아 출장을 마치고 필리핀으로 돌아와 이틀 만에 가족들과 캄보디아를 다시 찾아갔다. 가능하다면 캄보디아로 이동을 하여 사역을 하고 싶어서 간 것이었는데 캄보디아에는 보람이를 보낼 만한 학교가 없었다. 너무 학비가 비싸거나 현지 학교에 보내야 하는데 수준이 열악하여 고민하는 가운데 선교학 수업시간에 이런 고민을 털어 놓았다. "나는 내가 헌신된 선교사인 줄 알았습니다. 그런데 자식 하나 포기하지 못하는 별 볼일 없는 선교사인 것을 깨달았습니다"라고 고백하자 학생들이 "교수님, 저희들을 대신 보내 주시면 안 됩니까?"라는 뜻밖의 반응을 보였다. 재정적으로 열악한 필리핀이었기 때문에 "아마…… 언젠가…… 주님께서 원하시면 가실 수 있겠지요"라고 대답을 했는데 그때부터 기도를 하면 할수록 주님께서는 그들이 갈 수 있다고 하시면서 "그들을 보내라"고 하셨다.

이렇게 하여 '아시아 비전 단기선교 프로젝트'가 시작되었다. '2015년까지 아시아에서 아시아로 3,000명의 단기선교사를 보내는 프로젝트'는 첫 해에 34명이 신청하여 34명이 모두 필드에 나가 사역하는 은혜로 시작한 기적의 역사였다. 불과 몇 달러가 없어 고민하던 이들이 단기선교를 위해 훈련을 받고 100% 스스로 모금을 해서 필드에 나가 사역하였고, 필드에서 생애가 변화되는 기적이 이어졌다.

그렇지만 2003년 중국과 동남아를 휩쓸었던 사스 때문에 어려움도 뒤따랐다. 인도 출신의 여선교사 한 명이 사스 추정 환자로 분류되어 바기오 시립병원에 한 주간 격리되어 치료를 받았다. 이 일이 매스컴에 보도되면서 시 정부와 보건 당국이 잔뜩 긴장을 했던 탓에 단기 선교사들은 사역을 마치고 돌아와서 한동안 경계의 대상이 되었다. 또 라오스와 캄보디아에서 일하던 단기선교사들이 교통사고를 당했다. 선교현장에는 다양한 긴장감이 있었고, 치열한 영적 전투의 현장임을 느끼기에 충분했다. 나는 모든 단기선교사들을 필드에 배치하고 다시 그들을 방문하여 격려하는 일을 하면서 헤아릴 수 없이 많은 시간을 버스와 열차, 보트를 타고 이동했다.

처음에 필리핀 신학생들이 선교지에 가겠다고 했을 때 열악한 재정 상태를 잘 알고 있기에 이들을 어떻게 선교지에 보내는가에 대한 고민을 하였다. 문득 윌리엄 캐리의 "하나님에게서 위대한 것을 기대하라. 그리고 하나님께 위대한 것을 시도하라"는 도전을 묵상하

게 되었다. 여기에 문제가 있었다. 필리핀 교회는 지금까지 "하나님에게서 위대한 것을 기대하면서 언젠가 주님의 축복이 임하시면 그때 주님께 위대한 것을 드리겠다"

고 하는데 이것은 믿음이 아니라는 생각이 들면서 "하나님께 먼저 믿음으로 위대한 것을 시도하라. 그리고 하나님부터 믿음으로 위대한 것을 기대하라"고 도전하기 시작하면서 선교사들을 일으키기 시작했다.

## 주님의 영광으로 가득할 아시아를 꿈꾸며

그동안 아시아 비전 프로젝트는 750명 가량의 단기선교사를 아시아의 12개국에 보내어 사역하였다. 우리는 2015년까지 3,000명의 단기선교사를 아시아에서 아시아로 보내는 일을 계속할 것이다. 재정적인 면에서 필리핀에서만 50만 달러가 넘는 선교헌금이 모금되었으며, 파푸아뉴기니에서도 상상 이상의 많은 선교헌금이 모이게 되었고 선교사들이 일어났다. 중국에서는 지난 3년 반 동안 12만 달러의 선교비가 지하교회에서 모금되었고 많은 이들이 선교사로 나가 섬기기 시작했다. 전기가 없고 물 사정도 매우 열악한 캄보디아의 시골 마을에서 모기에 뜯기고 피부병으로 고생하면서 한 달에 중국 교회가 후원하는 100불로 숙식을 해결하고, 모든 사역비를 충당해야 하는 가난한 나라의 선교사들은 아직 한창 때라 고기도 먹고 싶고, 음식도 실컷 먹어 보고 싶다고 고백한다. 연약하지만 그들 뒤에 수많은 기도의 사람들이 일어나고 있다. 중앙 아시아의 한 국가를 위해 5만 명이 넘는 선교를 위한 중보

기도자가 일어나는 등 선교의 역사가 활활 타오르기 시작했다.

산골짜기의 한 소년의 가슴에 '찬송가가 무엇일까?'라는 사소한 호기심을 일으키면서 나와의 관계를 시작하신 주님, 고단한 서울에서의 삶 가운데 생수처럼 구원의 확신을 통해 역사하신 주님, 환상을 통해 나를 당신의 종으로 부르신 주님, 《파인애플 이야기》라는 작은 책을 열 때 떨리는 가슴으로 선교에 헌신하도록 부르신 주님, 뚜올슬렝과 킬링필드에서 선교사로의 재헌신을 요구하신 주님.

돌이켜 보면 나는 어디로 가야 할지, 무엇을 해야 할지도 몰랐지만 주님은 언제나 나의 손을 붙잡고 계셨다는 생각이 든다. 이제 나는 더욱 낮아지는 훈련을 하면서 믿음 안에서 주님과 거룩한 동행을 할 선교 리더십, 현지인들과 신실한 믿음의 동행을 할 수 있는 선교 리더십 개발에 내 생애를 드리려고 한다. 나의 작은 헌신을 통해 내가 걷는 이 길 끝에서 주님의 영광으로 가득할 아시아를 주님께 올려드리는 환상을 이루고 싶다.

# 지금은 순종하라 - 변화와 조정 속에 사는 자

정제순

나같이 부족한 사람이 하나님의 일을 한다는 것 자체가 주님의 크신 은혜라서 그분의 은혜를 글로 표현하려니 많이 어렵다. 하나님은 죄로 똘똘 뭉친 우리의 조그만 순종을 참 복되고 기쁜 것이라고 세상에 크게 알리시는 것 같다. 나의 일도 이들 중 하나일 것이다. 나는 1986년 서울 사랑의교회(현 오정현 목사)에서 성경번역선교회(GBT: Global Bible Translators) 선교사로 파송받아 파푸아뉴기니 메께오 부족에서 성경번역, 문맹퇴치, 현지인 지도자 양성 및 교회 개척을 하였다. 1999년 6월에 메께오 신약성경을 완성하여 봉헌하였고, 계속 현지인 지도자육성 및 구약번역을 하다가 2003년 7월부터 2년간 마닐라 소재 국제 SIL(Summer Institute of Linguistics) 아시아 본부 부책임자 겸 번역학 교수로 섬겼다.

HERE I AM, SEND ME, LORD!

# 지금은 순종하라 -
# 변화와 조정 속에 사는 자

정제순

**나같이** 부족한 사람이 하나님의 일을 한다는 것 자체가 주님의 크신 은혜라서 그분의 은혜를 글로 표현하려니 많이 어렵다. 하나님은 죄로 똘똘 뭉친 우리의 조그만 순종을 참 복되고 기쁜 것이라고 세상에 크게 알리시는 것 같다. 나의 일도 이들 중 하나일 것이다. 나는 1986년 서울 사랑의교회(현 오정현 목사)에서 성경번역선교회(GBT: Global Bible Translators) 선교사로 파송받아 파푸아뉴기니 메께오 부족에서 성경번역, 문맹퇴치, 현지인 지도자 양성 및 교회 개척을 하였다. 1999년 6월에 메께오 신약성경을 완성하여 봉헌하였고, 계속 현지인 지도자육성 및 구약번역을 하다가 2003년 7월부터 2년간 마닐라 소재 국제 SIL(Summer Institute of Linguistics) 아시아 본부 부책임자 겸 번역학 교수로 섬겼다. 현재는 성경번역선교사로서 세계 현장의 필요에 조금이라도 더 효율적으로 부응하기 위해 2005년 9월부터 지금까지 한동대 소재, 아시아언어문화연구소(ARILAC, Asia Research Institute of Language and Culture) 소장으로 한국과 제삼세계에서 온 언어 관련 사역자들(성경번역, 다중언어교육, 지역개발)을 훈련시키고 있다. 그 외에도 SIL 성경번역 자문, 메께오 구약번역 자문, 한동대와 풀러신학교 선교대학원 객원교수로도 틈틈이 봉사하고 있다.

## 어린 시절

나는 호적에 1957년 1월 24일생으로 되어 있지만 실제는 1956년 음력 1월 21일(양력 3월 3일)생이다. 내가 태어나기 전에 형님 두 분이 일찍 타계해서 늦게 호적에 올렸단다. 내가 태어나기 전에 죽은 형 둘을 포함하면 나는 부친 정종건(타계)과 모친 유점순의 일곱 중 여섯째로 전주에서 태어났다. 12년 만에 아들인 내가 태어나자 집안 형편이 잘 풀려 가족들은 나를 복덩이라고 불렀다. 그 복이 3년 후에 태어난 내 동생 때까지만 지속되었는데도, 지금 살아 계신 어머님(87세)은 '복덩이' 믿음을 굳게 믿고 사신다. 초등학교 3학년 때 나보다 열두 살 위인 형님 직장 때문에 모두 부산으로 이사가서 거기서 자랐고, 스물한 살에 서울로 와서 10년 정도 살았으며, 선교사로 외국에서 19년을 보냈다.

일본에서 사신 아버지가 한국에 돌아왔더니 자기 소유로 된 토지가 없어졌다고 들었다. 교육을 제대로 받지 못해 마땅한 직장이 없었던 아버님이 일곱 식구를 부양하기 위해 수많은 직업을 전전긍긍한 것은 당연했고 살기에 늘 빠듯했다. 아버지가 그날 번 것을 가지고 쌀과 보리를 사서 먹는 때가 대부분이었다. 하루는 장사가 영 형편없었던 것 같다. 그날 저녁 기다리고 있는 가족들에게 아버지는 커다란 엿판을 들고 방으로 들어오시더니, "야, 오늘은 엿이나 먹자!" 하고 엿판을 내려 놓으셨다. 넉살좋게 웃는 그 웃음과 얼굴과 엿판이 아직도 기억에 생생하다. 술 한 잔도 입에 대지 못한 나의 아버님은 돌아가실 때까지 가족을 부양하기 위해 열심히 사셨다. 그리스도인은 아니었지만, 어디로 이사를 가든 주변 사람들에게 부지런하고 마음씨 좋은 분으로 항상 통했다.

생활이 넉넉지 못했지만, 나는 내 부모가 서로 싸우는 것을 본 기억이 전혀 없다. 믿기지 않아 지금도 건강하게 살아 계시는 어머니에게 물으면, "어떻게 안 싸우고 사냐? 너희들 잘 때 싸워 몰랐을 뿐이지" 하신다. 참으로 놀라운 자기 절제이다. 어머님은 한국의 전통적인 샤머니즘(무교)적 불교 신봉자였다. 내가 태어나자 곧 부엌 신에게 나를 팔아 넘겼단다. 건강한 아버님과 달리 어머님은 어렸을 적에 늘 몸이 쑤시고 아프셨지만, 절에 가는 날은 신바람이 나셨다. 어려운 형편에서 누나들 둘도 고학을 해야 했고, 열두 살 많은 형님은 이 형편을 아셨는지 장남임에도 불구하고 자원하여 베트남전에 갔다. 베트남전에서 무사히 살아서 돌아왔건만 고국에 돌아온 지 채 6개월도 되지 않아 급성신장염으로 눈을 감았다. 우리 가정에 경제적 보탬을 조금 주었고, 7년 넘게 연애하며 기다렸던 천사 같은 애인이 눈 빠지게 기다렸건만 홀연히 가버렸다. 거의 다 죽어 갈 때 어머님은 사흘 동안 형님 병을 위해 동네 사람 눈치도 아랑곳하지 않고 시끄럽게 굿을 했지만 헛수고였다. 나에겐 첫째 형님이었지만, 우리 부모님에겐 셋째 아들이었다. 첫째, 둘째, 셋째 아들마저 죽자 나의 부모님의 행동과 마음은 정말 말이 아니었다. 미신을 믿는 어머님은 나와 내 남동생이 또 언제 죽을지 몰라 점쟁이의 말을 듣고 형님이 죽자 나의 이름을 바꾸었다. 그래서 한동안 '정제순'이 집에서 '정영수'로 불렸다.

나이든 부모 밑에서 장남이 되고 보니 얼떨떨하였고, 가정의 책임감에 대한 부담이 와닿았다. 방황 속에서 한 번 고입 실패를 맛보고 내가 원하면 빚을 내더라도 인문계를 보내려고 하였지만, 나는 과감하게 부산상고를 택했다. 실의에 찬 부모님을 위해 어서 은행에 들어가 가정을 도울 생각이었다. 나의 아버님도 내심 그것을 바라시는 눈치였다. 당시 아버지는 재래시장에서 달걀장사를 하셨지만 그래도 이때가 비교적 경제적으로 많이 나았던 것 같다. 매일 쏟아지는 깨진 달걀을(당시에는 결코 싸지 않았다) 입에 물리도록 먹었으니 말이다.

### 인생 최대의 변화

고등학교를 졸업하고 은행에 들어갔다. 술을 입에도 대지 못하신 아버님과는 다르게 나는 술을 엄청 마셨다. 지금 생각하면 술을 좋아해서가 아니라 나의 삶에 대한 목적이 별로 없었기 때문인 것 같다. 은행에 다니고 3년차가 되었다. 은행 다니며 술이나 마시고 생활하는 것에 회의가 들기 시작했다. 야간대학이라도 들어가 더 배워야겠다는 생각이 가득 찼다. 야근하는 일이 많고, 학원 시간 맞추기가 여의치 않아, 은행 당직을 스스로 자원하면서 독학으로 공부를 했다. 제대로 공부를 못했는지, 아니면 머리가 좋지 않았던지 서울에 있는 대학에 겨우 갈 수 있는 예비고사에 붙었다(당시에는 지원하는 곳에서 요구하는 점수를 맞아야 했다). 그래도 감사했다. 은행에 들어간 지 3년 6개월이 된 때인 1977년 3월부터 서울에서 낮에는 은행에서 밤에는 명지대 경영학과 야간을 다녔다. 아침에 은행으로 출근하고, 저녁엔 부랴부랴 대학 가서 공부하다가 집에 오면 예외 없이 밤 11시 가까이 되었다. 그때야 저녁을 먹고 책을 펼쳤다. 몸은 피곤했지만 내가 하고 싶은 것을 할 수 있어서 좋았고, 늦게 철들어서 그런지 매일 새벽 2-3시가 되어 잠을 잤다.

1977년 겨울 우리 가정에 새로운 변화와 조정이 시작되었다. 나는 은행과 학교 사이에서 바쁘게 지냈고, 은행 수입이 적지 않아 우리 가정도 경제적으론 조금씩 안정되어 갔다. 바로 그 시점에 아버님이 암으로 병상에 누우셨다. 아버님이 암과 투병하실 바로 그때 기독교 집안으로 시집간 큰 누님이 우리 집안에 복음을 처음 소개하였다. 아버님은 몇 달 동안 병상에서 투병하시면서 예수를 영접하고 세례를 받고 돌아가셨다. 별로 색다른 것이 없는 것처럼 보인 이 일을 하나님은 우리 가정에 최대의 선물로 만드셨다.

아버님은 위, 폐, 신체 모든 부분으로 암이 전이되어 병원에서도 포기하고, 집에 오셔서 매일매일 고통 가운데서 다가오는 죽음을 기다리고 계셨다. 더 이상 진통제도 듣지 않아 매우 큰 고통 가운데서 사셔야 했다. 그러나 이게 웬일인가? 아버님이 어머님에게 찬송을 불러달라고 요청하셨다. 초등학교도 제대로 나오지 못하고, 교회엔 단 한 번도 발을 들여놓지 못한 나의 어머님이 할 수 있는 일이라곤 큰 누님이 준 찬송가 글자를 띄엄띄엄 읽는 것밖에 없었다. 그런데 그럴 때마다 아버님은 진통제 없이 잠드시는 것이 한두 번이 아니었다. 어머니에게 이런 색다른 경험들이 누적되어 갔고, 마침내 아버님께서 돌아가시자 어머님은 우리 모두에게 자신 있게 선포하셨다. "자, 우리 교회 가자." 일종의 집단 개종처럼 보였다. 그러면서 고백하셨다. "내가 젊어서 빛을 몇 번 봤다. 그때 순종했더라면 아들 셋과 남편을 잃지 않았을지도 모른다." 어머님의 이런 고백을 모두 알 길이 없지만, 어머님은 젊어서부터 꿈도 잘 꾸시고 해몽도 기가 막히게 하셨다. 어머님이 이렇게 나오자 나와 온 가족이 어머니를 위로해 드리려고 교회를 다녔다.

그러나 의심 많은 나는 교회는 다녔지만 회심이 없었고, 아버님이 타계하자 마음이 울적하여 바로 군대에 갔다. 한 쪽 발이 평발처럼 보인다고 방위 1년을 다녀왔다. 은행에 복직했지만 나의 마음속엔 공부를 더 하고 싶은 마음밖에 없었다. 결국 1980년 2월에 5년 6개월 다녔던 직장을 그만두고 공부만 하기로 마음먹었다. 경영학 교수가 되고 싶었다. 어머님은 "은행 그만두면 누가 가정을 먹이냐?" 하시며 많은 반대를 했다. 그러나 나의 마음은 확고부동했다. 집이 가난하고, 배운 것도 변변치 않은 나에게 어디서 그런 용기가 났는지 지금 생각하면 하나님의 섭리 외에는 설명할 길이 없다. 공부하는 기간에 우리 주님을 만났으니 말이다.

예수님을 만난 것도 매우 극적이었다. 공부하다 피곤하여 머리를 식힐 겸 성경을 읽었다. 1980년 3월 중순 요한복음을 읽었던 것으로 기억된다. 읽으면서 엄청 울었다. 하루만 운 것이 아니었다. 그 후 성경 읽고, 신앙 이야기만 들어도 여자 아이처럼 툭하면 눈물을 흘렸다. 형님 돌아가실 때도, 아버님 돌아가실 때에도 눈물을 보이지 않고 강하게 살려고 애썼던 나였는데 그냥 눈물이 나왔다. 나는 지금도 자녀들에게 이런 소리를 듣는다. "아빠는 감정도 없다." 내 자녀에게 아빠가 이런 때도 있었다고 말하면 믿을지 잘 모르겠다.

그 후 내 앞에 새로운 세계가 열린 것 같았다. 꿈과 소망이 새롭게 인식되었다. 가난한 것이 전혀 문제가 되지 않았다. 그러나 기쁨도 잠시 1980년 봄은 민주화 운동으로 엄청난 혼란기를 겪고 있었다.

광주사태로 모든 대학이 문을 닫았고, 모두들 암흑 같은 시기를 겪고 있었지만 나는 신앙 속으로 점점 빠져 들어가는 복을 누렸다. 종로서적에 우연히 들러 은행 퇴직금 탄 돈으로 기독교 서적을 샀다. 그 책이 바로 마틴 로이드 존스의 《에베소서》 전집이었다. 영어를 곧잘 읽어서 영어로 된 전집을 수시로 읽었던 기억이 난다. 때마침 대학생선교회(CCC)에서 추천한 신앙서적과 변증서들을 열심히 읽어가면서 신앙은 급속히 성장해 나갔다. 술 담배를 일절 끊었고, 금요철야와 방학 때 기도원에 열심히 다녔다. 마치 갈증에 허덕인 사람이 물을 찾듯이, 나는 성경을 읽으며 예수님을 배워나갔고, 성경 읽기에 몰입했다.

## 선교사의 길로

주변 교회 친구들의 권유로 1980년 8월 초에 CCC 주체로 여의도 광장에서 "나는 찾았네(I found it)"라는 약 100만 명이 모인 대학생 전도집회에 참석했다. 수많은 목사님들이 오셔서 설교하셨다. "선교사로 헌신할 사람 일어나라"고 요청했을 때 반대할 이유가 없어서 일어났다. 그때가 만 스물네 살이었고 제대를 하고 대학 2학년 때였다. 선교에 대한 막연한 꿈이 생겼고, 이왕 간다면 들은 대로 흑암에 사는 이슬람교권에 가리라고 마음먹었다. 그러나 집회 후 다시 일상생활로 돌아왔고, 경영학 교수가 되려는 꿈을 완전히 포기한 것은 대학 4학년 때였다. 다양한 사건들이 일어났고, 경영학 교수 대신 '선교사로 가야 한다'는 생각으로 가득 찼다. 오랫동안 마음에 갈등도 하였지만 결국 내적인 부르심에 응하기로 작정했다. 어머님의 반대가 이만저만이 아니었다. 은행을 그만두고 의료보험증이 없어서 병원도 제대로 못 갔는데 내가 신학교 가면 "학비는 누가 대며, 병원비는 어떻게 하냐?"라고 현실적인 문제로 반대하셨다. 그러나 나는 이렇게 대답했다. "정말 하나님이 나를 불렀다면 하나님이 책임지실 것입니다."

하나님의 뜻을 알기 위한 금식기도 기간에 하나님은 침묵하셨지만 다녀오자 졸업한 대학교에서 조교를 맡아달라고 연락이 왔다. "아니, 신학대학원 가려는 사람이 어떻게 일반대학교 조교가 가능합니까?"라며 거절했다. 교수님은 내가 대학교 3학년 때 미국에서 막 오셔서, 학생들 수준은 전혀 아랑곳하지 않고, 유독 원서로만 가르치셨다. 공부와는 거리가 먼 학생들이 많은 그 학교에서 학생들이 무척 애를 먹었지만, 나에겐 공부가 너무 재미있어 얼마나 고마운지 몰랐다. 그래서 그 교수님은 나를 무척 좋아하셨고, 급기야는 교수님의 논문을 번역하고, 교수님이 영어를 하도 잘하여 동시통역하는 데도 함께 다녔다. 그 교수님에게서 며칠 후 두 번째 전화가 왔다. "신대원 마치고 와서 저녁까지 있어 달라. 네 도움이 필요하다"라고 하셨다. 또 "안 됩니다"라고 끊었지만, '한 번 더 전화 오면 하나님의 뜻인지도 모른다'는 생각이 스치고 지나갔다. 아니나 다를까, 곧 세 번째 전화가 왔다. "당장 와야겠다." 교수님의 말씀에 순종하니, 연구 조교로 취직되어 나의 어머님의 소원이었던 의료보험이 해결되었고, 매달 20만 원과 보너스까지 벌 수 있었다. 경제적 어려움에 서광이 조금 비쳤지만, 어머님은 여전히 "그것 가지곤 안 된다"는 부정적인 생각이셨다.

곧이어 하나님이 두 번째로 간섭하셨다. 당시 나는 사랑의교회에서 청년부 생활을 했기 때문에 우여곡절 끝에 합동신학원(당시에는 사랑의교회가 이 교단에 소속됨)에 가게 되었다. 학교에 입학한 지 얼마

되지 않아 사랑의교회는 중등부 전도사를 뽑길 원하여, 옥한흠 목사님은 한 신학생을 보시기로 하셨다. 그런데 이게 웬일인가? 옥 목사님이 아무리 기다려도, 그 신학생은 아무런 연락도 없이 나타나지 않았단다. 화가 나신 옥 목사님께서 "그놈이 아무리 좋아도 안 쓴다. 누구 좋은 사람 없나?"라고 물으시니, 곁에 계신 최홍준 목사님이 "왜, 거 청년부 있다가 이번에 합신 간 정제순 있잖아요?" 하셨단다. 그래서 면접도 없이 전도사가 뭐하는 사람인지도 잘 모르는 내가 전도사가 되었다. 이것도 하나님의 전적인 은혜의 손길이라고밖에 설명할 길이 없다. 전도사가 되니 교회에서 매달 20만 원 사례비와 신대원 학비 전액을 주었다. 당시 대학 졸업자 초봉이 40만 가까이 된 때라 대학교와 교회에서 받는 사례를 합치면 거의 비슷했고, 게다가 공부까지 하는 복을 누렸다. 생계를 그렇게 걱정하셨던 어머님은 그제야 두 손을 드셨다. 하나님의 은혜는 참으로 크셨다.

나는 교회 섬기랴, 신대원 다니랴, 대학교 가서 교수님 섬기랴, 매일매일 정말 바쁜 삶이 시작되었다. 전도사가 되어 옥 목사님을 처음 만났을 때, "너, 수요일, 새벽기도, 철야기도 신경쓰지 말고 주일에만 나와 봉사해. 신대원 다니면서 공부 안 하면 날라리 목사 된다"라고 하셨다. 이것도 믿기 어려운 배려였다. 이런 엄청난 배려와 은혜가 있었기에 세 가지 일을 동시에 감당할 수 있었다. 신대원 2학년 때인, 1984년 5월 초에 신대원 친구가 "너 선교사 된다고 했지?" 하면서 한 여자를 소개하여 주었는데 현재 나의 아내이다. 소개받고 호감이 가서 더 만나려니 신대원 공부, 대학교 조교, 전도사 일에 여친(女親) 만나는 일이 하나 더 추가되었다.

이슬람교 지역에 가리라는 막연한 생각이 신대원에 다니면서 조금씩 정립되어 갔다. 신대원에서 선교부 차장으로 활동하면서 이슬람권 지역 사람들의 고통과 아픔을 책자나 테이프, 선교사들의 경험을 통해서 들었다. 이슬람권 지역에 가서 사역하는 것이 얼마나 간절했는지, 현재 나의 아내를 처음 만나 교제했을 때 "우리 자녀 없이도 평생 살 수 있냐?"라는 황당하고 순진한 질문도 했다. 그런데 자녀를 셋이나 두었으니 "사람이 마음으로 자기의 길을 계획할지라도 그의 걸음을 인도하시는 이는 여호와"가 아니겠는가?

### 번역 선교사로서의 인도와 훈련

1984년 아내와 사귄 지 5개월 만에 결혼했다. 결혼 후 두 달이 지나 사랑의교회 전도사로 함께 봉사하고 있던 이수만 전도사(현재 성경번역 선교사)는 나와 아내의 의사와 전혀 상관없이 위클리프 캠프를 소개했고, 밀어 넣었다. 갓 결혼한 나와 아내는 한 달 동안 따로 자면서 강도 높게 훈련하는 위클리프 캠프에 참석하여 수업을 들었지만 별로 관심이 일어나지 않았다. 캠프 마지막 날에 홍정길 목사님이 오셔서 폐회예배 겸 헌신예배로 이끌면서 초청을 하셨다. "성경번역 선교사로 나갈 사람 일어나라." 30여 명의 참석자 중에서 반 정도가 일어났지만, 나와 아내는 그 자리에 그대로 앉아 있었다. 초청은 이어졌다. "번역 선교사가 아니라 번역을 도울 협력 선교사로

갈 사람 일어나라." 거의 다 일어났는데 나와 아내는 여전히 그 자리에 앉아 있었다. 마지막 초청이 이어졌다. "그러면, 성경번역을 위해 기도해 줄 사람 일어나라." 이 말을 들으니 또 반

대할 이유가 없었다. 내가 일어나니 아내도 덩달아 일어났다. 그때까지도 이슬람권 선교지에 가겠다는 일념뿐이었다.

그런데 참 묘했다. 아무리 생각해도 하나님의 섭리적 인도하심과 은혜로 밖엔 설명이 안 된다. 4주 동안의 캠프를 마쳤는데 나는 그 뒤 성경번역과 관련된 사람들을 계속 만났다. 결국 1986년 한국선교훈련원(GMTC) 1기생으로 훈련을 받았다. 그러나 그때에도 성경번역에 대한 마음이 100% 확정된 것은 아니었고, 이슬람권 선교에 대한 관심은 변함없었다. 훈련을 마치고 파송받기 전 성경번역 선교 후보자 여섯 가정이 동시에 몇몇 교회를 방문하면서 선교사 간증을 하였다. 내 차례가 오자 나는 진술하게 말했다. "성경번역 선교 소개를 받아 언어학 훈련 받으러 갑니다. 그러나 싱가포르 SIL(Summer Institute of Linguistics, 번역 선교사가 되기 위한 언어학적인 훈련) 훈련을 받아봐야 하나님이 정말 나를 부르셨는지 확실히 알겠습니다." 나의 간증을 들은 H 목사님이 나를 훈련시킨 이태웅 박사님께 전화하여 "저 선교사 믿을 수 있냐?"라고 했단다. 당시 번역 선교에 관한 훈련이나 소명 검증 시스템이 별로 없는 상태에서 그런 말을 한 것은 나의 진심이었다. 그런데 싱가포르에 가서 언어학 훈련을 받아 보니 어려웠어도 재미있었고, 하나님이 은혜 주시면 할 수 있다는 믿음이 더 커졌다. 그러나 언어학 공부에 전혀 관심이 없는 아내는 여전히 어려워했다.

### 선교지 확정 과정

당시 마음에 둔 나라가 바로 이슬람권 서부 아프리카였다. 그런데 이게 웬일인가? 공부가 막바지에 들어가는 상황에서 제동이 걸렸다. 프랑스어를 전공하지 않은 사람이 그곳에 가려면 언어학 훈련을 마치고 프랑스나 벨기에에 가서 프랑스어를 적어도 2년을 배워야 했다. 당시 한국의 교회 사정을 감안하면 그것은 별로 현실적이지 못했다. 그뿐 아니라 영어도 서툰 한국인인 내가 프랑스어를 다시 배우고, 아프리카에 가서 공용어를 배우고, 부족어를 배워야 한다는 상황을 감안하면 GBT(성경번역선교부)에서도 말렸고, 나를 지도한 교수님은 영어도 못한다면서 추천도 하지 않았다. 그러자 나는 아프리카로 가고 싶은 간절한 마음 때문에 서부가 안 되면 동부 아프리카로 가겠다고 강하게 말했다. 할 수 없이(?) 동부 아프리카로 가기로 가결정하고, 영어를 더 공부할 겸 영국으로 갔다. 그러나 동부 아프리카도 나를 반겨주지 않았다. 내전을 치르고 있었던 수단, 사회주의 국가였던 탄자니아, 경력 선교사만을 요구하는 케냐 등 어느 나라도 나를 반겨주는 곳은 없었다. 특히 한국인의 영어를 문제 삼아 물고 늘어지는 책임자와 싸우느라 마음은 상할 대로 상했다.

9개월 동안 영국에서 머무는 동안 아프리카는 가 보지도 못하고, 최종적인 사역지 선정 문제 때문에, GBT 본부와 아프리카 SIL, 국제 인사부 사이에 편지가 오고 갔다. 이메일(email)이 안 되었던 때라 편지 한 통 써서 보내고 답장 오면 한 달이 갔다. 나의 고통과 아픔을 곁에서 보고 있던 영국 멤버 케어 책임자는 "너 평생 사역할 텐데 서부 가고 싶으면 프랑스어 배우러 가라"고까지 했다. 고통스러웠다. 광야 같은 시련 기간 동안 영어를 간헐적으로 배우는 것 외에는 내가 할 수 있는 것은 아무것도 없었다. 9개월이지만 마치 9년 같은 긴 시간이었다. 당시에는 무척 짜증나고, 고통스러웠지만 지금 생각하면 앞을 모르는 기다림의 훈련 속에서 철저히 나 자신을 돌아보는 황금 같은 시간이었다. 9개월 정도 기다려도 별로 탐탁지 않은 대답들이 오자, '선교단체가 위클리프밖에 없나, WEC 선교사로 가야겠다'라는 마음까지 들었다. 이것을 어떻게 알았던지 서울 GBT 본부에서 대표로 있었던 김동화 선교사는 "엉뚱한 생각 하지 말라"고 국제 전화로 조언했다.

하나님은 참 정확한 분이셨다. 짧은 9개월이었지만, 이 과정 속에서 하나님은 나의 독기, 오기, 객기, 혈기 등을 하나씩 뽑아내고 계셨다. 그분만을 바라보도록 나의 소명에 대한 재확인 작업을 하셨다. 마침내 엘리야가 들었던 세미한 음성을 들었다. "지금은 순종하라. 여기에도 내가 사랑하는 사람들이 많다." 귀로 들은 음성이 아니었고, 나의 생각이었는지도 모르지만, 그 생각이 나의 모든 생각과 마음을 사로잡았다. 지금 생각하면 참 쉬운 그것이 당시에는 왜 그렇게 오래 걸려 깨달았는지 부끄러운 웃음도 나온다. 사람은 한 번 자기 생각에 사로잡히면 나머지는 보질 못하는 정말 소경인가 보다. "지금은 순종하라." 나의 교만을 부러뜨리는 말이기도 하다. 그 말에 모든 세상이 달라져 보였다. "지금 내가 갈 수 있는 곳이 어디냐?"라고 본부에 되물을 정도가 되었다. 그러자 "파푸아뉴기니와 필리핀이다"라는 전갈이 왔다. 그래서 둘 중에 하나를 택한 곳이 나의 삶을 쏟은 파푸아뉴기니이다. 싱가포르에서 같이 공부를 했던 사람들은 공부를 마치고, 본부에서 제안한 파푸아뉴기니와 필리핀, 네팔로 가서 이미 사역을 하고 있었지만, 나는 사역지를 선정하고 소명의식을 재확인하느라 1년 늦게 사역지로 간 재수생이었다.

파푸아뉴기니로 떠나는 비행기에 몸을 실으면서 많은 생각에 잠겼지만, 마음만은 영국에서의 그것과는 비교도 안 될 정도로 평안했다. "지금은 순종하라"는 말은 파푸아뉴기니로 가는 여정 내내, 아니 이 글을 쓰고 있는 지금까지 내 머리 속에 각인되어 떠나지 않는 말 중 하나이다. "아브라함은 부르심을 받았을 때에 순종하여……나아갈새 갈 바를 알지 못하고 나아갔으며"(히 11:8). 수많은 사람들이 애송하는 이 말씀이 모든 삶을 결정짓는 하나의 모토가 되었다. 미지의 나라, 원치 않았던 나라, 가고 싶었던 서부 아프리카를 대신하여 받은 나라, 재수하여 간 나라, 순종하여 간 나라 바로 그곳이 파푸아뉴기니였다.

### 파푸아뉴기니 메께오 사역, 공부, 마닐라 사역

파푸아뉴기니에서 현지 적응 훈련을 약 4개월에 걸쳐 마치고, 언어 자료들을 도서관에서 찾던 중 '매우 자부심이 강한 언어(prestigious language)'로 분류된 메께오가 눈에 뜨였다. 그래서 가서 사역했다. 1986년에 파송받고, 언어학 훈련과 사역지 선정에 시간을 보내고 사역에 착수한 때가 1989년이었고, 1999년 신약을 마칠 때까지 안식년 두 번(1992년, 1996년)을 제외하곤 메께오 말과 문화 습득, 언어 분석과 문맹퇴치, 성경공부와 제자훈련 사역에 주력했다. 글자가 없는 부족에 알파벳을 고안하고, 문법과 음운론을 분석하고, 세계관 보고서를 쓰고, 주변 언어 조사를 곁들였다. 게다가 성경공부 부흥과 제자 양육, 언어 분석과 번역, 번역 자문위원 훈련 등도 함께 하였다. 이 모든 과정이 숨 돌릴 틈 없이 돌아갔다. 일 년에도 서너 번씩 불청객으로 찾아온 말라리아, 그중에

서 두 번은 거의 목숨을 잃다시피하였다. 수제총으로 무장한 강도들이 언어 조사하던 우리 차를 강탈하였고, 언어 조사를 마치고 오는 도중에 차가 언덕에서 굴렀고, 마을에서 홈스쿨링하면서 딸과 힘든 기간을 오랫동안 보내야 했고, 정신 나간 사람이 칼을 들이대고 나가라고 고래고래 고함쳤고, 성경공부 부흥으로 마을이 두 분류로 나뉘어 팽팽한 긴장감을 조성했고, 기껏 키운 제자가 세상 속으로 들어갔어도 늘 머릿속에서 맴돈 말이 있었다. "지금은 순종하라."

순종했을 때 바로 그 다음에 무슨 일이 일어날 줄 몰랐다. 하나님이 조금만 더 보여주시면 좋겠는데 순종할 땐 꼭 약간, 그것도 힌트들만 보여주시고 순종하라신다. 우리의 교만과 어리석음을 너무나 잘 알고 계시기 때문일 게다. 그런데 내가 불확실하고 불투명한 상태에서 때론 원치 않는 상황에서도 나 자신이 아니라, 하나님의 공의를 생각하고 순종하노라면, 하나님은 그것을 늘 자랑하시는 것 같았다. 원치 않았던 파푸아뉴기니에 재수하여 왔건만 마을에서의 사역은 수많은 어려움 가운데서도 멋지게 진행되었고, 한국인 최초로 신약을 봉헌했다는 보너스도 주셨다. 이것이 계기가 되어 풀러 신학대학원에서 전액 장학금으로 공부할 줄 누가 예측이나 할 수 있었겠는가? 또 그 공부로 나의 모든 삶이 다시 변화와 조정 속으로 들어갈 줄 그 누가 짐작이나 했겠는가? 수많은 실타래로 멋진 직물을 짜내는 하나님의 기가 막힌 은혜의 손길 외엔 무엇으로 설명할 수 있겠는가?

　공부 문제도 쉽게 결정한 것이 아니었다. GBT 본부에서 공부하러 가라는 제안을 한동안 받았지만, 나는 몇 번 거절했다. 이유는 간단했다. 성경번역 자체가 매일 공부하는 것인데, 학위 자체가 무슨 유익이 있으랴 하는 생각이었다. 그런 생각에 잠겨 있을 때, 목사님의 설교 말씀이 때마침 "사람이 마음으로 자기의 길을 계획할지라도 그의 걸음을 인도하시는 이는 여호와시니라"(잠 16:9)였고, 그 말씀에 다시 순종했다. 이왕 공부하려면 메께오 구약번역을 해야 되니 시가서 번역에 관한 공부를 하겠다고 마음먹었고, 마흔네 살에 박사과정(Ph.D)에 들어갔다.

　풀러에서 공부하는 내내 자동차 주차를 편히 하고, 도서관에서 집중하려고 도시락 두 개 싸 들고 조금 일찍 학교에 도착하면 아침 7시 45분이었다. 남는 시간에 갈 곳이 없어 거의 매일 기도실에 가서 같은 기도를 드렸다. "하나님, 제가 5년 동안 공부하면 마흔아홉 살, 파푸아뉴기니 다시 들어가 구약 번역하면 환갑될 때까지도 구약사역 다 못 마칠 것 같은데 저 공부시켜 뭐 하려고 하시지요?" 3년 가까이 공부하는 내내 하나님은 침묵하셨다. 그러나 그때 그 침묵의 의미가 무엇인지 잘 알게 되었다. 있는 환경에 최선을 다하는 것이었다. 열심히 공부하여 5년 계획을 3년으로 단축하여 마쳤고, 번역 자문과 구약을 번역하러 다시 파푸아뉴기니에 들어갔다.

　파푸아뉴기니로 돌아간 지 6개월 후에야 하나님은 자신의 계획을 드러내셨다. 마닐라에 가서 아시아인들을 훈련시키라는 아시아 SIL 본부의 제안이었다. 고등학교 1학년 중반을 넘기는 딸아이의 학교 문제를 감안하면 정말 말도 안 되는 제안이었다. "네가 꼭 필요하다"는 간곡한 제안이 사실인지 아닌지를 알려고 마닐라에 세 번 가서 책임자들을 만나 상의했다. 아시아인들 특히 한국인들이 대거 와서 언어학 수업을 받는데 서양 교수들과 갈등도 문제지만, 이들 아시아인들을 이끌고 동서양의 다리 역할을 할 아시아 교수가 없다는 논리로 강하게 설득했다. 이 상황에서도 "지금은 순종하라"는 메시지가 생각났다. 그동안 공식적인 학교만 12번 옮긴 예람이가 13번째 학교를, 그것도 고등학교 때 옮기는 결단을 해야 했다. 결국 예람이도 수긍하여 2003년 7월에 마닐라로 온 가족이 이동했다. 친구가 생길만 하면 헤어져야 했던 예람이뿐 아니라 예준, 예현이에게 신실하신 하나님이 마닐라에서 사는 동안 좋은 경험과 추억거리들을 주어 해결하셨다.

마닐라에서 중국, 홍콩, 말레이시아, 한국, 필리핀에서 온 성경번역과 문맹퇴치 사역자들을 가르치며 교수 사역을 시작하였다. 필리핀에서 교수 사역을 하고 있을 때, 아시아인들의 자질과 정서를 감안한 총체적 언어학 훈련의 필요성이 GBT 선임선교사들과 GBT 이사회에서 나왔고, 그 준비 위원장으로 나를 지목했다. 이런 생각에는 몇 가지 환경적 요소들이 작용했다. 우선 서양 주도의 언어학 중심의 훈련으로는 급변하는 선교지 현장에 있는 아시아인 혹은 제삼세계 사람들을 위한 효율적이고 통합적인 훈련이 미흡하기 때문이다. 또 성경번역 선교가 지역 교회를 세우는 데 효율적인 발판 역할을 하기 위해선 종전의 언어학 중심 교육에서 좀 더 선교학과 교회 중심으로 제자 삼는 사역과의 균형도 필요했다. 예람이가 고등학교 2학년 때 파푸아뉴기니에서 필리핀으로 이사 온 첫 날 집을 고치고 있던 나를 팔짱 끼고 쳐다보며 "조금 있어 봐. 살 만하면 하나님이 또 옮기라고 할 걸. 하나님은 우리 잘 사는 꼴을 못 보니까"라고 했다. 그 말대로 필리핀에서 한동안 아시아인들을 가르칠 것으로 예상했던 나의 생각이 완전히 바뀌어 생활한 지 2년 만에 한국 한동대로 들어와 발족한 것이 현재의 '(사)아시아언어문화연구소(아릴락, ARI-LAC, Asia Research Institute of Language and Culture)' 이다.

아릴락(www.아릴락.kr/www.arilac.org)에서의 사역

아릴락 태동에도 수많은 우여곡절이 많았다. 무에서 유를 만들어내야 하는 엄청난 과업 앞에 GBT 선교사들 대부분 아직 시기상조이고, 조직의 성격과 방향성에 의견이 엇갈렸으며, 또 부정적인 반응들이었다. 나 또한 분명한 필요성을 파악하고 있었지만 이 일을 하나님이 어떻게 이끌어 가실 줄 전혀 몰랐다. 그러나 마음속엔 한 가지 마음밖에 없었다. "아시아 중심의 선교에 우리 아시아인들이 발 빠르게 대처해야 하고, 서구 중심의 커리큘럼 보단 아시아 현장 중심의 선교로 급변하는 상황에서 우리들 스스로 대처하는 힘을 길러야 한다." 선교 현장에서 일어나고 있는 엄청난 간격(gap)을 메우는 것이 우리들에게 보여준 소명이었다. 그래서 세 가지 목표를 설정했다. (1) 언어학, 선교학, 제자도를 섞는 총제적인 훈련 (2) 세계 현장에서 부족한 국제 수준의 교수 요원 양성 (3) 제삼세계 지도자 육성. 이 훈련을 정말 질적인 교육이 되게 하기 위해 모든 것을 영어로 하기로 하였다. 그리고 다시금 현장의 부르심에 '순종했다.' 아릴락 준비위원 모두는 몇 번 모이고 일하더니

자신들의 사역 때문에 다 사역지로 돌아갔다. 모두들 사정이 있었겠지만, 나는 다시 하나님을 바라보지 않으면 안 되었다. "정말 필요합니까?" 나에겐 항상 분명한 대답이 있었다. "지금은 순종하라."

한동대와 협력으로 통역번역대학원 내 응용언어번역학과(응번과) 학생 1기생이 들어와 2006년 1월부터 공부했다. 제1기생 석사 과정 11명과 1년 과정 3명, 모듈과정 5명이 공부했고, 2009년 현재 4기생이 들어와 석사과정 23명, 1년 과정 8명, 모듈과정 5명, 총 36명이 열심히 공부하고 있다. 작년부터 브룬디, 몽골, 우즈베키스탄, 캄보디아, 뉴질랜드에서 와서 아릴락 학생으로 열심히 훈련받고 있다. 아릴락 제1기 졸업생들 거의 대부분이 C, N, V 국, 방글라데시, 인도네시아, 파푸아뉴기니 등지에 가서 사역을 하고 있다. 국제 수준의 교수 요원을 키우기 위해 세계 각처에서 선교사들이 들어오면 거할 기숙사가 턱없이 부족했다. 그래서 2007-2008년 동안 각각 11채가 들어가는 기숙사 두 동을 지을 꿈을 꾸었다. 약 16억 가까이의 예산이 필요했고 이것이 가능할까 반신반의했다. 그런데 2009년 2월에 두 번째 동이 완공되어 학생과 교수들이 입주하여 살고 있다. 미지급금은 겨우 6천만 원뿐이다. 하나님의 일하심에 우리는 항상 할 말이 없고, 믿음이 부족할 뿐이다.

### 나의 바람

한동대에 와서 통역번역대학원과 협력하여 사역하고 있지만 나는 여전히 GBT 소속 선교사로 재직중이다. 학교 내에선 소장, 박사, 교수 등으로 불려도 한동대에서 월급을 받지 않기 때문에 가사에 별로 도움을 주지 못한다. 아릴락에 오시는 탁월한 교수님들도 여행

경비와 박봉에 가까운 시간 강사료 외에는 지급하지 않는다. 대신 아릴락에 오는 학생들은 대학원 학비의 30-45%를 자동 면제받고, 아릴락에 와선 다시 아릴락 장학금으로 매년 약 4천만 원 이상을 받는다. 게다가 현지 지도자들은 매년 세 명에 한해 생활보조금과 학비 전액 장학금을 주어 훈련시킨다. 이것을 위해 많은 교회들이 협력하고 있다. 나는 이 장학금을 더 늘릴 계획이다. 나 또한 대학부터 Ph.D를 마칠 때까지 전부 장학금을 받고 공부한지라 재정 때문에 훈련을 못 받는 안타까운 현실을 줄이기 위함이다.

아릴락은 서구와 동양 모두를 이해하고 이끌 지도자 양성소이다. 특히 언어 관련 사역들, 성경번역, 문맹퇴치, 다중언어 교육, 문서번역을 통한 교회 개척 및 양성에 관한한 한국의 유일한 국제 수준의 훈련기관이다. 모든 언어로 성경이 번역되고, 번역된 성경으로 교회를 튼튼히 세우기 위해 최선을 다하는 기관이다. 하나님이 기뻐하는 최고의 기관으로 세우고 싶다. 후배를 양성하는 데 전 세계 네트워크를 사용한다. 현지 지도자들이 분명한 정체성을 가지고 사회를 변화시키도록 이끌고 싶다. 타 단체에 비해 아릴락은 분명 소수정예를 키우는 곳이다. 아이팟(i-pod)과 애플 컴퓨터 창시자인 스티브 잡스는 한때 우주를 놀라게 하고 싶은 꿈을 꾸었다. 우리 하나님은 우리가 놀랄 정도로 세상을 송두리째 바꾸고 싶어 하실 것이다. 이 세상 전부가 원래 하나님 것이 아니었던가? 아릴락이 원래 하나님의 것을 돌려 드려 하나님의 마음을 시원케 해드리는 기관이 되면 그보다 바랄 것이 없을 것이다.

(사)아시아언어문화연구소(아릴락, Asia Research Institute of Langage and Culture) 소장으로 봉사하지만, 나는 여전히 성경번역 선교사(GBT)이다. 메께오 구약번역을 돕는 사역 외에도 국제성서공회와 함

께 몽골 성경번역 개정 자문과, 한동대와 풀러 신학원에서도 객원교수로 섬기고 있다. 1986년부터 사랑의교회 파송 선교사이지만, 포항에 있을 때는 기쁨의 교회의 선교 자문으로도 봉사하고 있다. 지금까지 쉼 없이 달려온 것은 사실이다. 종종 쉬고 싶다는 마음이 들 때도 있었고, 어려운 일도 많이 있었다. 한국에 와서 특히 행정 일을 보면서 재원 확보라는 이중고를 맡을 땐 선교지로 가고 싶은 마음이 밀려들 때도 있었다. 그러나 너무나 중요한 훈련기관의 필요성 때문에 인내하며 지금까지 사역해 오고 있다.

지금까지 지나온 과정을 보면 대부분이 개척자의 길을 간 것 같다. 한국선교훈련원(GMTC) 1기생, 아시아 SIL 1기생, 성경 번역 1호, 아시아 SIL에서나 아릴락에서 사역하는 것 모두가 아무도 해 본 적이 없는 첫 발을 내디딘 것이다. 그래서 그런지 아릴락이 가장 힘들어 하는 기숙사 건축 문제가 해결되고 정착되어 가고 있음을 볼 때, 나보다 훨씬 지혜로운 사람이 와서 이 일을 맡았으면 하는 생각이 든다. 결코 서두르시는 법이 없으신 하나님이 때가 되면 정말 지혜롭고 택하신 사람을 보내실 것이다. 자기의 욕심과 영예가 아닌 하나님의 영광과 존귀를 위해 뛸 종을 보내실 것으로 확신한다. 나에게 하나님이 또다시 어떤 일을 주실지 모르지만 "지금은 순종하라"는 말이 머지않아 작용할 것 같은 예감이 든다.

# 모든 민족이 너와 너의 자손을 통하여 복을 받을지니라

조용중

나는 아내와 손을 잡고 기도할 때에 종종 감사의 눈물을 흘린다. 나의 삶을 돌아보면 하나님의 은혜에 대한 모든 감사를 눈물로밖에 표현할 재주가 없다. 나는 미주 한인교포로서 미주에서 신학을 졸업하고 1987년 한인교회를 통하여 파송받아 현재까지 현지선교사로서, 선교동원과 행정가로서, 교육을 담당하는 선교학자로서 섬기고있다.

미주 한인이면서 한국의 최초 초교파 선교단체인 KIM(Korea International Mission) 선교회를 통하여 태국으로 파송을 받았다. 그러나 여러 가지 사정으로 1993년까지 필리핀 선교사로 사역을 하게 되었다. 현재까지 GP선교회 미주대표, GP국제 대표 사역을 하였으며, 세계한인선교사회의 사무총장과 대표회장, 제삼세계선교협의회(Third World Missions Association) 사무총장을 지냈다.

HERE I AM, SEND ME, LORD!

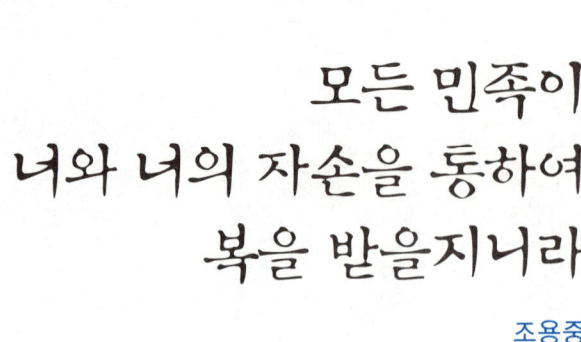

# 모든 민족이 너와 너의 자손을 통하여 복을 받을지니라

조용중

나는 아내와 손을 잡고 기도할 때에 종종 감사의 눈물을 흘린다. 나의 삶을 돌아보면 하나님의 은혜에 대한 모든 감사를 눈물로밖에 표현할 재주가 없다. 나는 미주 한인교포로서 미주에서 신학교를 졸업하고 1987년 한인교회를 통하여 파송받아 현재까지 현지 선교사로서, 선교동원과 행정가로서, 교육을 담당하는 선교학자로서 섬기고 있다.

미주 한인이면서 한국의 최초 초교파 선교단체인 KIM(Korea International Mission) 선교회를 통하여 태국으로 파송을 받았다. 그러나 여러 가지 사정으로 1993년까지 필리핀 선교사로 사역을 하게 되었다. 현재까지 GP선교회 미주대표, GP국제 대표 사역을 하였으며, 세계한인선교사회의 사무총장과 대표회장, 제삼세계선교협의회(Third World Missions Association) 사무총장을 지냈다. 현재는 GP연구개발원의 원장, 동서선교연구개발원 공동원장, 제삼세계선교협의회 부회장, 국제선교협력기구(Global Network of Mission Structures)의 국제대표, 사회복지 재단인 Global Hope Inc.의 설립대표로서 일하고 있다.

필리핀 선교사로서는 필리핀 교회가 선교하는 교회로 성장하게 하기 위하여 선교개발을 위해 힘써 일하였고, 미전도종족 리서치를 시작하였으며, 미전도종족 선교의 모델을 제시하기 위하여 사마르 지역종합개발센터를 세워서 이론과 실제를 접목시키는 일에 많은 관심을 가지고 섬겨왔다. 또한 세계선교개발을 위한 동원과 협력 사역에 헌신하였다.

### 나의 가족과 어린 시절

나는 한국 전쟁으로 인하여 민족 전체가 암울한 시절, 1953년 1월 14일에 전라남도 강진군 병영면 성남리 82번지에서 당시 병영면 면장이던 부친 조동근과 모친 김의순 사이에서 태어났다. 맨 위로 이복형과 내가 태어나던 해에 출산 중에 죽은 누나가 있었다. 나의 모친은 여섯 살에 폐렴으로 죽은 첫 아들과 딸 넷을 낳고 나를 출산하였기에 나는 많은 사랑을 독차지하며 자랐다. 또한 밑으로 남동생 셋을 보았기 때문에 항상 귀한 아들이라는 말을 듣고 자랐다.

아버지는 일제시대 말에 독립운동에 연루되어 광주감옥에 갇혀 있다 해방을 맞이하며 풀려 나와 말 그대로 진정한 해방을 맞은 가족이 되었다. 해방 후 가족들은 고향인 병영으로 귀향하여 그곳에서 면장을 하며 평안한 날들을 보내고 있었다고 한다. 그러다가 면장으로 재직중 6·25 전쟁을 맞게 된 것이다. 고향까지 진주한 공산당과 지방에서 나온 의용군들은 부친에게 가장 먼저 협조를 요청하였으나 거절하자 죽이기로 결정하였다고 한다. 그러나 그 소식을 먼저 접한 부친은 지하 땅굴로 피신하여 공산군이 물러날 때까지 생명을 유지할 수 있었다.

공산군은 그 지방에서 가장 좋은 집인 우리 집을 그들의 본부로 삼고 모든 재산을 탈취하였고, 국군에 의해 물러나게 될 때에는 집을 불태우고 떠나버렸다. 또한 그동안 피신하지 못한 할머니, 작은 아버지를 포함하여 가족 다섯 사람이 무참한 죽음을 맞았다. 그래서 어렸을 때에는 공산주의자들의 무서움에 대해 항상 들어오며 자랐다. 그러나 모친은 부친을 감옥에 보내고 핍박했던 일제 시대 형사를 해방 후에 사람들이 잡아서 보복하려고 하는 것을 보고 그를 용서하라며 풀어 주었고, 부친은 국군이 고향을 수복한 후 자신의 가족을 무참히 죽인 데 앞장섰던 공산주의자들을 오히려 살려 주며 용서하였다는 말을 듣고 용서와 관용에 대해서 배우며 자랐다.

나의 어린 시절은 아름다운 색으로 그릴 수 있는 기억을 가지고 있다. 우리 가정은 지방에서 유지로서 풍요로웠고 주위에는 도움을 요청하는 많은 사람들이 모여드는 지역 생활의 중심이었다. 부친은 세 번이나 선거로 면장에 당선되어 지방에서는 부농이며 사업가로서 영향력을 가진 존경받는 지도자였다. 또한 자녀들은 큰 아들부터 대학을 졸업하고 도청에서 공무원으로 일하고, 큰 딸은 서울의 유명 여자대학을 다니며, 뒤를 이어 다른 딸들도 광주로 유학을 가서 좋은 학교를 다녔으니 남부러울 것이 없는 자존심 강한 전라도 시골의 가정이었다. 부모님은 소문난 금실 좋은 부부였기에 항상 웃음꽃이 피어나며, 많은 사람들이 찾아들어 가정에 축제와 같은 나날이 계속되었다. 부모님들은 신앙생활을 하시는 것 같지는 않았으나 스님이 항상 집에 찾아왔고, 많은 부조를 하였다. 그런데 교회와도 좋은 관계를 가지고 성탄절이 가까우면 쌀 가마를 보내드리곤 하여 어느 하나에 치우치지 않고 모든 사람들과 사이가 좋은 지방 유지의 전형적인 혼합주의적 삶을 살았다.

나는 나이보다 일찍 학교를 다니며 정신적으로 조숙한 날들을 보냈다. 어려서 같이 놀던 아이들이 학교가는 것을 보고 나도 학교에 가고 싶다고 그냥 따라 가서 1958년에 당시 병영초등학교에 입학하게 되었다. 시골의 다른 아이들보다 한두 살이 어려서 학교를 다녔으나 입학 후 곧 학업 성취도가 높아 반장을 하며 많은 어른들에게서 천재라는 말을 들으면서 자랐고, 인사성이 좋아 귀여움을 독차지하며 부러울 것이 없는 학창생활을 즐기게 되었다. 나는 많은 것에 대해서 관심이 많았던 것 같다. 당시 주위의 아이들과는 상당한 차이가 나는 생활 수준이었는데 초등학교 2학년 때에 밥을 먹지 못하는 친구의 환경을 보고 굶주림이 무엇인가를 알아보려고 이틀을 굶었다가 쓰러져서 실려간 적이 있었다. 그런데 초등학교 5학년 때에 부친이 중풍으로 쓰러지면서 집안에 찾아온 암울한 그늘은 그 후 우리들의 삶을 완전히 바꾸어 놓았다. 너무 경솔한 나머지 가기 원했던 중학교 입학 시험에서 낙방을 하게 되어 시골 중학교를 다니게 되었다. 처음으로 실패의 쓴 맛을 보고 있던 중학교 2학년 때에 부친의 임종을 경험하며 삶과 죽음에 대한 심각한 고민을 하기 시작했다.

고등학교와 대학 학창 시절은 폭풍 전야의 고요함 같은 시간이었다. 새롭게 마음을 가다듬고 중학교를 마치고 큰 누나가 결혼하여 살고 있던 서울로 진학을 하기로 결정하고 당시 명문 사립이었던 보성고등학교에 입학하여 서울 생활을 시작하였다. 그러나 고등학교에 입학한 나에게 큰 도전이 되었던 것은 내가 너무나 작게 보였다는 것이다. 닭 대가리로 살아 오던 나는 1학년 중간쯤에 당시 많은 사람들이 가지고 있던 나의 고향 사람들에 대한 부정적 선입관 때문에 마음의 상처를 심하게 받았다. 나는 이 문제를 사회 개혁으로 풀어가야 할 것이라고 믿었다. 언젠가는 물리적 개혁을 이루어 갚아 주리라고 생각했고, 고등학교에서 삼선 개헌 반대 등의 데모를 할 때에는 주동자가 되지는 않았지만 앞장서서 길거리에 나갔고, 사회에서 부정적인 것을 보면 지적하여 대통령실의 소환을 받기도 하였다.

그렇게 지내던 어느 날 데모를 하고 돌아오던 나에게서 발견한 것은 '수신제가치국평천하' 이건만 내 자신은 전혀 개혁되지 못하고 있다는 자신에 대한 실망이었다. 나는 어려서 가훈으로 날마다 외우던 '주자십회훈'을 통하여 후회하지 않는 삶을 살자고 작정하고 장래에 대한 많은 설계를 하며 살았다. 그런데 해가 갈수록 후회할 수 밖에 없는 삶을 살고 있는 자신에 대한 큰 실망으로 인하여 자살이 최선의 길이라는 생각을 하게 되었다. 이렇게 살려면 차라리 죽는 것이 사회에 유익하리라는 생각이 들어 유서를 쓰고 자살을 시도하기에 이르렀다. 천만다행으로 그때 찾아온 선배 때문에 죽음을 선택하는 대신 술을 마시게 되었다. 술을 마시는 사람은 약하고 가치 없는 사람이라고 생각했던 내가 술을 의지하고 망각의 시간을 가지고 싶어했던 것이다. 나에게 큰 기대를 가지고 계신 어머님보다 먼저 죽는다는 것이 너무나 죄송하여 죽음을 연기하기로 하고, 그때부터 오랜 시간을 홀로 술을 마시며 잠을 이루고 다시 아침이면 정상적인 학생으로서 모범생처럼 학교에 다니는 이중적인 삶을 살았다.

그런 연유에서인지 내가 가진 재능은 발굴되지 못하고 그저 평범한 학생으로서 특별히 지적받지 않을 정도의 수준을 유지하며 고등학교 생활을 마치게 되었다. 대학 진학에 대한 아무런 의욕이 없었지만 집안 사람들의 기대를 저버릴 수가 없어서 전공을 당시 사회가 선호하던 공과대학으로 정하고 고려대학교 토목학과에 1970년에 입학하였다. 사람들은 일류 대학 입학이라고 축하하였지만 인생의 목적을 모르는 삶에 한없이 실망스러웠고, 자연스럽게 학업에 열심이 없이 계속되던 학생 데모에 참여하면서 시간을 보내고 있었다. 3학년 때에 학교에서 실시하는 교련 반대 데모를 하다가 군대를 자원해서 가겠다고 공군에 입대하게 되었다. 3년간의 군복무를 마치고 1975년 5월에 다른 사람들과 같은 평범한 삶을 살자고 결심하고 학교에 갔으나 복학이 어려워 다시 방황하며 흔들리게 되었다.

### 개종과 삶의 변화

주님과의 만남은 전적인 하나님의 은혜와 교회에서의 삶을 통하여 이루어졌다. 복학이 막혀 있어서 기다리고 있던 어느 날 옆집에 살던 후배가 "형, 교회 한번 같이 가자"라고 권했을 때에 "교회는 여자들이나 노인들이 나가는 데지 왜 젊은 사람이 교회에 나가냐"라고 답했다. 그러나 강권하는 후배의 체면을 봐서 교회에 나가게 되었는데 예배를 마치고 나오는 젊은이들의 모습은 나에게 커다란 도전이 되었다. 나는 지금까지 '어떻게 이런 세상을 살아가면서 웃을 수가 있는 것일까?' 라고 속으로 그들을 조소하였다. '아마 제정신이 있는 사람이라면 세상의 악을 보며 분노 가운데 살아야만 할 것이다' 라고 생각했다.

한번은 예배에 참석하고 교회의 계단을 내려오면서 싱글벙글하는 청년을 보면서 화가 나서 "어떻게 웃으며 살 수가 있습니까?" 라고 물었다. 그와의 대화가 이어졌다. "하나님을 믿으니까 그렇지요." "뭐요? 하나님이요?" "예, 하나님께서 살아 계십니다." "그럼 나에게 보여줄래요?" "한번 찾아보세요." 이 대화가 나에게는 엄청난 도전이 되었다. 그래, 이들이 말하는 하나님에 대해서 알아보자라고 생각하고 6개월을 투자하기로 작정하고 교회에 열심히 참석하게 되었다.

당시 충현교회에는 대학부가 있었지만 군대를 제대한 나에게는 대학부가 어울리지 않아 청년부에 가게 되었는데 청년부는 믿음의 공동체가 무엇인가를 보여주는 좋은 곳이었다. 우선 세상 사람들과 다른 사람들이 모여 있었다. 그곳에는 세상이 줄 수 없는 그 무엇이 있다고 느껴졌다. 먼저 어떻게 다른 배경의 사람들이 이렇게도 잘 어울릴 수 있는가가 궁금했다. 그곳에는 세상적으로 잘 나가는 일류 대학 출신의 사람들도 있었고, 세상에서 별 볼일 없다고 생각되는 학교도 제대로 다니지 못한 사람들도 있었다. 그런데 머리가 좋은 사람들은 교육부, 지육부 등에서 섬기고 있었고, 또 다른 부류의 사람들은 열심히 봉사하고 전도하면서 함께 어울려서 공동체를 이루고 있었는데 너무나 신기하기만 했다. 대학부와는 또 다른 세상을 보는 것이었다. 나의 눈에는 가식적으로 어울리는 것이 아니라 진정 서로를 사랑하는 모습으로 보였다. 어떻게 하나가 될 수 있을까? 고향이 다르고, 배경이 다르고, 모든 면에서 다른 사람들이 하나가 될 수 있다는 것 자체가 나에게는 이들에 대해서 더 알아봐야겠다는 생각을 갖게 하였다.

영적인 만남은 오랜 시간을 통해서 준비되고 갑작스럽게 이루어졌으나 나의 삶에는 엄청난 변화를 가지고 왔다. 6개월이라는 시간을 작정하고 교회를 나가기 시작해서 모든 예배에 빠지지 않고 참석하기 시작했다. 주일예배, 오후 청년부 예배, 성경공부, 그리고 철야 기도를 한다고 하면 혹시 어떤 식으로 사람들을 세뇌하는지 알아보기 위해 나갔다. 당시 가까운 장충단 공원에 전도를 나가면 같이 나가보기도 했다. 이런 과정 가운데 성경공부 시간에 '열단계성서교재'를 가지고 체계적인 공부를 하였는데 나는 도무지 받아들여지지가 않았다. 내가 이해하지 못하고 있으면서 "나를 세뇌하려고 애쓰지 마십시오"라고 하면 "오, 불쌍한 미스터 조를 위해서 기도하자"라고 하며 나를 위해서 기도하곤 했다. 이런 가운데도 내가 교회에 붙어 있을 수 있었던 것은 세상과 다른 모임의 분위기 때문이었다. 6개월이 다 되어가는 때에 청년부 수양회를 가게 되었다. 수양회의 주제는 "내가 그리스도를 만났다"라는 제목이었다. 그러나 강사의 열띤 설교가 내 귀에는 전혀 들어오지 않았다. 수양회에 어쩔 수 없이 참석했던 몇 사람들, 여자친구들의 권유로 참석했던 사람들은 함께 뒷쪽에서 수양회가 빨리 끝나기를 바라면서 금연의 어려움을 토로하고 있었다. 수양회 첫날 밤, 나는 점점 마음에 무거운 짐이 몰려오는 것을 느꼈다. '왜 옆의 사람은 무엇을 그렇게 잘못했다고 울고 있는 것인지, 모두들 그리스도를 만났다고 하는데 2천 년 전에 죽은 예수를 누가 만났다는 말인가? 이제 자신에게 약속한 6개월의 시간이 다 가는데 나에겐 하나님이 보이지를 않으니 어떻게 해야 하는가?' 이런 생각이 들면서 밤을 새웠다. 나도 모르게 "하나님, 당신이 있는 것입니까? 그렇다면 나에게 보여주세요. 그렇지 않으면 나는 이제 교회를 떠납니다"라며 부르짖었다. 이틀 밤을 그렇게 부르짖으며 보냈지만 아무런 환상도 느낌도 들지 않았다.

수양회를 끝내고 내려오며 나는 이 모든 것이 정신적인 현상이라고 스스로 다짐하였다. '그래, 여자들이나 노인들이나 병약한 사람들에게는 누군가 절대자가 있다고 생각하고 의지하면 좋을 것 같아. 보통 사람들 보다는 선하게 살 테니까. 그러나 나같이 가야 할 길이 먼 젊은 사람에겐 필요할 것 같지 않아.' 그런 각오를 하고 집으로 돌아왔으나 약속했던 한 가지를 아직 못한 것이 있었다. 성경을 완독하라는 것이었다. 나는 성경을 한 번 읽어보라는 권유를 듣고 6개월 동안 창세기부터 읽기 시작하여 히브리서를 읽고 있었기 때문에 이제 조금만 더 읽어버리면 나의 의무도 다 끝날 것이라고 생각했다. 지식인이라면 최소한 성경을 한 번은 읽었다고 말할 수 있어야 하지 않겠나라는 생각을 하고 그날도 성경을 펴들었다.

바로 그날 성경이 하나님의 말씀으로 살아나는 놀라운 체험을 통하여 새 생명의 탄생을 경험하고 새 창조의 세상을 만나게 되었다. 술을 한 잔 마시고 한 잔은 따라 놓고 파이프 담배를 피워 물고 성경을 펼쳤다. 나는 교회에 나간다는 이유 때문에 술과 담배를 끊어야 한다고 생각하지 않았기 때문에 교회에서만 금연, 금주를 했고 고등학교 때부터 시작되었던 술을 가까이 두게 되었고, 대학생 때부터 정식으로 담배를 피우고 있었다. 그날은 히브리서 11장을 읽게 되었다. "믿음은 바라는 것들의 실상이요 보이지 않는 것들의 증거니 선진들이 이로써 증거를 얻었느니라 믿음으로 모든 세계가 하나님의 말씀으로 지어진 줄을 우리가 아나니 보이는 것은 나타난 것으로 말미암아 된 것이 아니니라"(히 11:11-3). 이 말씀은 나에게 엄청난 충격을 주었다. 이 말씀을 읽는 순간 세상을 만드신 창조주가 살아 계시고, 그분을 믿음으로 만나게 된다는 사실을 받아들이게 되었다. 창조주가 계신다면 내가 무엇을 말할 수 있겠는가? 그 순간 그동안 읽었던 말씀들이 생각나면서 나의 삶에서 창조주를 알지 못하고 살았던 수많은 죄악들이 물밀 듯 덮쳐오기 시작하였다. 나도 모르게 무릎을 꿇고 하나님께 나의 죄를 자복하였다. 한편으로 창조주 그분께서 나를 만드시고 나에게 아버지라고 부를 수 있는 특권을 주셨다는 것이 너무나 놀라워 오랫동안 불러 보지 못했던 '아버지'를 큰소리쳐 불러 보았다.

나는 말씀이 깨달아지면서 세상을 보는 관점이 완전히 다르게 변하는 것을 체험하였다. 읽는 말씀 한 구절 한 구절은 하나님이 직접 말씀하시는 음성처럼 들렸다. 지금까지 살았던 헛된 삶에 대한 눈물과 구원의 감사와 새 생명의 기쁨이 주체할 수 없을 정도로 밀려왔다. 며칠을 어떻게 보냈는지 모를 만큼 지내고 밖으로 나왔을 때에 세상은 완전히 다른 세상이었다. 하나님의 창조 역사를 보고 있었다. 어두운 세상이 보이는 것이 아니라 그 위에 계신 하나님의 손길을 보게 되었다. 슬퍼하고 울어야 하는 것이 아니라 기뻐하고 웃어야 할 큰 이유가 되신 하나님이 계심을 깨닫게 되었다. 나의 얼굴은 놀랍게 달라지고 사람들을 만나면 길에서나 버스에서나 "내가 예수님을 만났는데 이렇게 좋습니다. 여러분도 예수님 만나세요"라고 말하였다. 세상의 모든 것이 아름다워 보이고, 햇빛도 구름도 아름답고 모든 만물 하나하나의 존재 의미가 느껴졌다. 내가 죽어야만 할 사람이라고 생각했던 곳에서 "그리스도 예수 안에서 선한 일을 위하여 지으심을 받은"(엡 2:10) 하나님의 특별한 창조물이라는 것을 깨닫게 되었다. 그리고 내가 관여할 수 없는 나의 모든 것까지도 하나님의 선한 계획 가운데 이루어졌다는 것을 받아들이게 됨으로써 그때까지 가지고 있었던 고향 출신에 대한 열등감이 눈 녹듯 사라져 버렸다. 그리고 나를 힘들게 했던 동부 지방의 사람들까지도 하나님의 귀한 창조물로서 사랑스러운 대상이 되어 가고 있었다.

주님과의 만남 이후의 나의 삶은 너무나 갑작스럽게 변하였다.

창조주이신 하나님을 만나는 순간 술과 담배에서 자유로워졌다. 내가 의지했던 술과 담배보다 더 기쁘고 더 많은 위로가 있는 성경 말씀이 나를 사로잡았다. 그 후에 만난 친구들이 내가 너무 이상하다면서 술과 담배를 가지고 갔다. 안타까운 것은 그 친구들이 나의 변화를 이해하지 못하고 나를 만나기 꺼려하기 시작했다는 것이다. 나의 친구들은 술자리가 유난히 많았는데 술 대신 물을 마시고 있는 나의 모습이 분위기를 깬다면서 싫어하였고, 나는 말씀에 대한 사모함으로 교회를 찾게 되어 점점 예전의 친구들과 거리를 가지게 되었다. 학교 복학에 대한 관심은 없어져 버리고 모든 시간에 성경과 신앙서적들을 읽으며 궁금한 점들을 풀어가기 시작했다.

## 사역자로 헌신

나의 사역자로의 헌신은 나 자신의 포기와 주위 사람들의 확증으로 이루어지게 되었다. 모든 일들에는 때가 있는 법이다. 내가 사역자가 되리라고는 생각할 수가 없었다. 정치가나 법관이 되어 일하려고 했고, 대학을 들어갔을 때는 도피하듯 토목기사로서 생활전선에서 일하려고 했다. 그러나 믿음을 가지게 되면서 곧 전도하는 것은 생활화되었다. 하지만 내가 목사가 되리라는 것은 생각하지 않았다. 평신도로서 복음을 전하는 멋있는 사람이 되고 싶었다. 내가 신앙생활을 시작하자 곧 교회에서 여러 사람들이 "당신은 신학할 사람 같아요"라면서 신학대학에 가라고 권했다. 그러나 당시 다니던 고려대학교를 그만두고 신학대학을 간다는 것은 생각할 수가 없었다. 신학을 공부하는 것에는 많은 관심이 있어 책을 열심히 읽었으나 목사가 된다는 생각은 할 수 없었다. 내가 가진 선입견으로 목사는 힘 없는 사람처럼 느껴졌고, 나에게는 어울리지 않는 것이라고 생각했기 때문에 그들의 말을 일축해 버렸다. 그러나 학교에 돌아가는 것이 지연되었기에 군대의 경험을 살려 취직을 하기로 작정하였다. 하나님의 구체적이고 직접적인 간섭하심을 경험하며 대한항공에 입사하게 되었다.

사회의 경험으로 다양한 사람들을 만나게 되었고, 신앙이 어떻게 세상 속에서 빛날 수 있는가를 배우는 기회가 되었다. 주님은 나에게 가장 좋다는 자리에 앉히시고 장래를 위하여 훈련받으며 준비하게 하셨다. 영어를 연습하게 하셨고 논리적인 사고를 키우게 하셨고 국제적인 꿈을 꾸게 하셨다. 비신앙적인 회사에서 신앙인이 어떻게 살아갈 수 있는가를 경험하며 단련하게 되었다. 몇 명의 믿음의 사람들과 매주 화요일 점심에 성경공부 모임을 조직하게 되었다. 회사에서는 모범 사원으로 자발적으로 섬겼다. 회사에서 신입 직원인 나에게 프랑스에 가서 비행기 제작 과정을 배우라는 특혜를 빨리 주지만 않았더라도 더 오랫동안 세상에서 안락하게 지냈을 것이다. 그러나 내가 일생 동안 가야 할 길이 과연 무엇인가라는 질문을 하며 나를 다시 돌아보게 되었다. 기도 가운데 주님의 인도는 정착이 아니라 주님의 복음을 위해 더 준비되어야 한다는 것으로 결론을 내렸다.

나는 교제하던 지금의 아내를 전도하여 내가 세례를 받을 때에 아내는 가톨릭에서 입교를 하였다. 우리는 곧 결혼을 하고 교육을 더 받기 위해 미국으로 이민의 길을 떠났다. 비자를 얻는 것부터 모든 절차들이 거의 기적에 가까운 일이었으나 하나님께서 구체적으로 간섭하심을 보여주는 여러 가지 사건들이 일어났다. 1978년 4월 1일 불확실한 장래와 미지의 세계를 향하여 김포공항을 떠날 때에 우리를 환송해 주던 교회 친구들은 "목사가 돼서 올 거요, 장로가 돼서 올 거요?"라며 다시 나에게 소명에 대한 질문을 던졌다.

나의 미국 이민 생활은 시카고 지역에서 시작되었다. 주일 성수를 위해 토요일에 어렵게 도착해서 가장 먼저 찾아 나선 곳이 한인 교회였다. 주일을 지나고 목사님과 장로님을 만나 대화를 나누는 가운데 또다시 소명에 대한 도전을 받게 되었다. 장로님은 곧장 "신학할 사람이구만" 이라고 말하셨다. 나는 "그런 말씀 마십시오. 저는 신학교에 가지 않겠습니다"라고 했지만 계속되는 주위 사람들의 권고는 쉽게 무시해 버릴 일이 아니었음을 후에 알게 되었다. 나는 최선을 다하여 교회에서 섬기고, 또한 어떤 것이라도 당시 내가 할 수 있는 일들을 하였다. 공장 생활을 8개월여 동안 하고 나서 미국을 더 잘 알기 위해서는 기계 대신 사람들을 만나야겠다는 생각을 하고 공장을 그만두고 택시 운전을 하였다. 그렇게 시작된 택시 운전은 나에게 자유로운 시간을 허락해 주었고, 무엇보다 영어로 사람들과 대화를 하고 전도할 수 있는 기회가 있어서 좋았다. 선한 일을 하다 강도를 만나기도 했지만 다양한 사람들을 통하여 사회를 배울 수 있어서 좋았다. 손님이 타면 혼자서 찬송을 부르며 전도의 길을 열었다. 운전중 전도하며 영접한 사람은 직접 없었지만 그들에게 왜 예수님을 믿어야 하는지 말하고, 교회생활이 얼마나 중요한가를 말할 때에 대부분의 사람들은 긍정하고 감동을 받으며 택시에서 내렸다.

사회를 더 배우고 전도를 잘하기 위해서 기회가 되어 세일즈를 배우기로 했다. 자동차 세일즈 방법을 익히면서 전도 방법을 많이 생각하였다. 이윤 추구를 목적으로 하는 비지니스가 나에게는 맞지 않았지만 사람들을 대하고 결정하는 과정들을 통하여 복음 전도에 대해 더욱 확고해져만 가는 길을 부인할 수가 없었다.

미국 생활 일 년 반이 지나면서 주님의 부르심을 이제는 더 이상

피할 수 없다는 생각이 들었다. 그러나 내가 돈을 직접 벌 수가 없고 남에게 의존해야 한다는 부담이 사역자로서의 부르심에 걸림돌이 되었다. 주님은 사도행전 2장과 4장에서 누구도 자기의 것을 자기의 것이라고 하는 자가 없이 유무상통하는 모습을 통하여 진정한 개종은 소유권의 이전으로 나타난다는 것을 가르쳐 주셨고 그때까지 가지고 있었던 소유에 대한 개념을 바꾸어 주셨다. 나의 모든 삶의 소유권을 진정 주님께 드리고 그 안에서 나누어 주시는 것으로 살겠다고 순종하며 사역자의 길을 가기로 결정하였다.

이제는 신학을 공부하기로 작정을 했기 때문에 시카고에서 가장 가까우면서 좋은 신학교를 찾아 트리니티 대학교에 입학하게 되었다. 누구보다 대학교를 빨리 입학했던 사람이 이제는 결혼까지 하고 나이가 들어서 대학을 다시 다니게 되어 부끄러운 생각이 들기도 했으나, 주 안에서 새롭고 분명한 목표와 솟아나는 열정으로 좋은 성적으로 대학을 마치고 곧 트리니티 복음주의 신학교에 입학하여 M.Div.와 Th.M. 과정을 연속적으로 마쳤다.

### 선교사로 부르심

미국 신학교에서의 공부는 끊임없는 도전과 함께 현실적인 성장과 성숙의 길을 보여주었다. 신학대학을 다닐 때에 태국에서 안식년으로 우리 학교에 오신 김정웅 선교사를 만나고 선교에 대한 것을 다시 생각하게 되었다. 신앙생활을 시작한 지 얼마 되지 않았을 때에 서울에서 화요모임이라는 찬양집회에 참석했던 기억이 떠올랐다. 당시는 흔하지 않던 찬양집회에서 뜨거운 마음을 찬양으로 표현하던 어느 날 미국 선교사가 방문해서 선교 도전을 하였다. 참석한 약 70여 명 정도의 사람들이 모두 선교사가 되겠다고 손을 들고 일어섰지만 나는 손을 들 수도 없었고, 물론 일어설 수도 없었다. 그때에 고개를 푹 숙이고 "하나님, 나는 전혀 준비가 되지 않은 사람입니다. 만일 나와 같은 사람이라도 필요하시다면 써주세요"라고 혼자서 속삭였다. 당시는 그것이 무엇을 의미하는지도 모르고 말했으나 그렇게 고백한 서원이 차츰 주님의 인도하심으로 이어져갔음을 알 수 있었다.

신학교에서는 열심히 청소년 사역을 시작하여 동료 전도사들과 함께 OIL(One In Love)이라는 고등학생을 위한 모임을 만들고 열심히 전하였다. 복음전파의 사명은 너무나 당연한 것이라고 여기고 열심히 일했지만 선교에 대해서는 확신이 없었다. 2학년이 되면서 학교에서 해외 사역팀에 들어가게 되었고, 김정웅 선교사님의 도움을 받아 단기선교를 계획하게 되었다. 한인 선교사들에게 연락을 하고 필리핀에서 2주간, 태국에서 한 달 동안 단기선교사로서 섬기게 되었다. 두 달 만에 돌아온 나에게 복음의 불모지로 남아 있는 태국에 대한 부담이 점점 더 강하게 다가왔다. 결국 미국에도 복음은 필요하지만 복음 전도자가 더 많이 필요한 태국에 선교사로 가야겠다는 생각이 들었고, 구체적으로 선교사가 되는 길을 준비하기로 결정하였다. 감사하게도 아내는 주저함 없이 주님께서 부르시는 곳이라면 어디로든지 선교사로 가겠다고 하였고 우리들의 마음에 태국이 자리 잡게 되어 그때부터 구체적인 준비를 하기 시작하였다.

### 선교 사역을 위한 준비

하나님께서는 나의 모든 삶을 통하여 사역을 위해 준비하신다는 것을 알게 해주셨다. 일반 회사에서의 경험은 사람들을 더 잘 이해할 수 있게 하였고, 이민생활의 경험은 타문화권에 대한 이해와 적응을 배우게 하였으며, 가장 기본적인 언어에 익숙하게 하였다. 또한 신학교에서 교수들과 선배와 동료 학생들을 통하여 폭넓은 시야를 가지도록 도와주었다. 세계적인 선교학자들에게서 배웠던 시간은 나에게 참으로 유익한 시간들이었다. 그러나 무엇보다도 그분들이 나에게 끼친 큰 영향은 학자이기 전에 신앙인의 본을 보임으로 자연스럽게 풍기는 그리스도의 향기였다. 철저한 보수신앙으로 시작한 나에게 미국 교수들과 동료들의 조화로운 삶은 많은 감동을 주었다.

트리니티 신학교에서는 세계적인 학자들을 통하여 복음적인 신학 기반을 다지고 타문화권 사역에 관한 이론적인 토대를 쌓고, 제자훈련에 대한 관심을 가지게 했으며 역사적 관점에서 선교를 볼 수 있도록 도와주었다. 일반 목회학 석사를 마치고 선교학 신학 석사 과정을 밟으면서 태국에서 사역을 어떻게 할 것인가를 꿈꾸게 하셨다. 마침 연구사역 중인 태국 선교사들을 만나고 더욱 현실 상황에 대한 이해와 역사적인 배경들을 통하여 태국 선교를 준비하게 하셨다.

정규적인 수업을 통해서 많은 것을 배우던 가운데 나의 선교 사역 방향에 전환점이 되는 기회가 있었다. 아시아선교협의회(Asia Missions Association)의 선교대회를 준비하는 사무 책임자로서 일하게 되었다. 선교하는 일에 사람이 없다는 얘기를 듣고 뜻하지 않았던 일을 하기 위해 자원봉사자로서 두 달간 캘리포니아에 있는 US Center for World Mission에서 보내게 되었다. 조동진 목사님이 중심이 된 아시아선교협의회에서는 아시아를 넘어 제삼세계 선교 지도자들을 초청하고 랄프 윈터 박사를 중심으로 미국 교회 선교세력과 연합하는 일들을 꿈꾸며 미주 한인교회들을 동원하는 선교대회를 주최하였다. 이 일을 도우면서 내가 느낀 것은 비서구권 교회 역할의 중요성이었다. 제삼세계의 선교가 발전해야 세계 선교를 마칠 수가 있으며 이 일을 위해 내가 쓰임받을 수 있다는 사명감을 가지게 되었다.

### 선교지 선택

선교지 선택은 꿈의 성취와 주님께 대한 순종 사이에서 결단이 필요한 일이었다. 단기선교를 마치고 돌아온 이후 태국 선교를 꿈꾸며 3년 동안 연구하고 준비하였다. 선교에 관심을 가지게 되면서부터 어느 곳으로 가야 할지 생각했지만 단기선교를 통하여 직접 본 현장의 모습에서 내가 해야 할 일들을 찾았다. 그런 와중에 내가 파송받을 단체를 선택하는 일은 쉽지가 않았다. 몇 분의 선교사들 추천도 있고, 교수님 추천도 있어서 당연하게 미국 단체를 생각하고 있었으나 AMA대회 이후에 내 생각이 바뀌었다. 세계선교를 감당하기 위해서는 비서구권 교회가 동원되어야 하고, 특히 한국교회가 움직여야 한다는 생각이었다. 한국교회가 자주적인 생각을 가지고 세계 선교를 위하여 쓰임받기 위해서는 한국교회가 국제화되어야 한다. 이 일을 위해서 하나님께서 나를 이렇게 훈련시키시지 않으셨는가라는 생각을 하게 되었다. 그런 생각과 함께 오랜 기도 후에 한국 선교단체인 KIM(Korea International Mission)을 통하여 파송을 받기로 결정하였다. 이것이 미주 한인교회 출신으로서 미국에서 신학을 공부하고 한국 선교단체를 통하여 첫 번째 파송을 받게 된 계기가 되었다.

나는 태국 선교사로서 1987년 5월 14일 로스앤젤레스에 있는 라

성빌라델피아교회에서 파송을 받았다. 네 살, 한 살의 두 아들을 데리고 우리 가족 네 사람은 태국 선교사로 파송을 받아 미국을 떠나서 한국으로 들어가게 되었다. 당시 선교회에서 실시하던 하기선교대학원에 참석하고 가을에 태국으로 들어가기로 하였다. 그러나 예상하지 못했던 일이 일어났다. 태국 선교사들이 선교회를 모두 떠나기로 결정한 것이다. 나에게는 태국으로 들어오기만 하라는 말을 남기고 떠나신 선교사들을 보면서 어떻게 해야 할지 고민을 했다.

선교지 선택에서 하나님의 인도하심을 어떻게 알 수 있는지에 대한 기본적인 질문을 다시 하게 되었다. 결국 일 년 반 동안의 기도와 고민, 그리고 모든 상황에 대한 연구와 분석 끝에 다시 필리핀으로 선교지를 선택하게 되었다. 그동안 하나님께서 선교회를 통하여 맡기신 일들을 감당하면서 영국, 일본, 필리핀, 태국, 인도네시아, 미국 등을 방문하고 인도하심을 구하였다. 많은 숙고 끝에 선교회에서는 필리핀에서 1989년에 열릴 제2차 로잔대회를 준비하고 1991년도에 열릴 아시아선교대회를 준비하며 선교운동을 돕기 위하여 나를 필리핀으로 파송하기로 결정하였다.

나는 필리핀 단기선교를 통하여 필요가 많은 다른 나라에 가지 않고 가톨릭권으로 가는 것이 나에게는 합당하지 않다는 생각을 했기에 왜 내가 필리핀으로 가야 하는지를 물었다. 그러나 일 년 반 동안 여러 나라들을 돌며 선교 운동을 본 나는 필리핀에서 선교를 하는 것도 뜻있는 일이 될 것이라는 생각이 들었다. 그렇지만 정작 필리핀으로 가야 할 때에 주님의 인도하심인지를 확인하고 싶었다. 필리핀에 도착한 첫날 준비된 한 영혼을 만나게 하시고 예수님을 영접하며 눈물 흘리는 모습을 보면서 하나님의 인도하심이 분명하다는 내 나름의 증거를 받고 사역을 시작하게 되었다.

### 필리핀에서의 사역

필리핀에서의 중심 사역은 필리핀 선교 개발이었다. 이미 복음이 어느 정도 들어간 필리핀에서 한국 선교사가 해야 할 일에 대해 생각하고 필리핀 교회가 선교를 할 수 있도록 돕는 일이 내가 가장 우선적으로 해야 할 일임을 깨닫고 그 방향에서 추진하기로 하였다. 필리핀선교단체협의회(PMA)의 초청으로 필리핀에 들어가면서 두 가지를 요청받았다. 하나는 필리핀의 미전도종족 조사연구와 신학교에서 선교학을 가르쳐달라는 것이었다. 필리핀 신학교에서 강의를 하면서 동시에 기존의 미전도종족 리스트에 의거해서 구체적인 미전도종족 조사를 하기 시작하였다. 그 가운데 첫 번째로 조사한 종족이 사마르 섬에 사는 '와라이' 족이었다. 이들은 약 130만 명 가량이 사마르 섬에 거주하고 있었는데 개신교 인구는 약 0.7%였다. 이는 필리핀 전체의 복음주의 개신교 비율인 6%에 비해서 턱없이 적은 숫자이었다. 와라이에 대한 부담이 나를 그들에게 이끌었다. 그들의 현황과 특성을 조사한 나는 그대로 발표하는 것으로 끝나서는 안 되겠다는 생각이 들었다. 그렇게 하여 미전도종족 조사 연구와 함께 그들을 전도하는 선교 모델을 발전시켜야겠다는 생각을 하게 되었다.

미전도종족의 선교 모델을 만들어 가는 데는 공동의 노력이 필요했다. 처음부터 함께 꿈을 꾸고 함께 일하고 함께 즐거워하자는 협력의 정신을 새기면서 사람들을 모으기 시작하였다. 와라이 종족에 대한 조사를 마치고 8쪽짜리 보고서를 500부 복사하여 모든 선교단체들과 큰 교회들에 보내서 와라이에 대한 관심을 가져달라고 부탁하였다. 먼저 마닐라 지역의 교회들에게 선교의 필요성에 대해서 알리고 단기선교사들을 모집하기 시작했다. 두 달간의 단기선교에 열두 명이 참여하였으며 이들에게 자신들이 사용할 경비의 절반을 필리핀 교회에서 모금을 하게 하였다. 필리핀에서 단기선교팀을 만든 것이 처음은 아니었지만 자신들이 모금을 하는 일은 없었던 일이라 반대가 심했다. 그러나 필리핀 교회의 선교에 대한 책임을 말하면서 도전하였을 때에 그들을 통하여 절반의 경비가 모금되었다. 필리핀 교회가 국내의 미전도종족 선교에 대한 부담을 가지도록 도왔고, 단기선교팀을 통하여 직접 참여하도록 하였던 것이다. 이때 발굴되었던 현지 지도자들이 필리핀의 선교 조사 연구 책임을 맡고 있고, 다른 사람들은 그 후 국내 선교사로서 섬겼으며, 후에 베트남과 아프카니스탄에서 선교사로 섬기며 한국 선교사들이 떠난 자리를 지키고 있다. 현지 지도력 개발에 항상 관심을 가지고 사역했던 우리 팀 사역의 조그마한 열매라고 할 수 있을 것이다.

성공적인 사역을 위해서는 함께 해야 한다는 생각을 하고 있었기 때문에 처음부터 필리핀 사람들과 다른 교회와 단체들을 참여시키려고 힘썼다. 이때에 함께 일하겠다고 나온 단체들 가운데 와라이말로 '예수' 영화를 번역한 CCC 영화상영팀과 전도팀, 의료단기선교팀, 방송 사역을 통해서는 아니지만 와라이인들을 위한 사역을 위해 들어온 기금을 우리에게 보내준 필리핀 극동방송 등이 있었다.

이렇게 하여 사마르 종합개발 계획이 만들어졌고, 사마르 지역에 적합한 리더십을 키우기 위하여 대학 과정의 3년 훈련프로그램인 RCLTC(Responsible Christian Life-style Training Center)가 시작되었다. 단기팀을 통하여 집중 전도, 의료 지원 등의 사역을 하였고, 지속적으로 사마르 지역 목회자들이 교육받을 수 있도록 목회자 훈련 프로그램을 만들고, 청소년들을 위한 전도 양육 프로그램, 참여하지 못하는 사람들을 위한 통신 성경학교, 지역 사회 개발의 기술과 정신을 습득하기 위한 프로그램 등을 개발하였다.

한편 마닐라에서는 필리핀 교회가 선교에 대해서 눈을 뜨도록 미전도종족을 위한 기도책자인 〈Global Prayer Digest〉를 필리핀 미전도종족을 포함시키는 필리핀 판으로 만들기 시작하였다. 또한 단기선교팀인 SOS(Summer Outreach to Samar)를 운영하고 해마다 국제적인 단기선교팀을 구성하여 사마르 지역을 집중해서 섬기도록 하였다. 또한 필리핀 주류사회와의 연결 고리를 가지면서 몇 분의 하원의원이 포함된 각계 지도층과의 성경공부를 매주 화요일에 지속적으로 하게 되었다.

또한 필리핀에서 사역하는 한국 선교사들을 섬기기 위하여 주비한인선교단체협의회로 조직을 변경하고 선교 사역의 필요에 대해서 알림으로써 한인 선교사들이 마닐라 지역을 벗어나 다른 미전도종족 사역들을 할 수 있도록 지원하였다.

한편 필리핀 사역을 하면서도 폭넓은 세계 선교를 위하여 섬길 수 있는 기회를 계속해서 가질 수 있었다. KIM선교회가 북한을 위해서 일할 수 있는 사역의 기회를 갖게 되고 제삼세계선교협의회를 창립하는 일들을 하게 되면서 세계선교에 있어서 전문성의 필요, 협력과 네트워킹의 중요성을 인식하게 되었다. 그러나 안타까운 것은 파송받았던 KIM 선교회에서 지속적으로 사역을 하지 못하게 되었고, 필리핀과 인도네시아 선교사들이 분리하여 새로운 단체인 PWM(Partners for World Mission) 선교회를 창립하게 되었다.

필리핀에서의 사역은 지속적으로 발전을 하여 후배 선교사들과 함께 팀사역을 열정적으로 하게 되었다. 우리들은 재정을 전적으로 함께 나누는 조직으로 운영하였으며, 현지인들에게 재정을 공개하고 그들을 통하여 생활비를 지급받는 투명성을 강조하고 현지의 지도력을 세우는 데 최선을 다했다. 그렇게 하여 현지 동역자들을 세우며 그들이 선교 사역을 주도적으로 감당하도록 하는 것이 우리의 목표였다. 이렇게 사역을 하던 중 파송받은 지 6년 반 만에 안식년과 연구 사역을 위해 미국으로 돌아와 모교인 트리니티 신학교에서 Ph.D. Intercultural Studies를 수학하게 되었다.

다시 한 번 나의 계획은 주님의 인도하심과 다르다는 것을 알게 되었다. 필리핀 사역이 한창 재미있었고, 열매도 많았기 때문에 속히 돌아가고자 하는 마음으로 연구하던 중 뜻하지 않은 병을 얻어 모든 것을 중단하기에 이르렀다. 간경화증으로 모든 것을 중단해야 할 처지에 이르렀고, 아내도 함께 병을 얻어 치료를 받아야 하는 상태가 되니 선교회와 동료들이 나에게 미국에서 동원사역을 맡아 선교회의 미주 본부를 만들어달라는 부탁을 하였다. 당시 나는 당연히 필리핀으로 돌아가리라 생각하였으며 필리핀인들이 가진 공동체에 대한 개념의 비교를 통해서 어떻게 하면 선교를 더 잘할 것인가를 연구하고 있었다. 그런 나에게 이는 실로 뜻하지 않은 일이었다. 나는 잘 준비되어 있는 필리핀 선교지를 포기하고 싶은 마음이 전혀 없었으나 어느 것이 하나님의 인도하심인지 고민하며 기도하기 시작하였다. 결국 하나님께서 새로운 사역의 장을 여시고 어려운 일의 개척, 선교사의 발을 씻는 일을 맡아야 할 책임을 느끼게 하셨다. 이렇게 하여 미국으로 선교 사역의 장을 옮기게 되었다.

## 미국과 한국에서의 사역

미국에서의 사역은 선교 동원과 지원 사역을 통하여 세계 선교를 섬기는 일이었다. 효율적인 사역을 위하여 나의 미국 고향이라고 할 수 있는 시카고 지역을 떠나서 한인들이 밀집해 있는 캘리포니아로 옮겼다. 우리에게는 이것도 큰 도전이었다. 캘리포니아에서 선교회의 미주 본부를 만들어야 하고 선교사를 발굴하고, 선교 후원을 확장하고, 선교사를 훈련하고 파송하며 현지의 선교사들을 돌보는 일들을 시작했다. 기대한 만큼 성장하지는 못했지만 50명의 선교사들이 미주에서 파송을 받았고, 한국 선교단체로서는 한국과 미국의 한인들이 함께 일하는 선교단체의 모델로 발전하였다.

또한 이 기간 동안 나에게는 현지의 지도력 개발에 대한 관심을 가지게 하셨다. 새로운 사역들을 시작하도록 인도하셔서 미얀마에 미얀마 연합신학원, 인도에 에벤에젤 신학교를 현지 지도자들과 함께 설립하게 되었다. 미얀마의 학교는 70여 명의 학생들이 기숙사에서 수학하는 대학 과정으로서 미얀마 미전도종족 선교를 꿈꾸며 학생들을 교육하고 있으며, 인도의 신학교는 50명의 기숙학생들과 150여 명의 통학생들이 공부하는 정식 신학교로서 발전하게 되었다.

주님께서는 나를 지속적으로 선교운동의 확산을 위하여 사용하셨다. 현지를 방문하여 선교 사역을 지원하는 일들은 일상적이면서도 나에게 끊임없이 현장의 생생함을 유지하도록 도와주었으며, 미주 본부의 대표로서 미주 한인교회 선교발전을 위해 섬기도록 하였다. 시카고 휘튼 대학에서 4년마다 열리는 세계한인선교대회를 섬기며 영어권의 선교대회를 처음으로 주관하였고, 전체 대회들을 섬기게 되었다. 또한 세계에 흩어져 사역하는 한인선교사들의 네트워크인 세계한인선교사회의 캐나다 선교대회 준비위원장, 이어서 세계한인선교사회의 사무총장, 대표회장으로 섬길 수 있는 기회들을 주셨다.

이러한 한국 선교의 네트워킹을 위한 사역을 섬길 뿐 아니라 2000년부터는 제삼세계선교협의회(Third World Missions Association)의 사무총장직을 맡아 비서구권의 선교 운동을 섬길 수 있는 기회를 주셨다. 제삼세계선교협의회는 아시아선교협의회, 남미권의 선교단체들, 아프리카 지역의 선교단체들, 아랍권 선교단체들이 함께 모여 구성하였다. 각 지역의 선교운동을 일으키고 협력을 위하여 시작된 모임으로서 몇 번의 선교대회를 통하여 네트워킹을 하고 있는 협력기구이다.

그 기간 동안 선교회는 KIM선교회에서 갈라져 나온 두 단체(PWM과 지구촌선교회)가 합쳐져서 1999년부터 GP선교회로 발전하게 되었다. 2005년부터는 섬기고 있는 GP선교회(Global Partners)의 국제대표직을 맡아 한국으로 옮겨서 사역하게 되었다. 28년 만에 미국에서 한국으로 온다는 것이 우리 가족에게는 커다란 도전이었지만 새로운 사역을 맡기신 주님의 인도하심을 따르게 되었다. 나는 30개국에서 사역하는 240여 명의 선교사들을 방문하며 사역을 지원하고 섬기는 일을 하였다. 주님은 지속적으로 국제적인 네트워킹을 유지하기 위해 사람들을 만나고 선교대회를 통하여 선교의 전략을 함께 세우며 세계 교회의 선교를 섬기는 일들을 함께 감당하게 하셨다. 2008년 11월에 GP선교회의 대표 임기를 마칠 때에 나에게는 또 다른 사역의 장을 준비하고 계심을 알게 되었다.

### 장래의 소망

현장 선교 사역을 통하여 현지 지도력을 개발하는 기쁨과 협력의 중요성, 전략적 선교의 필요성을 알고 있는 나에게 한국 선교와 비서구권 교회의 선교 개발은 아직도 중요한 화두이다. 전 세계에서 두 번째로 많은 선교사들이 나가 있는 한국교회 선교사들의 지속적인 발전뿐 아니라 비서구권의 선교 지도력을 개발하는 일은 세계 선교의 관건이다. 이를 위하여 훈련과 연구 개발 기능을 키우는 것이 필요하다. 세계 선교의 중역을 맡고 있는 이들에게 적합한 훈련 기회를 제공하며 현장의 전문성을 키우고 전략적인 선교를 위하여 연구 기능을 향상시킬 수 있도록 도와야 한다. 이를 위하여 1973년부터 최초의 비서구권 선교 훈련 프로그램이었던 동서선교연구개발원(East-West Center for Missions Research and Development)을 다시 키우기를 원한다.

선교는 협력의 당위성을 강조하고 있다. 어느 한 단체가 감당할 수 없는, 우주적인 주님의 교회가 함께해야 하는 종합적인 일이다. 이를 위하여 선교단체들과 국가와 지역의 선교협의회들의 협력을 증진시키기 위하여 네트워킹이 필요하다. Global Network of Mission Structures는 이런 목적을 가지고 시작되었다. 서구의 선교단체들과 비서구의 모든 선교 세력들이 함께 자리를 같이 하고 협력의 장을 열어갈 수 있도록 네트워킹하는 일을 위해 한국 선교가 연결고리가 될 필요가 있다. 진정한 협력을 통하여 주님의 나라가 확장되며, 속히 모든 민족 가운데서 영광받으시기를 소망한다.

# 하나님의 사랑과 부르심, 그리고 나의 응답

김철수

나와 내 가족은 1989년 6월 24일 대한 예수교 장로회(합동) 소속인 장성교회의 후원과 본 교단 세계선교회(Global Mission Society)의 파송을 받고 같은 달 29일에 케냐에 선교사로 입국하였다. 나는 케냐에 도착한 뒤 현지 AIC(Africa Inland Church) 교단 소속 목사로 사역을 시작하였다. 현지 오리엔테이션을 마친 뒤 이시올로(Isiolo)라고 하는 모슬렘 지역을 중심으로 사역을 시작하였는데, 첫 임기는 주로 교회 개척과 모슬렘 전도, 그리고 동역하는 현지 전도자들을 훈련하는 사역을 하였다.

HERE I AM. SEND ME, LORD!

# 하나님의 사랑과 부르심, 그리고 나의 응답

김철수

**나와** 내 가족은 1989년 6월 24일 대한 예수교 장로회(합동) 소속인 장성교회의 후원과 본 교단 세계선교회(Global Mission Society)의 파송을 받고 같은 달 29일에 케냐에 선교사로 입국하였다. 나는 케냐에 도착한 뒤 현지 AIC (Africa Inland Church) 교단 소속 목사로 사역을 시작하였다. 현지 오리엔테이션을 마친 뒤 이시올로(Isiolo)라고 하는 모슬렘 지역을 중심으로 사역을 시작하였다.

첫 임기는 주로 교회 개척과 모슬렘 전도, 그리고 동역하는 현지 전도자들을 훈련하는 사역을 하였다. 내가 소속되어 있던 현지 선교 팀은 마싸이 지역에서 이미 사역을 시작하였고 우간다까지 사역을 확장하였던 터라, 나는 감사하게도 이 지역들을 방문하면서 아프리카와 세계에 대한 시야를 넓힐 수 있었다.

두 번째 임기인 1996년부터 약 3년간은 탄자니아에서 사역할 수 있었는데, 이 기간에 나는 동아프리카 이슬람 문명의 요람이라고 할 수 있는 스와힐리 문화와 역사, 그리고 민속 모슬렘들의 영적 현상들을 집중적으로 연구하는 기회를 가질 수 있었다. 내 박사 학위 논문의 상당 부분은 이때의 현장 리서치에 기초하여 기술되었다.

　현재는 케냐의 수도 나이로비에 소재한 NEGST(Nairobi Evangelical Graduate School of Theology - Africa International University 산하의 신학대학원)에서 2002년부터 선교학과 교수로 봉직하고 있다. 본교에 부임한 뒤 2004년부터는 이슬람권 선교학 석사(M.A) 과정을 선교학과 내에 설치하였고, 지금은 이슬람권 선교를 위한 이슬람학 박사과정 개설을 위해 준비하는 중에 있다. 네그스트 대학원에서 계속되는 강의 및 훈련 사역 이외에도, 제자들의 사역 현장들을 다니며 그들의 사역을 컨설팅하고, 동료 교수들과 선교학 교과서들을 집필하며 출판하는 일들도 섬기고 있다. 2001년부터는 풀러 신학교 선교대학원에 객원교수로 여름방학 때마다 출강하여 선교문화인류학을 가르치고 있다.

## 나의 어린 시절

　나는 1958년 11월 25일 서울에서 태어났다. 내 출생과 어린 시절은 다소 어두운 부분이 많다. 내가 태어났을 때에 내 위로 이복형님들과 누님들이 8남매가 있었다. 아버지와 나이 차이가 많은 어머니 사이에는 나밖에 없었다. 아버지는 서울의 모 중·고등학교 설립자이시고 큰어머니와 이복형제들이 교육가들이라 경제적으로는 그다지 어렵지 않게 보낼 수 있었다. 다만 어머니의 설움이 늘 어린 나에게 일종의 한처럼 스며들어와 심리적으로 무거운 시간들을 많이 보냈다.

아버지는 내가 초등학교 6학년 때에 돌아가셨고, 나는 늘 어머니와 단 둘이 살았다. 교육 한번 제대로 받아보지 못하셨던 어머니는 당시 세상에 대한 불안과 또 당신의 불쌍한 아들의 장래를 염려한 나머지 매주 인왕산의 한 암자를 다니셨다. 어머니는 나를 위해서 당신이 따르던 박수 무당에게 나를 수양아들로 드리기까지 하셨다. 나도 어머니를 따라서 그 암자를 다녔고, 어려서부터 굿을 보면서 자랐다. 얼마 후 그 박수는 무당으로 사는 것에 회의를 느끼고 불교로 회심하였는데, 그를 따르던 모든 고객(?)들도 불교 신자가 되었다. 어머니와 나 또한 불교인이 되었다.

나는 고등학교 2학년 때까지 학업이 언제나 전교에서 상위권 안에 있었다. 그러나 고3이 되면서 일류대학에 가서 성공한 뒤 장래에 어머니의 한을 풀어드려야 한다는 강박의식에 사로잡혔는데, 그 결과 일종의 강박증과 신경쇠약에 걸리게 되었다. 결국 고3 봄부터 몸에 나타난 이상 증세들로 조퇴와 결석을 반복하면서 학업을 제대로 잇지 못하였다. 인생에 대한 회의로 입시 공부가 아니라 마음에 관한 책들을 찾았고 결국 불교에 심취하게 되었다. 여름에는 절에 들어가 수도승이 되고자 결심을 하였다. 그런 나의 진지한 모습을 본 큰 사찰의 스님들은 "이 아이는 커서 큰 스님이 될 거요"라는 말을 하기까지 했다.

비록 불교신자였지만 어머니는 이러한 나의 모습이 너무 안타까워서 거의 매일 우셨고, 나를 염려해 주셨던 당시 담임선생님은 예비고사를 보도록 나를 언제나 타이르셨다. 승려가 되고자 했던 마음이 커서 나는 대학을 가면 동국대를 가겠다고 생각했고, 대학에 떨어지면 바로 출가하려고 했다. 하지만 어머니의 눈물을 보면서 내 생각에 변화가 생겼고, 담임선생님의 설득 역시 한 몫을 하였다. 비록 병으로 고3 일 년간 학업을 거의 제대로 하지 못했지만, 아프기 전에 평소에 공부를 꽤나 했던 나는 그런 대로 예비고사도 나쁘지 않은 성적을 낼 수 있었다. 그 결과 내 절친한 친구를 따라서 건국대학 국문과에 특차를 지원하였다. 가까스로 합격을 하였는데, 불교신자였던 내 입에서 "하나님, 감사합니다"라는 말을 내뱉었던 것이 지금도 신비롭게 기억된다. 이제 내 인생은 새로운 전환기를 맞게 되었다.

### 주님을 만나기 전의 삶

1977년도 대학에 입학해서도 나는 계속 불교에 심취하였고 불교 공부를 놓지 않았다. 전공은 문학보다도 언어학쪽으로 많이 했다. 언어에 흥미있어 했던 나는 영어와 중국어도 열심히 공부했다. 그러면서 기타를 좋아해서 클래식 기타 클럽에서 연주활동도 즐겼다. 겉으로 보기에는 매우 활기차고 언어와 음악에 재주도 많아 보여, 친구들이 나를 부러워하곤 했다. 그러나 사실 내 깊은 곳은 알 수 없는 어떤 우울함의 어두운 그림자가 두껍게 깔려 있었다. 공부하는 것이나 대학 생활도 늘 허전하고 무의미하게 느껴져서 대학 1년 반 만에 휴학을 하고 이듬해 초에 군에 입대하게 되었다. 1979년 2월에 입대해서 미군 부대에 배속을 받았는데, 이 또한 하나님이 예비하시고 부르시는 여정 가운데 있었던 것을 누가 알았겠는가?

군에서의 삶은 심리적인 허전함과 무의미함, 그리고 알지 못하는 그 어떤 분노들이 내 깊은 곳에 또아리를 틀고 있었다. 그래서 비록 불교 신자였지만 마음이 힘들 때는 아랑곳하지 않고 술과 담배를 했다. 불교적 수행으로 내 마음의 번민을 제거하지 못했고, 그냥 무종교인으로 사는 것이나 불심을 갖는 것이나 백짓장 차이라고 스스로 합리화하면서 부대에서 더욱 술, 담배를 의지했다. 술은 잠재의식 가운데 눌려 있던 분함을 분출시키게 하여 나도 모르게 싸움을 하곤 했는데, 의식이 돌아오면 더 허전하고 허탈하여 슬픈 마음을 제대로 가누지 못하곤 하였다. 그러는 가운데 색다른 문화권에서 온 미군들과 사귀기도 하고 다투기도 하면서 또 다른 새로운 인간의 모습을 배우기도 하였다. 그러던 중 1979년 말부터 대한민국에서 벌어진 일련의 정치적 위기는 군인인 나에게 매우 심각한 질문을 던져 주었다. "전쟁이 나면 어떡하나? 그러다가 죽으면 어떻게 될까?" 내가 군인이었으므로 전쟁이 나면 죽을지 모른다는 현실은 아주 실감나는 것이었다. 죽음에 대한 질문은 나를 두려움으로 몰고 갔다. 늘 외로움을 느끼며 살아온 나였지만 죽음이라는 현실 앞에서 외로움은 사치스런 행각이었다. 그리고 이렇게 외로움에 늘 사무쳐 살다가 죽는다면 너무도 허무하고 억울할 것이라고 생각하였다.

### 회심과 삶의 변화

1980년도 한 해는 많은 생각을 하게 한 해였다. 미군들의 삶을 보면서, 내가 경험하고 알고 있는 것 이상의 삶이 있을 것 같은 생각이 들기 시작했다. 비록 그리스도인들은 주변에 하나도 없었지만 무엇인지 나와 다른 그들의 삶의 모습이 나에게는 신선한 탐구의 대상으로 비쳐졌다. 국가적 위기로 온갖 낭설이 돌았지만, 나는 나를 찾아야 되겠다는 생각에 더욱 골똘하였다. 죽음의 질문을 해결하고 싶었다. 그해 겨울 나는 기독교에 대해서 많이 생각하였다. 특별히 서울에 외출 나와서 어느 교회를 지나가다가 조금 열린 문틈으로 얼핏 보게 된 성가대원들의 밝은 모습과 그들의 웃음은 늘 두꺼운 검은 구름에 덮여 살던 나에게 그저 충격으로 다가왔다. 그 전에 그런 모습을 본 적이 없는 것은 아닐 텐데, 하나님의 때가 되었는지 그 그리스도인들의 환한 얼굴이 너무 부러웠다. 그리스도인들이 말하는 신을 만나고 싶었다. 그래서 그해 겨울부터 집에 문학숙제를 위해서 꽂아두었던 성경을 뽑아들고는 부대로 돌아가 탐독하기 시작하였다.

나는 성경을 읽다가 주님을 만났다. 예전에는 그리스도인들하고 늘 언쟁만 하였고 교회에 초대되어 가면 부처님과 예수님은 친구라는 둥 그리스도인들의 마음을 늘 불편하게 하는 말만 하고 돌아오곤

하였다. 그래서 친구들도 더 이상 나를 교회로 부르지 않았던 것 같다. 그러던 내가 성경을 읽기 시작했다.

나는 불교의 계명을 지킴으로써 스스로 '성불' 하고자 나름대로 갖은 노력을 다 해 보았지만, 그것을 완벽하게 할 수 있는 힘이 내게 없음을 늘 통감하곤 하였다. 내가 성경을 읽게 된 것은 기독교의 하나님이 인격적이라는 이야기를 얼핏 들은 것이 생각났고, 그래서 그분을 만나고 싶어서였다. 그래서 복음서를 수차례 반복해서 읽었다. 사도행전은 내게 너무 생소하고 흥미가 없어서 대충 뛰어 넘었다. 이어서 읽은 로마서에서 바로 이 예수가 그동안 그렇게 찾아 헤매던 내 삶과 죽음의 해답이라는 내면의 음성을 듣게 되었다. 그것은 살아 계신 하나님의 음성이 아닐 수 없었다. 그날도 미사일부대 사무실에서 한밤에 성경을 읽다가, 나는 내 삶을 그분께 드리기로 작정했다. 불교에 익숙한 나는 그저 불교식으로 내 삶을 주님께 드리는 고백을 했다. "지심귀명례" 즉 "내 마음을 다하여 당신께로 귀의합니다"라는 고백을 드린 것이다. 이것이 나의 생에 있어서 처음으로 주님을 영접한 순간이었다. 비록 내 삶을 주께 드리고 그분을 따르기로 작정하는 종교적 의식이 아직도 불교의 형식을 벗어나지는 못했지만 - 교회를 다닌 적이 없었기에 - 그것은 분명한 결단이었으며 영원을 향한 전적인 방향의 전환이었다. 1981년 초 어느 추운 날에 일어난 일이었다. 나는 그해 10월 1일에 제대를 하였는데, 제대하기 얼마 전 군종인 후배의 권고로 지금 내 파송교회인 장성교회에 등록을 하고 청년 교인이 되었다.

내가 예수님을 따르기로 군에서 결단한 뒤, 내 삶은 아주 극적으로 변하기 시작하였다. 당시 보살님이었던 어머니는 내가 술과 담배를 단순간에 끊는 분명한 변화에 충격을 받으시고 일단 나와 함께 교회를 다니시기로 하셨다. 그리고 그 어떤 것보다도 극적인 상황의 변화는 집안의 핍박이었다. 제대하자마자 예수를 믿기로 했다고 큰형님께 말씀드리는 순간, 상상하지도 못한 일들이 벌어지기 시작했다. 친할아버지, 할머니, 그리고 특별히 아버지 제사를 드릴 수 없다고 집안 어른들에게 말씀드리고, 또 조카들에게 복음을 전한 것이 화근이 되어 나는 결국 1983년 봄에 우리 가문을 떠나게 되었다. 그 당시 주께서 위로해 주셨던 말씀은 지금까지도 내 영혼의 심지로 남아 있다. "고난 당한 것이 내게 유익이라 이로 말미암아 내가 주의 율례들을 배우게 되었나이다"(시 119:71). "무릇 그리스도 예수 안에서 경건하게 살고자 하는 자는 박해를 받으리라"(딤후 3:12). 특별히 하나님께서 내게 용기를 주셨던 말씀은 창세기 12장 1-3절 말씀이었다. "여호와께서 아브람에게 이르시되 너는 너의 고향과 친척과 아버지의 집을 떠나 내가 네게 지시할 땅으로 가라……." 아브람을 부르시면서 그의 편에 서 주시기로 약속하신 하나님의 언약은 그대로 내 심장에 박히는 말씀이었다. 갈 바를 알지 못했지만 비록 믿음이 작아도 하나님만을 의지할 수밖에 없었던 나에게는 확성기로 들리는 듯한 하나님의 큰 음성이었고, 나는 이제 이 땅의 나그네이며 선교사로서의 삶을 본격적으로 시작하게 되었다.

## 선교사로의 부르심

나는 성경을 읽으면서 '만일 이 모든 내용이 사실이라면 내 삶은 바뀌어야 한다'는 생각을 하지 않을 수 없었다. "만일 예수가 역사적 실제 인물이고 그가 하나님의 아들이며, 그분만이 영생의 길이고 모든 삶의 원리라면, 나는 바뀌어야 한다!" 그분을 더 믿고 싶고 믿

기를 간절히 바라는 마음이 강렬하게 내 속에서 일어났다. 그래서 나는 제대하던 날부터 그 다음 해 가을 학기에 복학할 때까지 약 11개월간을 성경에 빠져들었다. 하루하루를 눈물로 성경을 읽었다. 복학하기 전 휴학중에도 대학생 선교회(IVF)에 가입하여 성경공부에 열심을 내었다. 그리고 장성교회의 열정적인 복음의 청년이 되었다. 비록 집안에서 핍박을 받고 경제적으로 어려워지기 시작했지만, 주님과 함께 고난을 받는 것이 내게는 너무도 영광스런 기쁨이었다. 그러는 가운데, 1982년 초 겨울에 성경번역 선교회(Wycliffe Bible Translators)의 한 세미나에 참석하게 되었다. 거기서 복음을 듣지 못한 사람들이 세계에 많이 있다는 것을 알게 되면서, 복음을 타민족에게 전해야겠다는 열망이 불타오르기 시작하였다. 그 세미나를 인도하시던 선교사님이 선교사로 헌신할 사람을 초청했을 때 나는 자리에서 일어나 하나님의 부르심에 뜨겁게 반응하였다. 처음으로 공식적인 헌신을 한 것이다. 그때 나는 성경번역 선교사와 다른 종류의 선교사를 구분할 수 있었던 식견이 부족했으므로 일단은 무조건 일어나 하나님께서 복음 전도자로 써 주시기를 간절히 바라는 마음으로 헌신하였다.

당시 장성교회를 담임하셨던 이영희 목사님께서는 선교의 열정으로 가득하셨다. 그래서 1980년대 초반에 이미 우리 교회 내에서는 많은 선교 헌신자들이 일어났고, 여러 선교사 후보생들이 다녀가기도 했다. 당시 한국교회 선교와 우리 교단 선교의 초창기 지도자들을 가까이서 뵙고 그분들의 열정적인 메시지를 들을 수 있었다. 몇 번의 선교부흥회를 통해서 주님께서 나를 부르신다는 확신을 더욱 견고히 하였다. 그런 확신 가운데, 총신 신대원에 입학하기 전에 교단 총회 선교훈련원(MTI)에서 두 번의 훈련을 미리 받을 수 있었다. 1985년에 총신 신대원에 입학한 것도 선교사가 되기 위하여 신학적으로 준비하기 위함이었다. 목회자가 되고자 하는 소망보다도 복음을 듣지 못하는 이방 민족들을 섬기고 싶은 열망으로 가득 찼던 것은 분명 주님께서 나를 부르시고 인도하신 결과였다.

## 선교 사역을 위한 준비

총회 선교훈련원에서 교육을 받은 이후, 모교회인 장성교회에서는 나를 선교사 후보생으로 인정해 주셨다. 하지만 신대원 1년차를 마치고 난 뒤 나는 나름대로 더 넓은 곳에 나가 훈련을 받고 싶다는 생각에서 장성교회를 잠시 떠났다. 약 2년 반 남짓한 시간의 '밖의 훈련'은 나름대로 의의도 있었고 보람도 있었다. 그런데 '밖의 훈련'은 선교에 대한 처음의 소명의식에 큰 도움이 되지는 못했다. 결국 모교회인 장성교회에서 아프리카 선교사를 파송하려고 사람을 찾고 있다는 소식을 접하고 다시 돌아왔다. 담임이셨던 이영희 목사님께서는 나를 흔쾌히 맞아 주셨고 선교사로 나갈 수 있도록 여러 모로 준비시켜 주셨다.

1988년 가을부터 이듬해 6월에 파송받기까지 나는 짧은 시간이었지만 이 목사님의 리더십 아래에서 목회적 훈련을 집중적으로 받으면서 목사 선교사로서 지역 교회를 깊이 이해하게 되었다. 또 조동진 목사님의 '바울의 집'에서 위탁교육을 받으면서 선교 제반에 관한 행정들도 실제적으로 익힐 수 있었다.

### 선교지 선택

여기서 잠시 내게 가장 귀한 친구이자 동역자이며 내 삶의 성숙에 하나님이 가장 중요하게 사용하신 아내 김만옥 선교사를 소개하고자 한다. 모태신앙인이었던 아내는 대학교 1학년 말에 자신의 삶을 주님께 맡기기로 결정했다. 아내는 내 모교회인 장성교회에 1984년부터 중고등부 성가대 지휘자로 부임하면서 고등부 교사를 하였다. 나는 당시 교회 청년으로서 선교사 헌신자 모임(현재 안디옥 모임)의 리더를 맡고 있었다. 아내는 교회에 부임하자마자 이 선교 헌신자 모임에 대해 듣게 되었다. 선교의 부르심에 조용히 기도로 반응하고 있던 아내는 그것이 하나님의 인도하심인 줄 알고 이 모임에 참석하면서 서로 만나게 되었다. 친구로서의 교제가 사랑으로 이어져서 우리는 1986년 10월 4일에 결혼했다. 나는 인생의 또 한 번의 도약을 경험하게 되었다.

케냐로 선교지를 선택한 데에는 몇 가지 신학적, 상황적 이유가 있었다. 원래 나는 성경번역 선교에 많은 관심을 갖고 한국의 성경 번역 선교회(GBT)의 선배들과 선교회 초기 때부터 교제를 하였다. 나는 성경번역 선교사로 나갈 것이라는 막연한 기대가 있었는데, 신학생이며 전도사로서 교회 사역을 하면서 교회와 성경에 대해서 좀 더 신학적으로 준비해야 되겠다는 생각을 하게 되었다. 그러던 중 하나님께서 나를 성경 '번역사(translator)'로 부르신 것은 아닌 것 같다는 생각이 들기 시작했다. 선교 방향이나 선교지의 결정에 대한 주도권을 내려놓았다. 신학을 공부하는 가운데 나는 무언가 확연하지는 않았지만 분명 하나님께서 교회를 통해서 부르시고 보내실 것이라는 막연한 믿음을 갖게 되었다. 장성교회에서는 이미 케냐에 선교사를 파송해서 사역중에 있었는데 우리 가족이 들어가 기존의 팀과 함께 사역하기를 제안하였다. 그것을 놓고 기도하던 중 교회를 통해서 보내시는 곳이 내 선교지라는 확신이 들어 케냐로 떠나게 되었다.

### 선교사 파송과 케냐에서의 첫 사역

나와 아내는 이제 막 첫돌이 지난 큰아이 다은이를 데리고 1989년 6월 29일 케냐의 수도 나이로비에 도착하였다.

인간적으로 볼 때에 당시 내가 선교사로 나가는 것이 그렇게 쉬운 상황만은 아니었다. 케냐로 출국하기 3개월 전, 아내에게 갑상선 항진증이 있다는 것을 발견하게 되었다. 또 홀어머니를 뒤로 하고 떠난다는 것 역시 쉬운 결단은 아니었다. 처음부터 나는 선교라는 것이 결코 낭만이 아님을 보았다. 그러나 나는 교회와 함께하는 선교를 배울 수 있었다. 나와 건강치 못한 아내가, 당시 최오지로 생각되었던 아프리카라는 선교지로, 홀어머니를 뒤로 하고 떠나는 것이 교회에도 개인적으로도 아픔이었다.

하지만 이 과정에서 선교는 교회와 가족을 번제처럼 드리면서 주님의 희생의 아픔에 동참하는 데서부터 시작하는 것이라는 선교적 확신을 실제 체험할 수 있었다. 주님의 희생과 아픔에 함께 동참하는 교회의 사랑을 너무도 깊이 느낄 수 있었던 선교사 파송이었다. 그러기에 나는 처음부터 지금까지 나 혼자 선교사로서 선교한다는 생각을 가질 수 없었다. 한 개개인의 선교사는 선교 공동체인 교회

존재의 하나의 도구라고 생각하였다. 즉 교회의 지체가 (지역)교회를 대신하여 타문화권에서 섬기는 일을 한다는 개념으로서의 선교를 늘 생각하게 되었다. 특별히 담임목사님과 모든 교우들이 입을 모아, "어머니는 우리가 보살펴 드릴 테니 교회를 대신해서 하나님이 주신 선교의 꿈과 비전을 계속 이루어 나가세요"라는 격려의 메시지를 전해 주실 때마다, 나는 선교가 교회 공동체의 삶과 사역임을 직접 체험했다. 교회와 내가 하나님의 거대한 축복 가운데 함께한다는 사실에 감사로 감격하지 않을 수 없었다.

4년 8개월간의 첫 임기 동안에는 케냐 북쪽의 이시올로라고 하는 이슬람 지역에서 교회 설립과 현지 목회 사역을 통해서 모슬렘들에게 복음을 전하고자 하였다. 비록 신대원에서 신학 공부를 열심히 잘하고 한국 사회에서의 목회훈련을 철저히 받았지만, 선교지에서의 상황은 아주 달랐다. 내 첫 임기는 그야말로 선교학의 현장교육이었다. 특별히 아프리카의 모슬렘들을 만나면서 내가 책으로 알았던 이슬람과는 전혀 다른 모슬렘들의 삶의 현장을 볼 수 있었다. 다들 경험하는 것이지만 첫 임기 때에는 정말 시행착오도 많았다. 하지만 어느 신학이나 선교학 교과서에서도 배울 수 없는 많은 가르침들을 받을 수 있었다. 이 모든 경험들은 결국 첫 안식년 때에 나의 학문의 가장 큰 밑받침이 되었다. 이러한 현장에서의 경험들이 있었기에 오늘날 내가 가르치는 선교학과 이슬람학이 세워질 수 있었다.

## 안식년 기간의 이슬람 연구

나는 첫 안식년 때에 풀러 선교대학원에서 Th.M. 과정을 공부하였고 두 번째 안식년 때에는 같은 학교에서 Ph.D.를 취득하였다. 풀러를 선택한 것은 이슬람 때문이었다. 내가 이슬람을 전적으로 공부하고자 결심한 데에는 두 가지 큰 사건 때문이었다.

첫 임기 때에 나는 이시올로 지역에서 주로 모슬렘들을 상대로 사역하였다. 모슬렘 주술사였다가 기독교로 회심해서 우리 전도팀에 속해서 나와 4년 가까이 사역하던 현지인 동역자 한 사람이 있었다. 내가 안식년으로 케냐를 떠날 즈음에 그가 이전 악령에 다시 사로잡혀 소동을 일으키는 사건이 있었다. 그것은 나에게 엄청난 도전이며 충격이었다. 개인적으로 축사 기도도 하고 현지 동역자들과 함께 기도하며 어떻게 해서든지 내가 떠나기 전에 문제를 해결하고자 애썼지만, 결국 후임 선교사님에게 짐만 지워주고 떠나게 되었다. 또 다른 한 가지 동인은 모슬렘 회심자 한 형제를 양육하면서 경험한 것으로써, 나의 이슬람에 대한 무지의 발견이었다. 1991년 말에 이시올로 타운의 꾸란 학교 셰이크(선생) 한 사람이 우리들의 사역을 통해서 기독교로 회심한 꽤 큰 사건이 있었다. 그 후 나는 이 형제를 두 해 정도 개인적으로 양육하며 최선을 다해서 돌보았다. 하지만 영적으로 이 형제를 돕는 데에 많은 한계를 느꼈다. 특별히 모슬렘들의 내면 세계에 대해 알 길이 없었던 나는, 그가 이슬람의 악령인 '진'의 공격과 그로 인한 고통을 호소했을 때에 별다른 도움을 주지 못했다. 그의 내면 세계에 대한 이해가 너무도 부족한 가운데 기도와 상담 등이 이루어졌으니, 지금 돌이켜 보면 아쉬운 점이 너무 많은 선교 사역이었다.

이전 동역자의 '귀신들림' 사건과 또 회심한 꾸란 선생의 영적 성장을 제대로 돕지 못한 경험을 통해서 나는 이슬람 문화와 모슬렘들의 정신세계에 대해서 얼마나 무지한가를 스스로 깨달았다. 그 충격은 복음 전도를 위해 이들의 문화를 알고 이해해야겠다는 바람으로 이어졌고, 결국 이슬람과 모슬렘 문화를 연구하는 쪽으로 내 공부의 방향을 잡게 되었다. 특별히 이슬람 문화가 지역마다 다르고 또 모슬렘 개개인들의 삶의 경험들이 다양한 것을 보면서, 이슬람의 이념을 연구하는 고전적 이슬람학보다는 문화인류학적인 차원에서의 인간이해를 중심으로 하는 '모슬렘학'이 내 연구의 초점이 되었다. 하나님의 구원의 메시지가 모슬렘들의 삶의 정황 가운데서 이해되도록 전달해야 하는데, 그러기 위해서는 그들의 종교적 이념만이 아니라 구체적인 삶의 정황을 알고 그들의 희노애락의 배경을 알 필요가 있었다.

풀러 선교대학원은 이러한 나의 필요를 채워준 하나님의 도구였다. 내가 만난 교수님들은 다 선교사 출신들로서 이슬람과 아프리카 모슬렘들과 영적 세계에 대해서는 복음주의 진영에서는 세계적 권위자들이었다. 환상의 트리오라고 불렀던 세 분의 선생님들 밑에서 박사과정을 마칠 수 있었던 것은 하나님께서 나에게 보여주신 긍휼하심이며 은혜였고 내게는 엄청난 특권이었다.

### 2002년 네그스트 신학대학원에 선교학 교수로 부임

나는 2001년 말 모든 공부를 마치기 직전에 네그스트(NEGST - Nairobi Evangelical Graduate School of Theology, 현재는 Africa International University 산하의 신학대학원)의 선교학과에서 함께 사역하자는 제의를

했다. 풀러 출신으로 당시 네그스트 선교학과 과장으로 있던 멕코넨 교수는 이슬람학 및 이슬람권 선교학 프로그램을 선교학과 안에 신설하기 위해 사람을 찾고 있던 중이었다. 내가 박사 학위를 공부할 때에 아프리카 외의 다른 곳에서 사역할 가능성도 보았고 몇몇 제의들도 있었지만, 나는 하나님께서 내가 아프리카에서 진 '빚'을 갚기를 원하신다는 것을 느낄 수 있었고, 특별히 아내는 우리가 다시 아프리카로 돌아가야 한다고 믿고 있었다. 그래서 나는 박사과정을 공부하는 동안 특별히 큰 갈등 없이 다시 아프리카로 돌아가서, 하나님이 허락하시면 남은 생애를 아프리카의 교회와 이슬람권 선교를 위해서 드리겠다고 생각하고 있었다. 이러한 나에게 네그스트 선교학과 과장의 초청은 주님의 인도하심으로 보였다. 나는 매우 영예롭게도 박사 학위를 다 마치기 전에 네그스트로부터 교수 초빙을 받았고, 한인 교수로는 처음 부임하였다. 2002년 9월 학기에 부임하여 나는 이슬람권 선교학 석사과정 프로그램을 기획하였고, 학교 내부 사정상 바로 실시하지 못하다가 두 해 뒤인 2004년 9월 학기부터 본격적으로 가동하게 되었다.

네그스트 신학대학원은 아프리카 대륙의 복음주의연맹 산하의 기획으로서 1983년에 아프리카 복음주의자들이 설립하였다. 이와 비슷한 유수한 신학대학원(seminary)들이 사하라 이남과 남아공 이북의 영어권 아프리카에 몇 군데 있지만, 이슬람학 석사과정을 신대원 안에 복음주의 선교학적 입장에서 학위 프로그램으로 갖고 있는 곳은 매우 드문 것으로 알고 있다.

서구 복음주의 진영의 세계적인 신학자들이나 선교학자들 및 선교 지도자들 가운데 많은 분들이 아프리카의 복음주의 교회나 신학교들을 방문할 때면 으레 우리 학교를 꼭 방문한다. 아프리카에서의 교회 성장과 또 교회들이 당면한 아프리카의 심각한 현실 문제, 그리고 모슬렘들과 이웃하며 영적으로 대치해 있는 아프리카의 교회에 대한 수많은 관심사들이 우리 학교 안에서 논의되고 있기 때문이다. 또 많은 사람들이 아프리카에서 일하시는 성령님을 배우려고 부단히 우리 학교를 방문하기도 한다. 이로 인해 우리 학교의 이슬람학 프로그램도 많이 알려지게 되었다.

### 현재의 사역과 앞으로의 소망

우리 신대원은 아프리카 각지에서 오는 학생들 외에도 유럽이나 북미에서 오는 학생들, 그리고 한인 학생들까지 합해서 그야말로 국제적이며 초문화, 초인종적인 학교가 되었다. 특별히 우리 선교학과 학생들은 모두 현역 선교사들이거나 선교사 후보생들이다. 이들을 전문적으로 훈련하고 학위를 수여하여 다시 선교의 현장으로 보내는 기쁨은 말로 다 형용할 수 없다. 특별히 아프리카인들의 선교 헌신과 그들의 지도력과 선교사로서의 활약을 보는 것은 대단한 희열이다. 예수님의 제자 삼는 사역을 모델로 학생들을 가르치고 삶을 나누며, 주님의 영향력이 학생들에게 전달되는 통로로 사는 것은 나에게는 과분한 직분이며 말할 수 없는 영광이다.

현재 아프리카의 이슬람 이슈는 매우 복잡하며 복합적이다. 약 9억 가까이 되는 아프리카 인구의 4억이 좀 넘는 이들이 모슬렘들이며, 4억이 좀 안 되는 인구가 그

리스도인들이다. 백중지세의 종교
세를 과시하는 양자가 이웃하여 평
화스럽게 살기도 하지만 세계가 좁
아지고 또 정치·경제·사회적 경
쟁이 심화되면서 평화보다는 긴장
이, 그리고 나아가서 갈등 및 불화
의 관계로 더욱 이어지고 있다. 그
러기에 아프리카 교회는 이슬람에
대해서 그 어느 때보다도 더욱 심
각하게 이해해야 할 필요가 있다. 이에 네그스트 대학원은 나에게
이슬람학 박사 과정 개설을 위한 준비와 진행을 위임하였다. 현재
주어진 사역들도 매우 중요하지만, 동시에 이슬람에 대한 전문적인
연구 및 훈련 프로그램으로서의 이슬람학 박사과정을 수년 내로 설
치하는 것 또한 매우 긴급한 과제가 되었다.

 나는 네그스트 대학원과 내가 섬기고 있는 선교학과가 세계 선교
의 중요한 지표와 횃불이 될 것을 믿는다. 나는 지난 20년간 아프리
카 선교사로 봉직하면서 참으로 많은 것들을 아프리카 그리스도인
들에게서 배웠다. 나는 그들을 통하여 광대하신 하나님을 만날 수
있었다. 그러나 고난 중에 있는 이들의 고통에 겸손히 참여하시는
하나님도 보았다. 그리고 결국 아들의 십자가 수난으로 구원하시고
승리하시는 하나님, 그리고 부활의 소망을 아프리카의 믿음의 사람
들을 통해서 보여주시는 하나님 또한 깊이 체험하였다. 이 하나님을
나는 아프리카 형제들과 함께 평생 섬기고, 아프리카의 복음화와 변
혁을 위해서 함께 땀 흘리며, 세계를 섬기는 자리에까지 이들과 함
께 감사함으로 나아가고자 한다.

# 그러므로 너는 가서
# D-종족을 제자로 삼아……

김요한

나는 1994년 대한 예수교 장로회(합동) 혜성교회의 한국교회 역사 제1호 미전도종족 입양과 더불어 총회세계 선교회(Global Mission Society)와 오엠에프(OMF)를 통하여 파송받아 인도네시아의 D-종족을 위한 선교사로 사역하였고다(1994-2005). 2006년도에 아시아 모슬렘 미전도종족을 대상으로 사역하기 위한 "인사이더스(Insiders)"가 설립되면서 현재 인사이더스 선교회 국제대표로 봉직하고 있으며(2006-현재), 한국전방개척선교네트워크(KFMN) 국제 코디네이터와 《한국전방개척선교저널(KJFM)》 창간 및 편집인 역할을 하였고, 현재 아시안전방개척선교협의회(AFMI: Asian Frontier Mission Initiative)의 코디네이터로 섬기며 전방개척선교를 위한 아시안 동원과 훈련에도 힘쓰고 있다.

HERE I AM, SEND ME, LORD!

# 그러므로 너는 가서 D-종족을 제자로 삼아······

김요한

나는 1994년 대한 예수교 장로회(합동) 혜성교회의 한국교회 역사 제1호 미전도종족 입양과 더불어 총회 세계선교회(Global Mission Society)와 OMF를 통하여 파송받아 인도네시아의 D-종족을 위한 선교사로 사역하였다(1994-2005). 2006년도에 아시아 모슬렘 미전도종족을 대상으로 사역하기 위한 '인사이더스(Insiders)'가 설립되면서 현재 인사이더스 선교회 국제대표로 봉직하고 있으며(2006-현재), 한국전방개척선교네트워크(KFMN) 국제 코디네이터와 〈한국전방개척선교저널(KJFM)〉 창간 및 편집인 역할을 하였고, 현재 아시안전방개척선교협의회(AFMI: Asian Frontier Mission Initiative)의 코디네이터로 섬기며 전방개척선교를 위한 아시안 동원과 훈련에도 힘쓰고 있다. 현장 사역으로는 1999년부터 모슬렘 사역을 위한 사역현장 훈련 프로그램으로서 '빠울루스 훈련(Paulus Training)' 코스를 시작하여 한국사람들뿐만

아니라 현지인들을 대상으로 운영해오고 있고, 이 훈련을 마친 모슬렘 사역자들 간에 '세계한국모슬렘사역자네트워크'(G=KoM.Net)를 시작하여 동역의 장을 일구어 오고 있다. 또한 D-족 모슬렘들 가운데 '내부자운동'을 활성화하기 위한 제자훈련 및 지도자양육 사역을 하고 있다.

## 나의 어린 시절

나는 1957년 11월 7일 전라남도 보성군 벌교읍 전동리 1091번지에서 부친 김은수와 모친 문인순의 4남매 중 첫 번째 아이로 태어났다. 아버님은 위로 누나가 셋, 아래로 남동생이 둘 있는데 가정의 장자로서 가족 중에서 가장 교육을 잘 받으신 선비이자 호인 기질을 지닌 분이셨다. 6·25 전쟁 때 대위로 예편하시며 보성 출신의 어머님과 교회에서 만나 중매로 결혼하셨다. 할아버지 대는 일제말 무너져 가던 양반집으로서 수저만 몇 가마였던 시절이 있었으나, 시대의 변화와 함께 몰락을 피할 수 없었다고 한다. 할머님께서 예수를 영접하시고, 하인들을 야단치던 곰방대를 꺾으시고 거지들에게 적선하는 등 삶의 변화를 경험한 이후 그 후손들도 예수 신앙의 길로 들어서게 되었다.

이미 몰락한 가정을 일으키기는 쉽지 않았던가 보다. 아버님께서는 내가 벌교초등학교 1학년 때에 서독으로 광부 일을 떠나게 되셨고, 지금은 광장교회 장로가 되신 작은 아버님과 온 식구들이 서울로 올라와 성북동에 자리를 잡았다. 서울에 막 와서 작은 아버님께서 가까운 곳에 있는 교회를 알아보신 곳이 혜성교회로서 온 식구들이 그때부터 지금까지 혜성교회에 다니고 있다. 어머님께서는 높은 교육열을 가지고 계셨으며 바른 신앙인으로 성장하는 것을 늘 강조하셨다. 때로는 너무 심하다 싶을 정도로 심지어 동네 아이들과 함부로 어울리는 것을 막으셨는데, 이를 잘 알고 있던 동네 아이들은 내가 자기들의 위험한 놀이에 끼어들려고 하면 어머님께 달려가 고자질할 정도였다. 지금 생각해 보면 어머님께서 가정의 외아들인 나의 교육과 인성 문제에 무척이나 열성을 가지셨던 것을 알 수 있다. 그렇게 어린 시절은 주로 어머님의 영향력 아래 교회생활과 학교생활에 충실하면서 중학교 시절까지 별 탈 없이 지나갔다.

### 주님을 만나기 전의 삶

모태신앙으로 어머님의 지도 아래 학교와 교회생활에 큰 변화 없이 살아가던 나의 삶에 큰 변화가 찾아온 것은 고등학교 입학 시험에 낙방을 경험한 이후였다. 재수하기 위하여 다른 아이들처럼 학교가 아닌 학원을 다니면서 주로 학교와 교회, 그리고 집 안에서 지내던 나의 삶의 패턴이 급격한 변화를 겪게 된 것이다. 어머님의 영향권에서 벗어나 고교 재수생이라는 또래 집단에 들어가 새로운 세계의 자유분방함과 모험을 맛보게 된 것은, 어쩌면 아직 내가 아무것도 모를 때에 나의 인생의 미래를 보고 계신 하나님께서 '전방개척 선교'를 준비하도록 섭리하신 것이 아닌가 생각된다.

이듬해에 이른바 '뺑뺑이'(무시험 추첨) 1회로 미션스쿨인 신일고등학교에 들어가게 되었다. 교회에 다닌다는 이유로 고교 3년 동안 학급 종교부장을 맡았지만 진정한 신앙은 없었다. 이전 후배들과 학급이 같아진 상황을 피해 혜성교회를 떠나 종로5가 연지동의 연동교회로 급우들 여럿과 함께 나가게 되었다. 그때에 고교 얄개처럼 한 여학생을 사귀게 되었는데, 대학에 막 들어가던 시점에 헤어지면서 그나마 명맥을 이어가던 교회생활을 아예 중단하게 되었다. 대학시절의 삶은 아무런 목표도 없고 신앙도 없이 그야말로 '주색잡기'에 빠져들어 아까운 젊음을 그냥 허비하였다.

### 회심과 삶의 변화

대학을 졸업하면서 또 한 번 낙방을 경험하였다. 아무 목표 없이 살아가던 내가 다른 사람들처럼 그냥 흘러가는 삶의 형태로 대학원에 응모하였지만 보기 좋게 낙방을 하고 말았다. 실의에 잠겨 있을 때에, 사실 어머님은 여전히 외아들을 위하여 기도하고 계셨다. 지나간 이야기이지만, 짐승처럼 목표 없이 방황할 때에도 어머니께서는 아들을 위하여 기도하고 계셨는데, 그것이 전혀 보이지 않았던 것은 세상에 종 된 상태로 살아왔기 때문일 것이다.

하루는 어머님께서 담배를 사오셨다. 대학 시절 이미 골초가 되어 하루 한 갑이 부족하여 꽁초를 뒤질 때도 있던 차에 어머니께서 담배를 사오시니, 이게 웬 떡이냐 싶었다. 나중에 알게 된 것은 어머님이 자식에게 담배를 사다 주면 자식이 미안하게 생각하며 혹시 끊을까 해서 그렇게 하셨다고 한다. 그런 어머님과 약속을 하게 되었다. 혹 대학원에 들어가게 되면 이제는 교회를 다니라는 것이었다. 막연하나마 마음 깊이 탄식하시던 성령님께서 도와주셨는지 그러겠노라고 하였다. 그런데 정말 약속을 지키지 않을 수 없게 되었는데, 서울대학원에 합격을 하게 된 것이다. 옛 친구들의 권유도 있고 해서, 다시 혜성교회로 돌아가 청년회에 붙들려 새로운 교회생활을 시작했다. 옛 습관을 버리지 못하고 청년회에서도 별 의미 없이 열등감을 가지고 지내던 차에 제1회 청년회 하기수양회에 참석하게 되었다.

1982년 여름 유난히 더웠던, 그러나 산 바람과 계곡의 물이 너무나 시원했던 강원도 금대초등학교 애신분교에서 이미 새로운 인생이 준비되고 있었던 것이다. 당시 청년회 회장이던 고진성 집사님(현재 혜성교회 시무장로)의 배려와 조희수 목사님의 '하나님의 형상'에 대한 말씀 선포에서 나는 나 자신 가운데 이미 하나님의 형상이 하나도 없음을 깨닫고 짐승이 따로 없이 내가 바로 짐승임을 고백하였다. 짐승 같은 나를 위하여 십자가에 돌아가신 예수님의 보혈의 의미를 비로소 알게 되었다. 그날 밤, 깊은 산에서 회개하며 기도하는 중 너는 "내 사랑하는 아들이라"고 말씀하시는 하나님의 음성을 들었다. 새벽 미명이 지나 모든 사물이 그토록 또렷하며 초록이 분명하게 보인 적은 인생에 없었을 것이다. 형제와 자매들의 모습은 천사들과 같았다.

회심(conversion)을 경험한 나는 급격하게 변하기 시작하였다. 변화된 나를 만난 친구들은 처음에 나를 미쳤다고 했다. 지금 당장 지옥으로 향하는 길을 멈추고 예수님께 돌아가자고 울면서 전도하였기 때문이다. 주초를 끊고 잡기를 정리하니 전도하는 일과 교회생활에 많은 시간을 사용할 수 있었다. 이 시점에 교회 청년회에 있던 한 자매를 알게 되었는데, 평생의 동반자요 동역자가 된 명드보라 선교사이다. 회심 이후 변화하는 내 모습이 너무 아름답게 느껴져 관심을 갖게 되었다고 한다.

### 사역자로 헌신과 준비

1983년에 있었던 제2회 청년회 하기수양회에서 우리가 신앙인으로 살다가 자신의 묘비에 어떤 이름이 남겨지기를 원하는가 하는 결단의 시간이 있었다. "평생을 하나님의 영광을 위하여 살다가 하나님의 부름을 받은 하나님의 종"이라는 문구를 생각하며, '하나님의 종'이 될 것을 결심하였다. 마음속으로는 목사가 되기 위하여 신학을 해야 하겠다고 다짐하였다. 그러나 가정 형편의 어려움으로 1984년 대학원을 마치고 진해에 있는 국방과학연구소(ADD)에 취직하였다. 본래 본부가 있는 대전에서 근무할 것을 내심 기대하였는데, 진해 해군 관련 연구 파트로 발령이 나서 무척 상실감이 컸다. 3년 반을 서울과 진해를 오고가며 근무하는 동안 힘든 결혼생활의 시작과 장래에 대한 생각(마음에는 신학을 해서 목사가 되어야 한다는 부담이 늘 있었으므로)이 마음을 짓눌렀다. 그 시절 아버님께서 중풍으로 눕게 되시면서 1985년 늦가을에 결혼한 아내는 어려운 시댁의 상황 가운데 남편과 떨어져 지내는 고통을 천사같이 감수하였다.

마음에 신학에 대한 생각을 가지고 있었기 때문에 진해에서 혼자 기숙사 생활을 할 때에 이런저런 신학서적들과 심지어 헬라어까지 독학하였다. 실제로는 고체물리학을 전공한 자신의 전문분야에서 일을 하고 있었지만, 마음속에는 늘 신학에 대한 방향 설정과 가정의 경제에 대한 부담이라는 이중적 갈등이 싸우고 있었다.

그러던 어느 날, 청년회 가족 성경공부 시간에 직업과 신앙 그리고 장래의 문제에 대한 갈등을 나누게 되었다. 과연 이 시점에 신학을 준비해야 하는 것이 맞는지, 그리고 나에게 직업이란 무엇인지 다른 청년들에게 지혜를 구하였다. 그런데 진해 기숙사로 어느 날 책 한 권이 소포로 배달되었다. 그것은 《그리스도인의 소명과 노동관》이라는 책이었다. CCC에서 출간한 책으로 기억된다. 마침 청년회에 나온 지 얼마 안 된 한 자매가 갈등하던 나에게 이 책을 보내 주고 자신은 지방의 학교 선생으로 발령을 받아 떠난 것이다. 이 책을 읽으면서 직업과 노동, 그 자체가 바로 하나님의 소명임을 깨닫게 되었고, 내가 현재 몸 담고 있는 전문분야를 더욱 개발하는 것이 하나님의 뜻에 순종하는 것이라는 결론을 얻게 되었다. 이후 1987년 진해의 생활을 정리하고 1988년도에 다시 박사과정을 시작하게 되었다. 이 시기를 전후하여 과연 온전한 그리스도인으로 산다는 것이 무엇인지 진지하게 고민하며 교회 청년들과 기독교 세계관 연구모임을 갖기도 하였다.

### 선교사로의 부름

1988년도는 나에게 무척 의미 있는 해였다. 바로 서울 올림픽 시즌이었고, 서울로 다시 올라와 보다 안정적인 결혼생활과 함께 청년회에서는 회장을 맡아 나름대로 올림픽 시즌 동안 외국에서 오는 관광객들을 전도할 목적으로 청년들과 영어반, 일어반을 만들어 준비하였다. 마임과 드라마를 자체적으로 준비하여 발표하기도 하였다. 올림픽이 개최되자 외국에서 온 단기사역자들이 광림교회에서 모였고 나름대로 준비하였던 우리 팀도 같이 합류하여 한 외국인팀을 혜성교회로 유치하여 같이 거리전도를 실시하였다. 장충단 공원, 파고다 공원 등지를 돌면서 외국인 사역자들과 전도 활동을 하였는데, 드라마와 워십 댄스를 마친 다음에 수많은 사람들이 예수님을 영접하였다. 이들과 같이 지내던 짧은 기간 동안 이들은 어떤 사람들인가 하는 의구심이 들었다. 모두들 올림픽 경기 구경을 못해서 안달인데, 이들은 오히려 이 기간 동안 다른 나라에 들어와 복음을 전도하다니……. 만일 하나님께서 나를 이들처럼 다른 나라로 나가서 전도하라고 하시면 어떻게 해야 하나 하는 생각이 들었다. 이것이 바로 선교의 부르심임을 나중에야 알았다.

올림픽 시즌이 지나가면서 나는 해외 선교에 눈을 뜨게 되었다. 하나님께서 부르신다면 무엇을 하든지 어디로 가든지 준비해야 하는 것이 아닌가 하는 생각이 들었다. 그때에 하나님께서는 한 권의 책을 통하여 분명하게 방향을 보여주셨다. 그것은 《한국교회와 세계선교》라는 제목의 책으로 한국교회의 여러 지도자들이 선교에 대한 이슈들을 다룬 책이었다. 손봉호 교수님의 글을 통하여 분명한 방향을 갖게 되었는데, 자신의 글에서 인도네시아는 세계에서 모슬렘이 가장 많은 국가로서 전문인이 자신의 전공을 가지고 사역하기에 매우 적합한 곳이라고 소개한 대목에 눈길이 멈추어 섰다. 이때부터 '인도네시아', '모슬렘', 그리고 '전문인 사역'이 마음에 자리하게 되었다. 교회에서는 선교위원회 총무 역할을 하면서 어떻게 선교사들을 지원하는지, 선교사들의 사역이 무엇인지, 그리고 보다 본질적으로 선교는 왜 해야 하는지 등에 대하여 구체적으로 생각하며 연구할 기회를 갖게 되었다.

그러던 중, 1989년 후반기 남서울교회에서 크리스티 윌슨 박사를 초청하여 '자비량 선교대회'를 열었다. 그때에 모슬렘들이 살고 있는 지역에서 비즈니스 및 전공 분야의 직업을 가지고 사역하는 것이 얼마나 중요한지 알게 되었다. 이러한 일련의 새로운 선교이해는 나 자신이 전공하는 분야에 대한 확신을 가져다 주었고 어떠한 선교활동을 할 것인지에 대한 그림을 그릴 수 있게 해주었다. 그리고 구체적인 스태프로서 그곳에서 모집한 '전문인선교사훈련원(GPTI)' 제1기에 지원하였다.

박사 학위과정 가운데 1년 동안 진행되었던 전문인선교사훈련에 빠짐없이 참석한다는 것은 결코 쉬운 일이 아니었다. 모슬렘들의 땅인 인도네시아에 대한 하나님의 소명을 확인하기 위하여 훈련 마무리 시점인 1991년 처음으로 우리 부부는 인도네시아 땅을 직접 밟았다. 약 2주간에 걸친 여행을 마치고 돌아와 이름을 알 수 없는 열병에 똑같이 걸려서 아내는 한 달 동안 병원에 입원해야 했고, 나는 학위 과정 마무리에 입원할 시간조차 없었으나, 당시 전쟁중이던 소말리아를 다녀온 단기선교사 친구에게서 받은 말라리아 약을 먹고 신기하게 고침을 받았다. 이러한 경험은 오히려 우리를 인도네시아로 부르시는 하나님의 특별한 섭리로 받아들여졌다.

## 선교 사역을 위한 준비

지금 생각해 보면 지역교회의 청년회 활동을 통하여 동질감을 가진 하나님 나라의 청년들이 교회와 직업, 진정한 그리스도인의 삶과 기독교 세계관에 대하여, 그리고 선교에 대하여 서로 토의하며 기도하던 시간은 참 의미 있었다. 선교사역을 위한 준비는 이미 지역교회 내부에서 이루어진 것이라고 할 수 있다. 특히 신학도들이나 목회자들과는 달리 전공 분야 및 전문 지식이 하나님 나라에 어떻게 쓰임을 받을지 청년들과 같이 고민하던 시간은 선교 사역을 위한 준비 기간으로서 무척 의미 있는 시간이었다. 또 빼놓을 수 없는 귀한 시간이 있는데 그것은 '기독교 세계관 연구모임'을 조직하여 하나님 나라에 대하여 광범위하게 연구하며 온전한 그리스도인으로서 하나님 나라 백성으로 삶을 산다는 의미를 찾기 위하여 노력하던 때였다. 지금 선교 현장에서도 당시에 연구하였던 내용들이 하나님 나라 확장을 위한 '총체적 선교'의 의미를 재발견하게 해준다.

나는 지역 교회에서 줄곧 자란 사람으로서 어떤 학생기독교단체나 선교단체에서 주관하는 선교 모임이나 활동에 참여한 적이 없었다. 적어도 1991년도에 GPTI 전문인 선교훈련을 받기 전까지는 말이다. 그러나 지역 교회의 청년회를 통하여 하나님 나라에 대하여 기독교 세계관으로 고민하고, 선교위원회의 직분을 통하여 선교에 대한 지식을 얻어간 것이 궁극적인 선교의 소명을 확실히 하게 된 모판이었다. 그때에 선교에 관련된 많은 서적을 읽고 성경공부를 하면서 정리하였던 글들은 스스로 마스터 인쇄를 하여 소책자로 교회에 배포하기도 하였는데, 다시 그때 정리한 글들을 읽을 때면, 더 젊은 날에 하나님께 드린 소원과 마음을 하나님께서 얼마나 기쁘게 받으셨는지 그리고 나의 삶 속에서 지금도 어떻게 이루어 가시는지 귀한 간증이 된다.

1991년도에 물리학 박사 학위를 마치고 1992년도에 미국 아이오와 주립대학 내에 있는 에이즈 연구소에 객원과학자 신분으로 나가게 되었다. 이미 마음에는 하나님께서 어떻게 하시든 해외 사역자로 사용하실 것에 대한 기대감을 갖고 있었다. 이미 마음에는 인도네시아로 가긴 가야 하는데 선교사가 되는 길을 잘 알지 못하였던 나는 보다 넓은 세상에 나가면 무슨 길이든 보여주실 것이라는 기대감으로 미국행 비행기에 올랐다.

### 선교지 선택

선교지의 선택은 이미 마음에 인도네시아, 모슬렘, 전문인 사역의 방향을 가지고 있던 터이기 때문에 그다지 갈등의 요소는 없었다. 그러나 어떻게 선교사가 되는지, 어떻게 인도네시아로 들어가는

지에 대해서는 방향성을 잡지 못하고 있었다. 그러다 마침내 인생의 카이로스적 결단의 시기가 주어졌다. 미국의 연구원 생활을 시작한 지 얼마 안 되어 미 연방정부에서 주관하던 장기 프로젝트가 갑자기 중단된 것이다. 세 가지 선택이 주어졌다. 첫째는 다른 연구 프로젝트에 합류하여 미국에 어찌하든 남는 것이고, 둘째는 마침 한국에 자리가 났다고 하는 교수직을 구하여 귀국하는 길이며, 셋째는 인도네시아로 들어가라는 하나님의 간섭으로 인정하는 길이었다. 결국 기도중에 인도네시아로 들어가는 것이 하나님의 뜻임을 알게 되었다.

당시 한국 OMF 디렉터로 섬기던 한정국 선교사의 권고에 따라 OMF 허입을 목표로 싱가포르의 아시아타문화선교훈련원(ACTI) 코스에 참가하기 위하여 미국 생활을 접고 새로운 여정에 올랐다. 당시 1993년도에 한국미전도입양운동본부가 발족되었다. ACTI 훈련에 참가하는 우리 부부는 D-족을 연구해 보라는 당부를 받았다. 혜성교회의 지원을 받아 약 4개월간의 집중훈련을 받고 한국에 돌아왔다. 한국에 돌아와 한국 OMF 사무실에서 후보자로 섬기면서 선교와 선교사의 삶에 대해 더욱 구체적인 것들을 배울 수 있었다.

1994년 1월, 홀로 배낭을 메고 D-종족 정탐여행길에 올랐다. 3년 만의 인도네시아 여행길이었지만, 이번에는 D-종족 정탐이라는 특별한 사명을 가지고 가게 되었다. 당시 아직 한국은 선교에 있어서 미전도종족 개념이 없었던 때인지라 나름대로 개척자적인 사명감을 가지고 여행길에 올랐다. 현지에서 소개받은 D-종족 배경의 그리스도인 두 명의 안내를 받으며 D-종족의 본토라 할 수 있는 D-섬 동쪽 끝까지 가게 되었다. 그러나 도착한 그날 밤 배탈이 나 창자 마디마디가 살아 움직이는 듯한 부대낌으로 한숨도 눈을 붙이지 못하고 하룻밤 새에 3.5 kg이나 되는 몸무게를 잃었다. 다음 날 아침 찾아간 의원이 혀를 끌끌 차며 잘못하면 목숨을 잃을 뻔했다는 이야기와 함께 약을 조제해 주었다. 어쨌든 그날 그러한 상태에서 이루어진 10시간 여에 이르는 현지 교통수단을 이용한 정탐길은 결코 쉽지 않은 영적전쟁을 경험하게 해주었다. 이로써 오히려 D-종족에 확실한 소명을 받았음을 역설적으로 확인할 수 있었다. 그 지역의 악한 영들은 내가 오는 것을 결코 환영하지 않았을 테니 말이다.

그리하여 1994년 10월 9일 한국교회 역사상 최초로 총회(합동) 해외선교국과 OMF가 주관하여 혜성교회는 미전도종족을 입양하고, 나와 명드보라 선교사를 D-종족에 파송하였다. 사실 평신도 전문인으로서 교단 선교사가 된 것은 스스로 선교활동에 대한 책임을 지우기 위한 일환이었고, 내가 속한 모 교회의 교단 선교사가 되는 것이 후배 선교사들에게도 모범이 될 것으로 여겼기 때문이다.

### 전문인으로서의 현장 미전도종족 사역

인도네시아의 대표적 모슬렘 미전도종족인 D-종족 가운데 사역하기 위한 사역 기반의 선택으로 교수직을 갖는 것이 전공상 자연스럽다고 생각했다. 의도적으로 기독교 대학이 아닌 일반 사립대를 택하여 물리학 교수가 되었다. 처음 현장에 대한 이해가 없었을 때에는 대학에 있는 D-종족 출신의 학생들을 대상으로 캠퍼스 사역 및 제자 양육 사역을 하여 D-족 지도자를 세워 종족 전체를 변화시키고자 하는 당찬 계획을 세웠다. 그러나 그러한 계획은 처음부터 잘못되었음을 얼마 지나지 않아 곧 알게 되었다. 알고 보니 대학 캠퍼스 내에서 목표로 하는 D-종족 출신의 학생들을 찾을 수 없었던 것이다. 이야기인즉슨, 이 모슬렘 미전도종족은 경제적으로 낮은 사회집단을 구성하고 이슬람 성향이 강하여 학비가 싼 일부 국립대학이나 종교교육 시스템을 따라갔기 때문이다.

따라서 처음부터 미전도 종족 집단에 초점을 맞추지 않고 사역의 형태(예를 들어 교수 사역 및 캠퍼스 사역 등)에 집착하였다면 아무런 사역의 진보도 이룰 수 없는 상황이 되었던 것이다. 일차적인 타개책으로 당시 미원 지사장이었던 임번삼 박사님과 몇몇 인도네시아 현지 지식인들과 함께 인도네시아 창조과학회를 설립하여 모슬렘 사역을 위한 교량으로 삼고자 하였다. 그러나 창조과학을 통한 사역은 진화론에 물들어 창조주 하나님을 모르는 현지 그리스도인들을 위한 사역임이 곧 판명되어 다른 방향을 찾게 되었다.

사역의 방향성을 놓고 잠시 방황하고 있을 때에, 나보다 5년 빨리 D-종족 사역을 하던 호주 선교사의 충고가 생각이 났다. 그는 네비게이토 선교사로서 자신이 가져온 제자훈련 프로그램을 적용하려고 지난 몇 년간을 애썼는데 아무런 진전을 이루지 못하다가 자신이 본국에서 가져온 프로그램을 버리기로 작정을 하고 나니 비로소 현지인들과 관계를 형성하는 여지가 생겼다고 고백하였다. 그는 처음부터 내가 가져온 것을 행하려 하기보다는 현지인의 삶의 자리로 내려가 그들에게서 배우라고 충고했다. 이와 함께 상황화에 대한 이슈들을 알게 되었다. 복음이 타문화권에서 왜곡됨 없이 소통되기 위해서는 예수님의 성육신의 원리가 적용되어야 함을 배우게 되었다. 캠퍼스에서 전공을 가르치는 시간 이외에는 캠퍼스 밖에서 D-종족과 어찌하든 가까워지기 위한 노력을 경주하였다. 그러나 모슬렘의 생활 자체를 알지 못했던 나로서는 피상적인 접촉에 그치는 경우가 많았다. 그렇게 처음 사역 기간 4년이 별 다른 진전 없이 지나가고 있었으나, D-종족 사역을 위한 국제 네트워크 및 기도회 등이 결성되는 등 사역의 진보를 이루기 위한 인프라는 나름대로 구축되어 갔다.

### 사역의 패러다임을 바꾸게 한 첫 번째 안식년 연구

사역의 결정적인 변화를 가져다 준 것은 1999년 초경 첫 번째 안식년을 가질 때에 이슬람과 상황화에 대한 집중 연구를 미국 패서디나에 위치한 풀러신학교 선교대학원에서 한 것이다. 당시 더들리 우드베리(Dudley Woodberry) 교수께서 대학원장을 맡고 계셨는데, 박기호 교수님의 주선으로 방문연구원 자격으로 약 4개월 동안 이슬람 상황화에 대한 집중적인 사사를 받을 수 있었다. 평생 살아 오는 동안 이슬람과 이슬람 문화권에서 복음 전하는 원리를 배워본 적이 없던 나는 연구 기간 동안 엄청난 양의 이슬람에 대한 지식과 상황화 선교 원리를 배우게 되었다. 이때에 연구하였던 내용과 그 이후 선교현장에서 이루어진 사역의 진보를 더하여 《모슬렘 가운데 오신 예수》(도서출판 인사이더스, 2008, 6)라는 책을 출판한 바 있다.

### 현지인 훈련 사역 및 내부자 팀 사역을 위한 정착과 사역의 진보

안식년을 마치고 현장으로 돌아와 현지인 팀 사역자들을 일으키기 위한 이슬람 사역 훈련을 곧바로 시작하였다. 사역의 내용은 당시 소개된 데이비드 게르슨의 '교회개척운동'과 이슬람 상황화 사역 원리를 기반으로 하였다. 두 번째 사역 기간인 4년 동안 매년 두 차례의 현지인 훈련과 한국인 사역자들을 동원하기 위한 훈련을 시작하였는데, '빠울루스 훈련'이라고 명명하였다.

이 훈련을 통하여 현지인 장기 사역 기반이 구축되고 나 자신 또한 이슬람 사역에 대한 실제적인 부분들을 실천적으로 습득하게 되었다. 모슬렘 사회 내부에 자리한 현지인 사역 기반으로서 컴퓨터·언어 학원과 가정을 중심으로 한 소규모 비즈니스가 시작되었고, 훈련을 통하여 공급된 인력들은 장기 사역 현장에 투입되었다. 몇몇 곳에 장기 사역팀이 조성되고 모슬렘 미전도종족을 위한 국제적인 관심도도 증가하여 사역은 더욱 활기를 띠어 갔다.

2001년 2월에 결정적인 전기가 찾아왔다. 장기적으로 상황화 팀 사역을 하던 한 마을에 폭풍이 불어 수많은 집들이 무너지고 사상자도 나는 재난이 발생하였다. 하나님께서는 이사야 25장 4절 말씀을 주시면서 이 마을에 본격적인 프로젝트를 시작하도록 하셨다. 그것은 16개 가정을 고아와 과부와 가난한 자들 순서로 선택하여 무너진 집을 수선해 주는 프로젝트였다. 이 과정에서 25명의 D-족이 집단적으로 주님께 나아왔다. 이후 수많은 D-종족 사람들이 복음에 마음 문을 열고 반응하기 시작하였다.

2003년 4월에는 25명의 D-족 모슬렘들이 처음으로 집단 세례를 받기에 이르렀다. 그 이후 해마다 수십명씩 한 단위가 되어 집단적으로 주님께 나아오는 세례 행사가 이어졌다. 맥가브란 식의 '예수께 향하는 종족 운동'을 경험하는 것 같은 놀라운 상황에 사도행전을 묵상하며 얼마나 눈물을 흘렸는지 모른다. 놀라운 것은 2004년도에

현장을 떠나 패서디나에 있는 미국세계선교센터(USCWM)에서 안식년을 보내면서 전방개척선교운동을 배우고 있었는데, 그때에도 D-종족은 자발적으로 주님께 나아가는 운동을 지속하였다는 것이다.

### 남아 있는 과업을 향한 새로운 도전과 전방개척선교운동에의 참여

최소한 2년간의 안식년을 가지지 않으면 장기적으로 사역을 하기 어렵다는 국제본부 메디컬 닥터의 소견이 있었다. 2번째 사역 기간에 가정을 개방하여 현지인 훈련을 돌리고 사역 현장의 열악한 환경 가운데에서 에너지를 너무나 소모하였고 특히 아내 명드보라 선교사의 건강이 너무 나빠졌다는 것이다. 그래서 이전에 연구의 경험이 있던 미국의 패서디나에서 쉼과 재충전을 갖기로 하였다. 지금은 한동대 4년생인 큰아이 하진이는 초등학교 1학년 때부터 이미 말레이시아와 필리핀으로 보내져 부모와 떨어져 생활하였는데, 안식년을 맞아 온 가족이 리유니언의 귀한 시간을 가질 수 있었다. 안식년은 정말 어떻게 사용하느냐에 따라서 장기 사역의 새로운 전기를 이룰 수 있는 너무나 값진 시간이라는 것을 지금도 절감하게 된다.

2004년도에 미국의 패서디나 USCWM 근처에서 안식년을 보내며 나름대로 연구와 활동을 하고 있었는데, 한국세계선교협의회

(KWMA)에서 주관하는 한국선교지도자 포럼에서 한국선교의 방향에 대한 발표를 부탁받았다. '한국선교의 세계적 역할로 전방/개척 선교의 동력화'를 이야기하였다. 이듬해에 한국전방개척선교네트워크(KFMN)가 결성되고 국제전방개척선교학회(ISFM)에서 발행하는 국제전방개척선교저널(IJFM)의 자매지로서 〈한국전방개척선교저널(KJFM)〉의 창간을 주도하며 초대 편집인을 맡았다. 2005년도 한국선교지도자 포럼에는 미국의 랄프 윈터 박사 그룹이 동참하여 국제포럼으로 진행되었다. 전방개척선교가 향후 25년 동안 한국선교의 중점 과제로 채택되었다.

이듬해 6월에는 NCOWE IV가 할렐루야 교회에서 열렸는데, 나는 '한국교회의 새로운 도전: 전방개척선교'에 대한 주제 발제를 하였다. 그 이듬해에는 이미 미국에서 열린 바 있는 모슬렘 사역을 위한 '예루살렘 공의회'를 한국선교지도자 포럼에서 다루었다. 남아 있는 전방개척선교적 과업을 이루기 위하여 '내부자운동'이 결정적인 비전임을 제시하였다. 당시 더들리 우드베리 교수의 'C5 모슬렘 사역'과 글로벌 팀즈 대표인 케빈 히긴스의 '내부자 운동'에 대한 소고는 각각 전재옥 교수와 이현모 교수에 의하여 논찬되었는데, 남아 있는 과업을 위한 전방개척 선교전략으로서 센세이션을 일으켰다.

2005년도에는 D-족 내부자들로서 '이사(예수)'를 따르는 지도자들을 제자로 양육하는 사역이 사역을 시작한 지 10년 만에 비로소 전개되었다. "너희는 가서 모든 민족을 제자로 삼아……"(마 28:19)라는 말씀이 처음으로 현장의 삶에 실현되는 순간이기도 하였다. 상황화 원리를 적용하며, 완전히 개방된 현지인 리더 가정에서 3개월간 진행된 지도자 모임을 통하여 마을의 많은 사람들이 직접 복음 메시지를 듣기 위하여 모여들었다. 지도자들에 대한 제자 훈련을 마치면 많은 사람들이 방에 들어와 진리에 대하여 물어보았다. 이제 곧 D-종족이 주님 품으로 모두 다 들어올 것 같은 느낌이 들었다. 함께 사역에 동참한 현지인들과 나는 모두 높으신 하나님께 큰 영광을 돌렸다.

그러나 사탄도 가만히 보고만 있지 않았다. 컴퓨터 학원을 운영하며 팀 사역중인 디렉터가 운영 문제로 책임을 다 할 수 없게 되는 일과, 내가 한국선교지도자 포럼을 위하여 한국으로 떠나던 시점에 늘 함께 지도자 훈련 사역을 담당하던 현지인 사역자가 미국인 사역자와 함께 섬에서 총체적 사역을 하던 중 체포되는 일이 발생하였다. 결국 미국인 사역자는 추방되고 현지인 형제는 3년 형을 언도받고 투옥되고 말았다. TV 및 언론에 보도되어 얼굴도 알려져 이후 현지 내부에서 이루어졌던 예수운동은 소강상태를 보였다. 그러나 1년 여가 지나면서 새롭게 현지인 팀이 정비되고 함께 일하던 현지인 지도자가 마을 지도자로 선출되는 등 변화를 겪고 한국과 미국에서 새로운 사역자들이 합류하면서 사역은 새로운 국면에 접어들었다. 최근에는 조기 석방으로 옥고를 마치고 나온 현지인 사역자도 합류하여 더욱 탄력을 받고 있다.

2006년도에는 '내부자운동을 지향하는 전방개척선교'의 새로운 선교 패러다임을 담을 새로운 선교구조의 필요와 국제 단체의 조직 변화 등으로 아시아 모슬렘 미전도종족을 집중적으로 사역할 전문 선교단체인 '인사이더스'가 설립되었다. 한국에 정착되어 가는 전방개척선교운동이 아시아 전역에서 일어나야 할 시대적 필요를 절감하면서 2008년도 2월에는 말레이시아 쿠알라룸푸르에서 '아시안 전방개척선교협의회(AFMI)'가 결성되었다. 2008년 9월에 12명의 아시안이 처음으로 내부자운동을 지향하는 전방개척선교훈련을 AFMI를 통해 받게 되었고, 2009년 9월에는 AFMI와 미국의 국제 전방개척선교학회(ISFM)에서 주관하여 '아시아선교 지도자포럼'을 개최하여 '아시아전방개척선교학회' 결성을 계획중이다.

## 나의 소망

이제 내 나이 지천명이 지났다. 하나님께서 나에게 주신 소명의 어떠함을 깨달아야 하고 깨달았을 나이가 된 것이다. 예수를 나의 구주로 고백하고 영원한 주님으로 모시고 살겠다고 가슴이 무너져 내리던 그 회심의 때를 기점으로 하면 그 전후의 기간이 거의 동일한 시점이다. 이제부터는 새 사람 된 기억과 날수가 더 많아질 때이다. 지금까지 달려온 여정이 어찌 보면 좌충우돌 혼돈스러워 보이지만, 주님께서 나의 마음의 왕좌에 자리하신 이후에는 그 모든 것이 정리가 되어 수렴되어 왔다.

남아 있는 과업은 모든 미전도된 종족들 가운데 '예수께 향하는 집단 회심을 이루는 공동체 운동'이 일어나는 것이다. 그래야 그들을 주님의 제자로 삼을 수 있기 때문이다. 우리 신앙의 선조들과 서구를 기반으로 한 선교세력은 역사상 하나님 나라 확장을 위한 엄청난 과업을 이루어왔다. 그러나 남아 있는 과업을 위한 역사적 주역은 이제 전지구적 남반구에 남반구 정신을 가지고 살아가는 우리들이다. USCWM의 설립자인 랄프 윈터 박사는 세계선교의 남아 있는 과업을 '미전도종족'들 가운데 이루어지지 않은 하나님 나라로 식별하였는데, 그 일이 이루어지지 않은 데에는 수많은 장벽들과 장애물들이 있기 때문이며 그것들을 뛰어 넘어가기에 서구 선교는 이미 한계에 왔다고 이야기하였다. 이제 대안은 우리 아시안들이 하나님 나라 역사의 남아 있는 과업을, 시대를 분별하는 지도자 정신을 가지고 담당해 나가는 것이다. 이를 위하여 아시안을 중심으로 아시안의 정신을 담은 새로운 선교운동이 필요하다. 남은 생애 동안 이 일을 위하여 쓰임받을 수 있다면 그것은 이 시대를 뛰어넘는 크나큰 축복임에 틀림없다.

새로운 선교 패러다임으로 옷 입은 새로운 선교의 주역들이 아시아를 중심으로 구름떼처럼 일어나는 환상을 보며, 이로 인하여 남아 있는 모든 미전도종족들이 살고 있는 땅 끝이 하나님을 경외하게 되는 놀라운 일이 우리 시대에 이루어지기를 소망해 본다. 그 가운데에 물론 D-족이 예외일 수는 없을 것이다.

|판 권|
|소 유|

20인의 소명 이야기

**소명** 내가 여기 있나이다 나를 보내소서!

2010년 2월 20일 인쇄
2010년 2월 25일 발행

엮은이 | 박기호 · 마원석
발행인 | 이형규
발행처 | 쿰란출판사

주소 | 서울 종로구 이화동 184-3
TEL | 02-745-1007, 745-1301~2, 747-1212, 743-1300
영업부 | 02-747-1004, FAX / 02-745-8490
본사평생전화번호 | 0502-756-1004
홈페이지 | http://www.qumran.co.kr
E-mail | qumran@hitel.net
　　　　　qumran@paran.com
한글인터넷주소 | 쿰란, 쿰란출판사

등록 | 제1-670호(1988.2.27)

책임교열 | 김윤이 · 김현용

값 12,000원

ISBN 978-89-5922-873-7  03230

＊ 이 출판물은 저작권법에 의해 보호를 받는 저작물이므로 무단 복제할 수 없습니다.
　잘못된 책은 교환해 드립니다.